# O Teatro no Cruzamento
de Culturas

Coleção Estudos
Dirigida por J. Guinsburg

Equipe de realização – Tradução: Nanci Fernandes; Edição de texto: Adriano Carvalho A. Sousa; Revisão de provas: Iracema A. de Oliveira; Sobrecapa: Sergio Kon; Produção: Ricardo Neves e Sergio Kon.

**Patrice Pavis**

# O TEATRO NO CRUZAMENTO DE CULTURAS

PERSPECTIVA

Título do original francês:
*Le théâtre au croisement des cultures*
© Librairie José Corti, 1990

Dados Internacionais de Catalogação na Publicação (CIP)
(Câmara Brasileira do Livro, SP, Brasil)

Pavis, Patrice
 O teatro no cruzamento de culturas / Patrice Pavis ; [tradução Nanci Fernandes]. – São Paulo : Perspectiva, 2015. – (Estudos ; 247 / dirigida por J. Guinsburg)

 1. reimpr. da 1. ed. de 2008
 Título original: Le théâtre au croisement des cultures.
 ISBN 978-85-273-0809-0

 1. Comunicação intercultural  2. Cultura  3. Teatro
 4. Teatro e sociedade  I. Guinsburg, J.  II. Título.  III. Série.

07-10315                                                     CDD-306.484

Índices para catálogo sistemático:

1. Cultura e teatro : Sociologia 306.484
2. Teatro e cultura : Sociologia 306.484

1ª edição – 1ª reimpressão

Direitos reservados em língua portuguesa à
EDITORA PERSPECTIVA S.A.

Av. Brigadeiro Luís Antônio, 3025
01401-000 São Paulo SP Brasil
Telefax: (011) 3885-8388
www.editoraperspectiva.com.br

2015

# Sumário

Prefácio à Edição Brasileira .............................................................. IX

1. Para uma Teoria de Cultura e de Encenação ............................. 1
2. Do Texto para o Palco: Um Parto Difícil ................................ 21
3. Algumas Razões Sociológicas do Sucesso dos Clássicos no Teatro na França depois de 1945 ........................................ 43
4. A Herança Clássica do Teatro Pós-Moderno .......................... 57
5. "Mal-Estar na Civilização": A Representação da Catástrofe no Teatro Franco-Alemão Contemporâneo ............................ 79
6. Da Teoria Considerada como uma das Belas-artes e de sua Influência Limitada na Dramaturgia Contemporânea, Majoritária ou Minoritária ...................................................... 99
7. Para uma Especificidade da Tradução Teatral: A Tradução Intergestual e Intercultural .................................................... 123

8. "Dançar com *Fausto*": Reflexões sobre uma Encenação Intercultural de Barba .......................................................... 155

9. O Interculturalismo na Encenação Contemporânea: A Imagem da Índia em *O Mahabharata*, *A Indiada*, *A Noite de Reis* e *Fausto* ........................................................................ 177

Bibliografia ................................................................................ 209

# Prefácio à Edição Brasileira

Já se passaram vinte anos desde a escritura do meu livro *O Teatro no Cruzamento das Culturas*. É muito tempo considerando-se um mundo que muda de um dia para o outro. Ocorreram, especialmente, a queda do muro de Berlim em 1989 e os atentados de 11 de setembro: dois acontecimentos certamente imprevisíveis, mas que entretanto eram imagináveis. Para um teatro que está situado no cruzamento dos caminhos políticos, culturais e interculturais, tais acontecimentos só poderiam deixar feridas mal cicatrizadas.

Se a cultura é uma realidade que parece, na atualidade, desaparecer a olhos vistos e sem remissão, por que também não deveria o teatro intercultural sofrer uma completa mutação, em constante desagregação? Mas se trata, realmente, de espetáculos que se tornaram ilegíveis ou que não são politicamente corretos o suficiente? Não é, antes de tudo, a sua apreensão teórica que motiva o problema, a dificuldade de se utilizar uma teoria que engloba a imensa produção intercultural?

Deve-se recordar que a categoria do teatro intercultural é muito recente: remonta quando muito aos anos de 1970, particularmente com Peter Brook. Esquece-se que cada cultura tem sua própria definição de cultura e de intercultural. Aquilo que se faz passar no mundo ocidental por uma grande descoberta aureolada de mistério, e até de transgressão, haveria de parecer evidente no contexto japonês, chinês ou coreano contemporâneos. É indispensável, portanto, especificar sempre em qual contexto e com que objetivo se analisam e se julgam as produções cênicas interculturais.

Há vinte anos, tem-se a tendência de atribuir à mundialização (globalização) todos os males do mundo. Ela seria a responsável pela uniformização das práticas culturais, como se tal fenômeno já não fosse observável em outros períodos e como se as culturas tivessem sido algum dia puras e autênticas. Muito mais preocupante parece ser a derivação da cultura seja rumo a uma concepção comunitarista, seja rumo a uma visão congelada e essencialista. No primeiro caso, um grupo, frequentemente religioso, arroga-se o direito de decidir qual é a boa cultura e como esta deve aprisionar seus membros nas regras opressoras e eliminar qualquer liberdade individual; no segundo caso, a cultura tende a congelar-se dogmaticamente num pretenso modelo universal, mas que somente aproveita a mesma classe esclarecida e já no poder.

Tudo isso nos convida a uma revisão epistemológica do interculturalismo. Uma teoria universal de trocas talvez não seja possível, na medida em que visar-se-ia uma previsão global de todas as trocas, nelas incluindo-se considerações econômicas e políticas. Entretanto, é este nariz de cera teórico que deve ser mantido. À falta dele, caso se renuncie à teoria reduzindo-a a alguns casos particulares para espetáculos *site-specific*, ligados a um contexto muito particular, perde-se a faculdade de compará-los e analisá-los em outras produções, renunciando-se assim a qualquer avaliação, a qualquer visão de conjunto, a qualquer reflexão.

A perda de prestígio da teoria, tanto nas Américas quanto na Europa, a dificuldade em fundar-se um modelo verificável, a complexidade de um sistema provido do mínimo de coerência e exemplaridade, conduziram a uma visão globalizada e globalizante das culturas e, portanto, dos espetáculos. Como explicar esta simplificação e esta renúncia?

Frequentemente, tem-se reprovado à primeira onda da prática e teoria intercultural (a de Brook e a deste livro) o sucumbir a uma tendência essencialista e a negligenciar a análise socioeconômica dos espetáculos em proveito apenas de uma dimensão estética. Com efeito, a dificuldade é mais a de se lançar um olhar de economista ou de historiador sobre a obra intercultural analisada. No entanto, se não nos faltam excelentes economistas e sociólogos, a dificuldade é aplicar o seu saber ao objeto estético, ao invés de reescrever o mesmo capítulo da história do colonialismo. É por isso que, até prova em contrário, exatamente na dimensão *of the* "inter-corporeal work, in which an actor confronts his/her technique and professional identity with those of the others" (do trabalho intercorporal, no qual um ator confronta sua identidade técnica e profissional com as dos demais) é que podemos esperar apreender os mecanismos da troca. Com efeito, o corpo é um campo de contradições sociais e políticas, e não apenas instrumento da expressão corporal neutra.

Para nova época, novas questões. As objeções à teoria frequentemente se encontram levantadas na prática recente do interculturalismo. A partir do momento em que se assumiu mais como performer do que como encenador, a prática foi, apesar disso, reconduzida a uma experiência pessoal característica da evolução de uma sociedade. O exemplo de Guillermo Gomez-Peña impõe-se como modelo desta tendência de reconduzir as grandes trocas de gêneros teatrais a uma série de identidades múltiplas. Com ele, no decorrer destes vinte últimos anos, passamos "from a static sense of identity to a repertoire of identities" (de um sentido estático de identidade para um repertório de identidades).

A multiplicação de identidades é infinita: para além das identidades sexuais, étnicas, históricas, religiosas etc., podem-se imaginar as comunidades que multiplicam as marcas de pertencimento e, portanto, de exclusão. "O isolamento identitário traz à luz a recusa do outro"[1]. Porém, o que será pior: o isolamento identitário comunitarista ou a multiplicação ao infinito e à absurdidade das identidades que decompõem o ser humano? Não é, no fundo, a mesma coisa?

Quais as novas tarefas que se apresentarão à encenação intercultural se temos, ainda, vinte anos à nossa frente para fazer a teoria? Sob a égide de Gomez-Pena, retornar-se-ia às fronteiras entre as culturas, as pessoas, os tipos de identidade: seria o caso de redefini-los constantemente, transpô-los, contrabandeá-los, reconectá-los. Reconsiderar-se-ia a prática europeia ou americana – do Norte e do Sul – recorrendo-se às noções chinesa, japonesa ou coreana a fim de verificar se elas nos ajudariam melhor a abordar as nossas produções. Oh, procedimento certamente metafórico! O *Koan* nos mostraria através de um relato enigmático entre mestre e aluno de zen-budismo que o puro raciocínio lógico é insuficiente; somente o *Koan* pode provocar o *Satori*, o estado de iluminação. Para explicar as obras pós-modernas, estas duas noções paradoxais e imprevisíveis não seriam uma demasia. O mais importante, porém, é que aprenderíamos dessas culturas como criar e analisar as obras que se acreditam ser ocidentais e que não o são mais, ou que verdadeiramente jamais o foram.

Há trinta anos desenvolveu-se uma teoria pós-colonial. Como todos os "pós", ela não significa outra coisa senão que a sua matéria veio depois da colonização, depois daquilo tudo que existia antes, em suma. O pós-colonialismo é, por outro lado, necessariamente crítico, anticolonialista e intercultural? Nem mais nem menos do que as outras formas de teatro contemporâneo, as quais se inscrevem naturalmente no entrechoque das culturas e dos discursos. Certamente, os estudos pós-coloniais podem ter parecido injustamente negligen-

---

1. Frank Michel, artigo "métissage" (mestiçagem), em Michela Marzano (ed.), *Dictionnaire du corps*, Paris: PUF, 2007, p. 585.

ciados, mas elas existem desde o momento em que nos interessamos pelas formas extraeuropeias de espetáculos, sob outros nomes evidentemnente. Muitos debates de má fé sobre a culpabilidade e o arrependimento dos descendentes dos colonizadores nos teriam sido poupados se determinássemos quem e qual época está em julgamento. Tanto quanto os indivíduos ou os regimes políticos, dever-se-iam poder mudar as mentalidades: "Descolonizar o pensamento não significa dar razão ao colonizado da atualidade contra o colonizador de ontem, é instaurar um diálogo, ou mais exatamente, conceber o pensamento como intrinsecamente dialógico, ou seja, interconectado"[2].

\* \* \*

É uma honra para mim que este livro dedicado ao teatro intercultural seja editado no Brasil, país da mestiçagem, do contato entre as culturas, país onde Lévi-Strauss tornou-se ele mesmo. Esta tradução chega num momento em que o mundo se interroga sobre o futuro físico do planeta e no qual a reflexão sobre a mestiçagem das culturas assume nova importância, sem poder permanecer separada das condições econômicas mundiais. O Brasil será, talvez, o laboratório em escala mundial onde se testarão as soluções para a nossa sobrevivência. Que o teatro, o espetáculo, os produtos culturais de todas as ordens sejam as condições, tanto quanto a aposta em nossa sobrevivência natural e cultural, eis aí o que não nos deve assustar, mas que ao contrário deve nos encorajar a perseguir e a aprofundar a reflexão sobre o empreendimento intercultural.

2. Jean-Louis Amselle, *Branchements*, Paris: Flammarion, 2001, p. 206

# 1. Para uma Teoria de Cultura e de Encenação

Este livro tem como objetivo o cruzamento das culturas no trabalho teatral contemporâneo. Este cruzamento, pelo qual passam em rajada culturas estrangeiras, discursos estranhos e milhares de efeitos artísticos de *estranhamento*, é um lugar muito incerto, porém nos próximos anos ele poderia firmar-se como o de um *teatro de Cultura(s)*, alternando-se assim com aquilo que se denominou Teatro de Arte e substituindo a encenação historicizada dos clássicos.

O momento é, ao mesmo tempo, propício e difícil. Em nenhuma outra época a humanidade contemplou e manipulou tanto as várias culturas mundiais, porém jamais se deu conta tão mal de sua inesgotável tagarelice, de sua mistura explosiva, da inextricável colagem de suas linguagens. A encenação teatral talvez seja, hoje em dia, o último refúgio desse cruzamento e, por tabela, o seu mais rigoroso laboratório: ela interroga todas essas representações culturais, as dá a ver e a entender, avalia-as e apropria-se delas por meio da interpretação do palco e do público. Não obstante, o acesso a este laboratório excepcional permanece difícil; isso se deve tanto aos artistas, que não gostam muito de falar sobre suas criações, quanto aos espectadores, indefesos diante de fenômenos tão complexos e inefáveis, quais sejam os fenômenos interculturais. Será que isto não é devido a uma visão puramente estética e consumista das culturas, que acredita poder dispensar uma teoria socioeconômica *e* antropológica? Ou que pretenderia jogar a antropologia *contra* a semiologia e a sociologia?

## UMA TEORIA SATURADA

> *Quando se procura o homem, encontra-se a si mesmo.*
> *Toda teoria envolve um pouco de autorretrato*
> ANDRÉ LEROI-GOURHAN

A teoria tem costas largas. Costuma-se reprovar-lhe ora a sua complexidade, ora a sua parcialidade. Ao se querer conceber o teatro no cruzamento das culturas arrisca-se, de fato, a perder-se todo o controle sobre ele, a removê-lo de um universo para outro esquecendo-o no meio do caminho, a ponto de não se ter mais os meios para observar todas as manobras que acompanham essa transferência e essa apropriação.

No entanto, a teoria que haveria de permitir o entendimento desse deslizamento de culturas está, ela própria, em constante evolução... O modelo da intertextualidade, proveniente do estruturalismo e da semiologia, cede seu lugar ao da interculturalidade. Com efeito, não basta mais descrever as relações dos textos (ou mesmo dos espetáculos), entender o seu funcionamento interno; é preciso da mesma forma, e acima de tudo, compreender a sua inserção nos contextos e culturas, bem como analisar a produção cultural que resulta desses deslocamentos imprevistos. O termo *interculturalismo* parece-nos adequado, melhor ainda que os de *multiculturalismo* ou *transculturalismo*, para nos darmos conta da dialética de trocas dos bons procedimentos entre as culturas.

Ao se expandir para a troca intercultural, a prática teatral contemporânea – de Artaud a Wilson, de Brook a Barba, de Heiner Müller a Mnouchkine – não age estabanadamente: ela confronta e interroga as tradições, os estilos de representação e de culturas, que nunca se teriam reencontrado sem estes súbitos apelos de inspiração. Tal interesse repentino pelas relações interculturais explica-se, igualmente, pela pressão política muito forte exercida sobre as artes, com o intuito de que assumam a função de lazer, de animação ou negócio cultural e contribuindo para resolver as tensões sociopolíticas dos grupos étnicos em contato.

A teoria, como dócil serviçal da prática, não sabe mais o que fazer: a semiologia descritiva e asséptica não satisfaz mais, o sociologismo foi devolvido aos fogareiros formais melhor afinados, a antropologia é compreendida em todos os seus estados – físico, econômico, político, filosófico e cultural – sem que nunca saibamos a natureza de suas verdadeiras relações. Contudo, a união mais difícil de se fazer continua sendo a do modelo sociossemiótico com o enfoque antropológico, durante muito tempo considerados como exclusivos e incompatíveis. Ora, esse encontro torna-se tão mais imperativo, porque leva a produção teatral de vanguarda a procurar superar o modelo de historicidade por meio de um confronto de culturas as mais diversas, através do recurso (não sem algum risco de folclorização) ao ritual, ao mito e à antropologia enquanto modelo integrador de todas essas experiências (Barba, Grotóvski, Brook, Schechner).

Para abarcar essa vasta gama de experiências, o teórico necessita de um modelo que possua a paciência e a minúcia da ampulheta.

\* \* \*

## UMA AMPULHETA VERSÁTIL

> *Contamos os minutos que nos faltam para viver e daí chacoalhamos a ampulheta para acelerá-los.*
>
> ALFRED DE VIGNY

Uma ampulheta? O que é que uma ampulheta, meu querido Alfred, tem a ver com a jovem geração de relógios a quartzo?

Ela é um estranho objeto que tem um funil e o molinete. Na bola superior encontra-se a cultura estrangeira, a cultura-fonte que está mais ou menos codificada e solidificada em diversas modelizações antropológicas, socioculturais ou artísticas. Essa cultura deve passar, para podermos absorvê-la, através de um estreito gargalo de afunilamento. Se os grãos da cultura, o seu conglomerado, forem suficientemente finos, escoarão sem problemas, ainda que lentamente, para a bola inferior, a da cultura destinatária, ou cultura-alvo, a partir da qual observamos o lento escoamento. Tais grãos se incorporarão a um agrupamento que pareceria gratuito, mas que no entanto é regulado, em parte, pela passagem por entre a dezena de filtros colocados pela cultura-alvo e pelo observador. Com efeito, a transferência cultural não apresenta um escoamento automático, passivo, de uma cultura para outra. Ao contrário, é uma atividade comandada muito mais pela bola "inferior" da cultura-alvo e que consiste em ir procurar ativamente na cultura-fonte, como que por imantação, aquilo de que necessita para responder às suas necessidades concretas.

De outra parte, a ordem dos filtros reconstituídos na cultura-alvo não é forçada, não é absolutamente linear. O modelo é, antes de mais nada, interativo: cada etapa pode projetar-se e deslizar nas outras.

Logicamente, seria preciso antes de mais nada reconstituir, na cultura-fonte, as diversas etapas (3 a 9) que podem ser distinguidas na cultura-alvo. Na verdade, a determinação dessas etapas poderia ser consideravelmente influenciada e modelizada pelo nosso conhecimento e pela vinculação com a cultura-alvo, na qual nos situamos enquanto observadores.

Dois perigos espreitam a ampulheta. Se nada mais for do que um molinete, ela triturará a cultura-fonte, ao destruir toda especificidade e ao deixar cair na bola receptora uma matéria inerte e disforme, que terá perdido as suas modelizações de origem sem ter conseguido modelar-se nas da cultura-alvo. Pelo contrário, se nada mais for do que

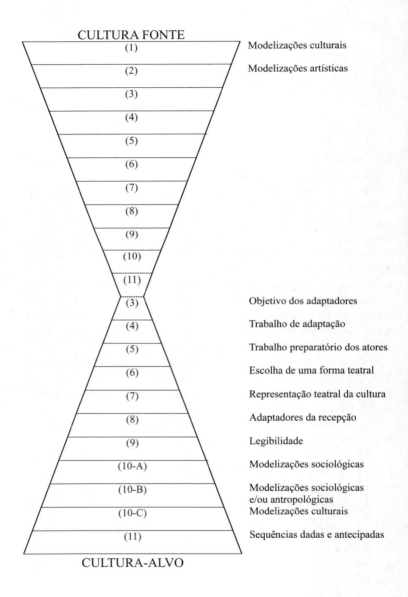

um funil, então absorverá indistintamente a substância de origem sem reconstruí-la e adaptá-la por intermédio da série de filtros.

Este livro destina-se ao estudo dessa ampulheta e dos filtros interpostos, entre a "nossa" cultura e a dos outros, a esses obstáculos de acolhida que freiam e fixam os grãos da cultura, ao reconstituir as camadas sedimentares que configuram outros tantos aspectos, e as concretizações da cultura. Para melhor demonstrar a relatividade da noção de cultura e a correspondente relação complexa que mantemos com ela, abordamos aqui (bem como no capítulo 9 e, mais genericamente, ao longo de todo o livro) o caso da transferência intercultural entre cultura-fonte e cultura-alvo. Examinar-se-á a maneira pela qual uma cultura-alvo analisa e se apropria de uma cultura estrangeira ao filtrar e ao ressaltar determinados traços culturais em função de seus próprios interesses e pressupostos. Observar-se-á de que forma essa apropriação ativa se faz acompanhar de uma série de operações teatrais.

Essa apropriação da outra cultura não é jamais, entretanto, definitiva. Ela vai inverter-se tão logo o utilizador de uma cultura estrangeira se questione, por seu lado, de que forma poderia comunicar a sua própria cultura para uma outra cultura-alvo; ou, muito simplesmente, como é que projetamos, a partir desse momento, a posição do receptor (ocidental), as nossas categorias, na cultura-fonte que temos a pretensão de apropriar. A ampulheta é feita para ser virada, para remeter de volta toda a sedimentação, a fim de que se escoe indefinidamente de uma cultura para outra.

## CAVIDADE, CADINHO, ENCRUZILHADA, CRUZAMENTO*

> *O teatro é uma encruzilhada de civilizações. É um lugar de comunicação humana*
>
> VICTOR HUGO

A areia está tanto na parte de cima como na de baixo. Sim, naturalmente; mas somente na aparência. Isso porque não devemos nos importar somente com os grãos isolados, delgados átomos do sentido; é preciso examinar a sua combinatória, a sua faculdade de associar-se em conglomerados e em camadas de espessura e composição variáveis, mas nunca arbitrárias.

A areia impede-nos de acreditar ingenuamente no *melting pot*, no *cadinho* em que as culturas seriam miraculosamente fundidas e reduzidas a uma substância radicalmente distinta. Não existe teatro – que não se chateie Victor – no *cadinho* de uma humanidade na qual toda a especificidade basear-se-ia numa substância universal; não existe

---

*. Em francês, este subtítulo – *Creux, creuset, croisée, croisement* – joga com a semelhança fonética dos termos, impossível de ser traduzida para o português. (N. da T.)

teatro na *cavidade* reconfortante de uma mão familiarmente entreaberta. É na *encruzilhada* dos caminhos que se cruzam, das tradições e práticas artísticas, que talvez possamos perceber a hibridação distinta das culturas, bem como onde se reencontrarão os tortuosos caminhos da antropologia, da sociologia e das práticas artísticas.

O *cruzamento* é tanto um entrecruzar de caminhos, quanto a hibridação de raças e tradições. Essa ambiguidade ajusta-se maravilhosamente para a descrição dos laços que existem entre as culturas: isso porque as mesmas se interpenetram, seja uma passando para o lado da outra, seja reproduzindo-se e reforçando-se graças à mestiçagem.

Ao escolher por objeto o teatro e a encenação interculturais, este livro elegeu o caso de uma figura ao mesmo tempo clássica e pós-moderna, eterna e nova. *Eterna* no sentido de que a representação teatral tem misturado, desde sempre, tradições e estilos os mais diversos, traduzidos de uma língua ou de uma linguagem para outra, percorrendo espaço e tempo em todos os sentidos; *nova* no sentido de que a encenação ocidental, noção esta recente, pratica tais cruzamentos de representações e tradições de forma consciente, afirmativa e estética, somente a partir das experiências das vanguardas (Meierhold, Brecht, Artaud, Claudel), e mais radicalmente, após os grupos multiculturais de Barba, Brook ou Mnouchkine (para citar apenas os criadores ocidentais mais visíveis, que são os que aqui nos interessam). A motivação da visão oriental de tais artistas (de Brecht ou Artaud a Mnouchkine ou Brook) certamente foi originada mais pela crise do teatro ocidental e pelo desejo de vivificação do que por uma preocupação etnológica de conhecimento do outro: tais equívocos são aquilo que Barba chama de "mal-entendidos produtivos" na prática teatral europeia. Estudaremos neste livro apenas os casos de permuta no sentido a partir da cultura-fonte – para nós (ocidentais) estrangeira – em direção a uma cultura-alvo, isto é, a cultura ocidental na qual trabalham os artistas e na qual se situa o público-alvo.

O *corpus* destes estudos encontra-se, em sua maior parte, facilmente circunscrito: a França de 1968 a 1988, com alguns desbordamentos temporais ou geográficos. Após a abertura maior de 1968, estes foram os "anos de chumbo" do bloqueio ideológico e artístico, da liquidação de um pensamento dialético e de uma dramaturgia historicizada – os últimos lampejos da paixão teórica, o fim de um pensamento radical da cultura que ainda era a de Freud e Artaud. De 1973 a 1981, o recuo das ideologias e da historicidade acentuou-se ainda mais, os conselheiros em comunicação e os patrocinadores nos dando o pão nosso de cada dia, a crise econômica freando as iniciativas; as culturas estrangeiras sendo percebidas mais como ameaça ou objeto de exploração do que como sócias na troca; esse entorpecimento geral, esse indeferentimento entediado, esse ronrom teórico não impedindo, contudo, que alguns criadores, mais ou menos subvencionados, ensaiassem uma permuta de culturas; a geografia e a antropologia substituindo a história desfalecida. Já não se tratava mais de encenar as obras do passado nacional, porém de tornar as culturas estrangeiras mais familiares. De 1981 a 1988, a experiência socialista francesa fez soterrar um último tabu (o assim chamado caos socialista), porém defrontou-se com as duras realidades da administração, saboreando a social-democracia das ideias; o debate sobre a relatividade das culturas e sobre *La défaite de la pensée* (A Derrota do Pensamento)[1], acabou por abater toda a perspectiva historicizante e redescobriu os horizontes geográficos e culturais, que recuperou com um ceticismo e funcionalismo pós-modernos. A cultura está no centro de todos os debates; tudo é cultural, mas onde é que foi parar, então, a cultura, especialmente a cultura teatral?

## A CULTURA E OS SEUS DUPLOS

> *Jamais, no exato momento em que a própria vida se vai, falou-se tanto de civilização e cultura. E ocorre um estranho paralelismo entre este desmoronamento generalizado da vida, que está na base da desmoralização atual, e a preocupação com uma cultura que nunca coincidiu com a vida, e que no entanto foi feita para governar a vida.*
>
> ANTONIN ARTAUD

Reconheçamos (não sem um pedido de desculpas a Artaud): a nossa cultura ocidental, seja ela moderna ou pós-moderna, está cansadíssima; em vão a teoria aspira englobar o conjunto dos problemas trazidos pela extensão do conceito. Os conceitos aos quais ela se opõe são totalmente variados, sejam eles a vida (Artaud), a natureza (Lévi-Strauss), a tecnologia (McLuhan), a civilização (Elias, Marcuse), o caos, a entropia ou a não-cultura (Lotman). No teatro, a definição ainda é mais truncada e a exclusão mais manifesta, visto que o primeiro ato cultural consiste em traçar um círculo ao redor do evento cênico, e como consequência separar o jogo do não-jogo, a cultura da não-cultura, o interior do exterior, o observado do observador.

Antes de acompanhar o encaminhamento da areia de uma bola para a outra, balizando-se os filtros e sedimentos, talvez não seja de todo inútil trazer à baila, para o teatro e a encenação, algumas definições e problemáticas da noção de cultura propostas pela antropologia e pela sociologia.

Inspirar-nos-emos na excelente síntese de Camille Camilleri[2] e apresentaremos sucessivamente concepções culturalistas e enfoques sócio-históricos antes de analisar de que forma podemos detectá-los

---

1. A. Finkielkraut, *La défaite de la pensée*.
2. C. Camilleri, Culture et societé: caractères et fonctions, *Les Amis de Sèvres*, n. 4,

em cada um dos níveis da ampulheta, bem como, igualmente, como é vã a tentativa de dissociá-los.

## ACEPÇÕES CULTURALISTAS

A antropologia cultural "clássica", notadamente a americana (Benedict, Mead, Kardiner), interroga a cultura através da relação com a coerência do grupo, no conjunto de suas normas e símbolos que estruturam as emoções e os instintos individuais; "procura descobrir as características de uma cultura pelo estudo de suas manifestações através dos indivíduos e de suas influências no seu comportamento" (Panov e Perrin: art. "Culturalisme"). Globalmente, dir-se-á que a cultura é um sistema de significação (um sistema modelante, no enfoque de Lotman), graças ao qual uma sociedade ou um grupo compreende-se a si mesmo na sua relação com o mundo. "A cultura", escreve Clifford Geertz, um dos atuais representantes da *interpretative anthropology* (antropologia interpretativa),

é um sistema de símbolos graças aos quais o homem confere significado à sua própria experiência. Os sistemas de símbolos criados pelo homem, compartilhados, convencionais, ordenados e, evidentemente, apreendidos, fornecem aos homens um esquema contendo sentido para se orientarem uns em relação aos outros, ou através da relação com o mundo ambiente e consigo mesmos[3].

Definições mais específicas, inspiradas pela reflexão de Camilleri, permitirão que se tome consciência das ramificações da cultura com todos os níveis do empreendimento teatral.

DEFINIÇÃO (1): "A cultura é uma espécie de modos de ser, de 'inclinações' determináveis que as nossas representações, sentimentos e condutas assumem, em geral de forma breve, considerados todos os aspectos de nosso psiquismo e mesmo do nosso organismo biológico sob influência do grupo"[4].

Transposto para a cena, pode-se observar que qualquer elemento, vivo ou animado, do espetáculo é submetido a um determinado feitio, é retrabalhado, cultivado, inserido num conjunto significante. O texto dramático compreende inumeráveis sedimentos que, igualmente, possuem traços desses feitios; no corpo do ator, nos ensaios ou na representação, ele é como que penetrado pelas "técnicas corporais" próprias de sua cultura, de uma tradição de representação ou de uma aculturação. Impossível, ou quase, "expandir" esse corpo complexo e compacto, cuja origem ignoramos.

---

3. *The Interpretation of Cultures*, p. 250.
4. C. Camilleri, Culture et sociétés..., op. cit., p. 16.

DEFINIÇÃO (2): "Esta inclinação é comum aos membros de um mesmo grupo"[5]. O ator também possui uma cultura, que é a do seu grupo e que adquire principalmente na fase preparatória da encenação. Este processo de *enculturação*, consciente ou inconsciente, faz com que assimile as tradições e as técnicas (especialmente corporais, vocais e retóricas) do seu grupo. O ator pertence a uma determinada cultura, a partir da qual possui certezas e expectativas, técnicas e hábitos de interpretação, dos quais não pode mais prescindir. Ele se define pelas "técnicas do corpo" (Marcel Mauss), das quais dificilmente poderá se desembaraçar e que são a inscrição corporal da cultura no seu próprio corpo, posteriormente no seu desempenho. Uma parte de seu trabalho consiste, segundo Barba, em se desfazer desta "enculturação" natural, desse comportamento cotidiano, a fim de adquirir uma nova "técnica de corpo". Mesmo o ator naturalista, que deveria estar livre de tal domínio por conta de seu mimetismo e de sua pretensa "espontaneidade", está submetido a todo um repertório de signos, atitudes, efeitos de autenticidade.

DEFINIÇÃO (3): "A ordem cultural é *artificial* no próprio sentido do termo, quer dizer, é produzida pela arte do homem. Ela é distinta da ordem natural"[6]. A cultura é oposta à natureza, o adquirido ao inato, o artificial e a criação à espontaneidade. Este é o sentido da célebre oposição lévi-straussiana: "Tudo que é universal, no caso do homem, depende da ordem natural e se caracteriza pela espontaneidade; tudo aquilo que se disciplina por uma norma pertence à cultura e apresenta os atributos do relativo e do particular"[7]. "O que a hereditariedade determina no homem é a aptidão geral de adquirir uma cultura qualquer, porém aquela que se tornará sua dependerá dos azares de seu nascimento e da sociedade na qual receberá a sua educação"[8]. No teatro, o palco e o ator representam sob a mesma ambiguidade do meio natural e do objeto artificial construído. Tudo tem a tendência a transformar-se em signo, a semiotizar-se. Inclusive, a utilização natural do corpo do ator insere-se numa prescrição de sentido que exige da carne hesitante a sua parte de artificialidade e codificação.

DEFINIÇÃO (4): "A cultura se transmite através daquilo que, desde então, chamamos "herança cultural", ou seja, de determinado número de técnicas por meio das quais cada geração faz interiorizar, pela seguinte, a inclinação comum do psiquismo e do organismo na qual consiste a cultura"[9].

---

5. Idem, ibidem.
6. Idem, ibidem.
7. C. Lévi-Strauss, *Les structures élémentaires de la parenté*, p. 10.
8. *Le regard éloigné*, p. 40.
9. C. Camilleri, Culture et sociétés..., op. cit., p. 16-17.

No caso da encenação, é impossível constatar-se muito claramente a interiorização das técnicas. Ao contrário, certas tradições de interpretação em gêneros muito codificados e estabilizados transmitem essas técnicas e os comediantes já têm interiorizado, já "incorporaram" um estilo de interpretação (como a *Commedia dell'Arte* ou a Ópera de Pequim).

DEFINIÇÃO (5): Algumas culturas se definem essencialmente pelas características nacionais que se opõem, algumas vezes, às culturas minoritárias com o objetivo de melhor se afirmarem (cf. capítulo 6). Tais culturas majoritárias são, por vezes, tão poderosas que são capazes de se apropriar – no sentido negativo do termo, desta vez – das culturas estrangeiras, transformando-as para os seus próprios fins. Estamos de tal modo presos na teia de nossas modelizações culturais nacionais – eurocentristas, no nosso caso –, que temos dificuldade em conceber o estudo da interpretação ou de um gênero teatral sob uma perspectiva alternativa em relação àquela de nosso conhecimento na prática europeia do teatro.

A partir dessas definições, inspiradas pela antropologia cultural, decorre uma série de consequências ligadas à hipótese geral seguinte: "As culturas são, sem dúvida, o principal meio inventado pelos homens para regular o seu psiquismo plástico e pouco determinado, com o intuito de conseguir uma homogeneidade psíquica mínima que permita a vida em grupo"[10].

A. Esta regulação pela cultura é ao mesmo tempo uma repressão da espontaneidade individual e pulsional e uma expressão da criatividade humana,

S. FREUD: O edifício da civilização repousa no princípio da renúncia às pulsões instintivas [...] e postula precisamente a não-satisfação (repressão, recalque ou outro mecanismo qualquer) de instintos poderosos[11].

W. BENJAMIN: Jamais existiu um documento de cultura que não tenha sido igualmente um documento de barbárie (Sétima Tese sobre a Filosofia da História).

No teatro, esta regulação é especialmente assegurada pela encenação, que impede qualquer sistema de signos de assumir uma importância desmesurada e unilateral. A própria função do encenador é relegar-se a uma ausência física, a um superego que não se mostra nunca diretamente. A autoridade real foi, portanto, "internalizada" e "civilizada". É "o charme discreto da boa direção".

B. O princípio de internalização da autoridade consiste em fazer-se aceitar a função repressiva e expressiva da cultura. A encenação rea-

10. Idem, p. 18.
11. *Malaise dans la Civilisation*, p. 47.

grupa as diretrizes para fazer representar o espetáculo, ao aceitar as imposições do sentido. Da mesma forma, o ator internaliza um conjunto de regras de comportamentos, de hábitos de representação. Ele aceita a efeméride do teatro, o seu caráter não armazenável, intangível, não memorizável. Estas são as suas leis não escritas que tudo comandam e que perduram. "O que dura pouco", escreve Eugenio Barba, "não é o teatro, é o espetáculo. O teatro é feito de tradições, convenções, instituições, hábitos que têm uma permanência ao longo do tempo"[12]. Fenômeno de internalização da autoridade, em que seria conveniente inspirar-se uma semiologia "negativa", que deveria ser capaz de apontar aquilo que, no signo, está escondido, aquilo que parece signo sem ser signo, aquilo que mostra o ator ou a cena ao escondê-los.

Todas estas definições acentuam a unidade cultural do homem, porém tendem a isolá-lo do seu contexto sócio-histórico para apreendê-lo apenas sob um ângulo antropológico muito abstrato. Elas devem, portanto, ser complementadas (e não substituídas) por um enfoque sociológico, melhor ancorado na história e no contexto ideológico.

## ACEPÇÕES SÓCIO-HISTÓRICAS

O enfoque ideológico, especialmente o marxista, tende a ser eliminado devido à sua própria abertura para as culturas estrangeiras e ao alargamento da noção antropológica de cultura. Na operação, as noções de grupo, subgrupo, subcultura ou minoria substituem muitas vezes as de classes em luta. É verdade, inversamente, que a sociologia marxista tem simplificado muito frequentemente o debate e proposto respostas sem um conhecimento completo de todas as implicações do debate cultural. Dizer, por exemplo, que "em termos marxistas, a cultura é a superestrutura ideológica relativa, numa dada civilização, na infraestrutura material da sociedade" (*Dictionnaire Marabout*, art. "Culture") não contribui, convenhamos, para esclarecer os mecanismos culturais em jogo. Seria preciso mostrar que a cultura ao mesmo tempo condiciona e é condicionada pela ação social, sendo-lhe causa e consequência.

Propusemos, em outro trabalho, uma teoria dos ideologemas e de sua função na constituição ideológica e ficcional do texto dramático e espetacular[13]. Isto dava-se, porém, na perspectiva da inscrição do texto dramático na história, mais do que na cultura. Os fenômenos são, evidentemente, ainda muito mais complexos na medida em que forem abordados em contextos culturais os mais diversos, notadamente extraeuropeus. Deve-se, portanto, imaginar uma teoria de mediação, de

12. Quatre spectateurs, *L'art du théâtre*, n. 10, p. 26.
13. P. Pavis, *Voix et images de la scène*, p. 290-294.

troca, de transferência intercultural, uma "cultura de laços", no sentido de Brook, de "relações entre o homem e a sociedade, entre uma raça e outra, entre o microcosmo e o macrocosmo, entre a humanidade e a máquina, o visível e o invisível, entre as categorias, as linguagens, os gêneros"[14]. A imagem da ampulheta foi-nos inspirada pela necessidade de compreender a dinâmica do escoamento e do depósito dos sedimentos sucessivos. Passaremos em revista, desse modo, cada etapa da transferência cultural, observando qual concepção de cultura está pressuposta por cada uma das operações em cada nível da ampulheta.

(1) (2) *Modelização sociológica e/ou artística*

Uma primeira dificuldade, particularmente em nossas sociedades ocidentais, consiste em descobrir, na cultura-fonte, em (1) e em (2), assim como na cultura-alvo em (10 A) e (10 B), modelizações que sejam claramente específicas, quer no caso da atividade artística, quer no caso da codificação própria de um subgrupo ou de determinada cultura. Com a multiplicação dos subgrupos e das subculturas, a cultura, particularmente a cultura nacional, tem muita dificuldade em integrar e refletir o conjunto das codificações particulares e minoritárias. Ela tende, escreve Camilleri, a "tornar-se aquilo que permaneceria comum aos subgrupos que constituem a sociedade, uma vez que se teria descartado das diferenças. Porém, tal conteúdo comum torna-se cada vez mais difícil de definir"[15]. Para a encenação contemporânea, é praticamente impossível compreender-se o que é que uma peça de bulevar, uma opereta, uma peça de vanguarda ou um espetáculo de Bunraku, têm em comum: não somente devido às codificações artísticas em jogo, que são de uma extrema variedade, mas sobretudo por aquilo que faz parte de sua função ideológica e estética.

Em suma, a dificuldade em todos estes exemplos é perceber-se a ligação e a diferença entre as modelizações artísticas e as modelizações sociológicas e/ou antropológicas. Constata-se que a compreensão dos códigos especificamente artísticos produz um interesse pela compreensão dos códigos culturais e que, inversamente, o conhecimento dos códigos culturais gerais é indispensável para a compreensão dos códigos artísticos específicos. O fato de se compreender o funcionamento simbólico de uma sociedade (1) convida à percepção das codificações artísticas em particular (2). Ao se abordar a cultura-fonte e a cultura-alvo está-se, por outro lado, trazendo à comparação a relação de (1) e (2) específica em cada cultura, bem como o deslizamento que se produz quando a cultura-fonte é recebida na cultura-alvo, daí as relações entre (1) e (2), tanto quanto aquelas entre (10 A), (10 B) e (10 C).

14. P. Brook, *The Shifting Point*, p. 239.
15. C. Camilleri, op. cit., p. 23.

(3) *Visão dos adaptadores*
A partir do momento em que se trata de dar conta deste esfacelamento das modelizações – por exemplo, ao se tentar comunicar uma cultura estrangeira à nossa tradição ocidental –, torna-se difícil encontrar um ponto de vista unificador; disso decorre um relativismo de concepções do real e das culturas.

Com as sociedades industriais, pelo menos as ocidentais, assiste-se a um esfacelamento dos sistemas de pensamento. Como não é possível ter-se, no caso, várias verdades sobre o mesmo ponto, habituamo-nos a considerar que esses sistemas (muitas vezes relativos, eles próprios, às subculturas de diferentes subgrupos, em particular sociopolíticos) são simplesmente pontos de vista sobre o real, ao ligar de forma abrangente os sujeitos pensantes. Disso resulta a aparição do espírito do relativismo, que anda em paralelo com o progresso da dessacralização[16].

O relativismo está evidente de forma especial naquilo que chamamos (capítulo 4) de encenação pós-moderna dos clássicos: a recusa de qualquer leitura centralizadora e engajada, o nivelamento dos códigos, a desierarquização das linguagens, a recusa de uma separação entre cultura "cultivada" e cultura de massa, são em grande parte sintomas da relativização dos pontos de vista. Não nos constrangemos mais diante dos escrúpulos de Marx, ao ver na arte clássica (grega, por exemplo), certamente, uma cultura "cultivada" deturpada por uma classe, mas, acima de tudo uma universalidade potencial e que deve, portanto, ser preservada. Atualmente, a clivagem entre valores clássicos *provados* e valores modernos *a serem provados* não existe mais: não se acredita mais na universalidade geográfica, temporal e temática dos clássicos. A sua encenação opta por uma atitude decididamente relativista e consumidora, e em consequência pós-moderna, visto que o seu único valor reside, doravante, na sua integração a um discurso que não está mais obcecado nem pelo sentido, nem pela verdade e nem pela totalidade ou coerência.

(4) A *Visão dos Adaptadores* (3) e o seu *trabalho de adaptação* e interpretação (4) são influenciados pela *cultura* "cultivada", a saber, a cultura de um subgrupo restrito que possui (ou arroga-se) o conhecimento, a instrução, o saber e o poder de decisão. Essa cultura "concentrada" transforma-se num código metodológico, num saber em que a competência permite aprofundar o conhecimento: "Adquirimos esquemas de pensamento, um equipamento que, a partir dessas informações, permite-nos descobrir outros tantos, e através disso aprofundar a análise"[17]. Tal concepção não está muito longe da concepção semiótica de cultura segundo Lotman, a de uma "hierarquia de sistemas significantes parciais, de uma soma de textos e de

---

16. Idem, ibidem.
17. Idem, p. 25.

uma combinação de funções que lhes correspondem, e por fim de um mecanismo que gera os seus textos"[18].

Este código metodológico, este saber, é muitas vezes uma "cifra cultural" (Pierre Bourdieu) que torna possível o ato de deciframento; ele é assim, por vezes, o instrumento de um subgrupo contra outros. O homem cultivado é, neste caso, como observa Michel de Certeau, "semelhante ao modelo elaborado nas sociedades estratificadas por uma categoria, que introduziu as suas normas lá onde impôs o seu poder"[19]. A dificuldade, geralmente, reside em adivinhar onde o saber se instaura enquanto poder; em perceber as flutuações de código e poderes a ele conferidos. Tomemos como exemplo o tratamento dos clássicos: na época do "teatro popular" de Vilar, os clássicos eram apresentados implicitamente como um bem universal, porém representavam, na realidade, muito mais um bem cultural cuja aquisição conduz a uma promoção social (cf. capítulo 3). Atualmente, a utilização pós-moderna desses mesmos bens clássicos não visa mais dar ao público uma bagagem cultural ou armas políticas, mas manipular os códigos e relativizar todas as mensagens, especialmente as políticas.

(5) *O trabalho preparatório dos atores* não envolve simplesmente os preparativos dos ensaios ou a *escolha de uma forma teatral* (6), mas sim toda a cultura do comediante, ou seja, o seu "saber teatral, que transmite, de geração em geração, a obra de arte viva, que é o ator"[20]. O ator realiza o projeto semiótico da cultura concebida como relembrança das informações passadas e de geração das informações futuras. A cultura é, neste sentido, sempre de acordo com Barba, a "capacidade de adaptar-se e de modificar o meio ambiente, como forma de organizar e alterar as numerosas atividades individuais e coletivas, como capacidade de transmitir a 'sabedoria' coletiva, fruto de experiências distintas, de saberes técnicos diferentes"[21]. A cultura do comediante, especialmente a do comediante ocidental, não é sempre legível e codificada de acordo com um conjunto de regras e práticas estáveis e recorrentes. No entanto, mesmo ele não está a salvo de um estilo dominante ou uma moda, técnicas corporais ou codificações específicas. Ele também está impregnado de receitas, de hábitos de trabalho que são o motor das codificações antropológicas e sociológicas do seu meio, codificações essas imperceptíveis que, certamente, fazem de tudo para ser esquecidas e para melhor realçar o gênio original do ator, porém que, na verdade, estão onipresentes e são facilmente perceptíveis e parodiáveis.

---

18. Cf. J. Lotman, *Travaux sur les systèmes de signes*.
19. *La culture au pluriel*, p. 235.
20. E. Barba, Le théâtre eurasien, *Jeu*, n. 49, p. 64.
21. *L'archipel du théâtre*, p. 122.

(7) *A representação teatral da cultura* força a busca de meios especificamente cênicos para poder-se representar (ou atuar – *to perform*) uma cultura estrangeira ou doméstica, que se utilize o teatro como instrumento para transmitir e produzir informações sobre a cultura veiculada. O teatro pode redundar numa das dificuldades da antropologia, a saber: traduzir/visualizar os elementos abstratos de uma cultura como um sistema de crenças ou valores, utilizando-se dos meios concretos; por exemplo, ao invés de explicar um ritual, realizá-lo; em vez de dissertar sobre as condições sociais dos indivíduos, mostrá-las através de um *gestus* imediatamente legível. É verdade: um ritual perde o seu sentido assim que for extraído do seu contexto e transposto para o palco, porém nada impede o teatro de se autodeclarar como o lugar de uma outra cerimônia, na qual o ritual procurará a sua validade. A encenação e a representação teatral são sempre uma tradução cênica (graças ao ator e a todos os elementos do espetáculo) de um conjunto cultural distinto (um texto, uma adaptação, um corpo). Quando nos damos conta, com Lotman, de que a apropriação cultural da realidade se faz sob a forma da tradução de uma parcela da realidade em um texto, compreende-se que, *a fortiori*, a encenação ou a transposição intercultural são uma tradução sob a forma de apropriação da cultura estrangeira, a qual possui as suas próprias modelizações.

(8) O limite de apropriação indica, suficientemente, que o adaptador e o receptor apoderam-se da cultura-fonte segundo a sua própria perspectiva, fato do qual decorre o risco do etnocentrismo – do eurocentrismo, no caso presente. Este eurocentrismo é menos uma recusa das formas orientais do que uma miopia em relação às outras formas e a outros instrumentos conceituais com exclusão daqueles conhecidos na Europa; do que uma incapacidade de se pensar, teórica e globalmente, as modelizações culturais, ocidentais *e* orientais. À espera da instauração de tais instrumentos conceituais (aliás, muito problemáticos na sua hibridação mesma) e que dizem respeito ao contexto ocidental e oriental, a comunicação intercultural precisa de *adaptadores de recepção* (8), de "corpos condutores" que organizem a passagem de um universo para outro. Esses adaptadores permitem reconstituir uma série de princípios metodológicos a partir da cultura-fonte e, assim, adaptá-los à cultura-alvo:

> Descobrir o segredo de alguma dança exótica fascinante não significa que se possa importá-la com facilidade: antes de mais nada, é preciso captar uma inspiração, uma utopia ou, mais exatamente, uma série de princípios metodológicos, os quais será necessário reconstruir dentro do esquema da nossa cultura[22].

22. U. Volli, Techniques du corps, em E. Barba; N. Savarese (eds.), *Anatomie de l'acteur*, p. 113.

Seja qual for a natureza dessa adaptação – um personagem, uma dramaturgia (Shakespeare como modelo dramatúrgico para a *Indiade* [Indiada] ou para a adaptação do *Mahabharata*) –, esses adaptadores colocam-se sempre na perspectiva dos receptores ao simplificar e modelizar alguns elementos-chave da cultura-fonte. Neste sentido, eles têm necessariamente uma posição etnocentrista, porém, estando conscientes dessa perspectiva deformante, podem relativizar tal defasagem e procurar uma tomada de consciência das diferenças.

(9) As *legibilidades* estão encarregadas, também elas, de relativizar a produção de sentido e o nível de leitura variável de uma cultura para outra. São uma resposta à crise do sujeito transcendental e universal que pretenderia, em nome da razão universal cartesiana e da razão-de-Estado centralizadora, reduzir a totalidade das diferenças. "Todas as formações humanas 'gerais' voltam-se contra o homem, caso não sejam quotidianamente reapropriadas pelo sujeito concreto, por meio das operações quotidianas"[23].

A teoria dos níveis de legibilidade (capítulo 9) explica como o receptor escolhe, com maior ou menor liberdade, com qual nível deve ler (por exemplo: narrativo, temático, formal, ideológico, sociocultural etc.) os fatos culturais que lhe são apresentados pela encenação. Esta teoria pressupõe uma preocupação epistemológica, qual seja a de proporcionar os meios de conhecer o outro, e *quid*, do outro. A transferência cultural realiza-se, na maioria das vezes, graças a uma mudança de nível de legibilidade, o que modifica profundamente a recepção da obra em (10). Essa mudança do nível da legibilidade corresponde frequentemente a uma luta ideológica entre cultura dominante e cultura dominada. Na transferência de (1)-(2) para (10), determinados elementos são assimilados e desaparecem – o que Darlrymple chama de uma *ideologia residual*, a saber, aquilo que sobra das ideias e das práticas de uma cultura pertencente à outra formação social. Outros elementos, ao contrário, aparecem e são integrados à ideologia dominante em (10): essa ideologia emergente pode tornar-se um modelo normativo de codificação sociológica (108) ou cultural, num sentido amplo (10 C)[24].

(10) Ao examinar o confronto cultural entre (1)-(2) e (10), escolheu-se comparar, avaliar, fazer dialogar a cultura-fonte e a cultura-alvo, porém tal enfrentamento foi, por assim dizer, atenuado pelos filtros que, de (3) a (9), preparam o terreno e transformam gradualmente a cultura-fonte, ou *cultura-referente*, na cultura de recepção, na qual nos situamos. Ao invés de fugir dessa confrontação, julgamos útil

---

23. C. Camilleri, Culture et sociétés..., op. cit., p. 29.
24. L. Darlrymple, *Explorations in Drama, Theatre and Education*, p. 136.

ir ao seu encontro. Isto porque é preciso prevenirmo-nos da demagogia, que consiste em recusar a comparação, para não nos arriscarmos a hierarquizar e a valorizar as culturas confrontadas, demagogia que conduz ao relativismo cultural e, acima de tudo, à indiferenciação. Tzvetan Todorov criticou suficientemente essa recusa, razão pela qual torna-se inútil voltar a ela[25]. Encorajados por Todorov e Finkielkraut, estimulados por Montaigne e Lévi-Strauss, ousamos – na excelente companhia de Brook, Barba e Mnouchkine –, comparar duas culturas fortemente dispostas em dessimetria, na medida em que uma se apropria da outra, e no momento em que a cena-alvo acolhe todas estas misturas de cruzamento de linguagens e culturas. Deixamos a outros julgar se esse confronto teatral vai desembocar numa aculturação generalizada, numa interdestruição ou, pelo contrário – como pensamos nós –, num "reencontro amoroso" (escolhemos de propósito esta metáfora deliciosamente suave), numa "bricolagem" (Lévi-Strauss), num teatro eurasiano (no caso de Barba), numa "cultura de laços"[26] ou numa "influência" do "teatro oriental"[27]. Na realidade, esta ampulheta é um objeto suficientemente complexo para evitar, exatamente, uma confrontação direta de povos, línguas ou valores éticos. Comparamos de preferência, acima de tudo, as práticas e as formas teatrais [entre (2) e (10 A)], as modelizações e as codificações suscetíveis de se atrelar e de se *entrecruzar* (ao invés de se perderem umas das outras).

(11) *Sequências dadas e antecipadas*
Ao fim da translação de uma bola da ampulheta para a outra, o espectador é a última e única garantia que a cultura tem, quer seja estrangeira ou familiar, de que o sucesso acontecerá. Terminado o espetáculo, toda a areia repousa, doravante, sobre os seus frágeis ombros... Modo de dizer. Tudo se deposita nas lembranças e naquilo que ele esqueceu. (A este propósito, lembramo-nos da tirada profundamente acertada de Édouard Henriot: "A cultura é o que sobra depois de nos esquecermos de tudo, é o que falta quando já aprendemos tudo"!). Ao término deste escoamento incessante dos grãos de cultura, quando os castelos de areia que são as encenações já desmoronaram, o espectador estará, com efeito, em condições de aceitar que o espetáculo se metamorfoseie nele, quer este o beneficie ou se evapore, quer se anule para melhor renascer. É preciso que aceite o esquecimento, que escolha tudo para si; que o enterre vivo sob a areia, esquecimento que, por si só, acaba por atenuar o sofrimento. Esse esquecimento é salvador e sabe Deus o que é que se pode esquecer no teatro. (Graças a Deus...)! Assim sendo, a cultura que o espectador reconstitui e

---
25. T. Todorov, Le croisement des cultures, *Communications*, n. 43, p. 10-13.
26. P. Brook, *The Shifting Point*, p. 236.
27. A. Mnouchkine, Le besoin d'une forme, *Théâtre/ Public*, n. 46-47, p. 8.

que o constitui como sujeito espectatorial está em perpétua mutação: passa por uma amnésia seletiva: "A dimensão essencial do espetáculo teatral resiste ao tempo, não se congelando numa gravação, mas transformando-se"[28].

Assim, torna-se difícil acompanhar as transformações da memória, prever de que forma o espectador organizará a sua leitura, de que forma aceitará ou recusará a série dos filtros que foram predispostos e selecionados da matéria cultural, muito especialmente a maneira estrangeira. É ainda mais problemático determinar como o espetáculo prosseguirá nele: "Os espectadores, em sua unicidade, decidem aquilo que concerne à profundidade: ou seja, até que ponto o espetáculo conseguiu fincar as suas raízes em algumas memórias individuais"[29]. Poderíamos observar, aliás, no que tange aos criadores do espetáculo, semelhante transformação: eles terão sido transformados também, ou pelo menos redirecionados, pelo seu trabalho.

Malgrado esta relatividade de aprofundamento do espetáculo em nós, culturalmente é sempre pertinente observar o que o espectador retém e o que exclui, como define a cultura e a não-cultura, o que lhe parece signo, o que descarta. O receptor – o qual consideramos cliente-rei, um leitão de festa*, uma "porção de vitela" (*Cyrano de Bergerac*, I, 2) ou, mais raramente, um parceiro – é, atualmente, objeto de muitas pretensões teóricas. No entanto, esta súbita preocupação, esta descoberta de sua liberdade de escolha, de sua produtividade, desemboca muitas vezes numa concepção antiteórica e antiexplicativa da arte: "Nós devemos", afirma Susan Sontag, "redescobrir os nossos sentimentos. Devemos aprender a ver mais, a entender mais, a sentir mais"[30]. É verdade, porém como? O sentimento encontra-se no domínio do *self-service*, é-nos repetido. É possível; no entanto, a gente não tem que, pelo menos, passar no caixa? "O teatro não deve interpretar, deve nos dar a possibilidade de contemplar uma obra e refletir sobre ela", nos previne o grande Bob[31]. Que seja! Nesse caso, contemplemos...

Todos esses testemunhos revalorizam, aparentemente, a função do espectador e do receptor, porém desembocam também num relativismo e num ceticismo teórico. A teoria da recepção anula-se a si mesma caso confira ao receptor o poder absoluto de produzir o seu percurso crítico sem se dar conta suficientemente dos dados objetivos da obra, sob o pretexto de que, liberado ao grato prazer do texto, ele poderia servir-se à vontade no *self-service* do sentido. Teremos

---

28. Quatre spectateurs, op. cit., p. 27.
29. Idem, ibidem.
\* No original: *cochon de payer.* (N. da T.)
30. *Kunst und Antikunst*, p. 18.
31. R. Wilson, Spiegel-Gespräch mit Robert Wilson über Hören, Sehen Und Spielen, *Der Spiegel*, n. 10, p. 208.

a oportunidade, no corpo deste livro, de retornar a este relativismo pós-moderno, que veste muitas vezes os trajes do intercultural a fim de melhor disfarçar um discurso anti-histórico e relativista, no qual as obras e seus contextos nada mais são do que pretextos amáveis para os divertimentos indiferenciados, encontros transferidos para os cruzamentos da nebulosa pós-moderna.

\* \* \*

Os ensaios reunidos neste volume foram escritos ao longo dos últimos anos, de 1983 a 1988, tendo como perspectiva central a questão, evitada artificiosamente durante muito tempo pela semiologia, da relação do teatro com as *outras* culturas. Tratava-se, no caso, de propor uma teoria materialista da apropriação intercultural que não se deixasse intimidar, nem por um sociologismo pouco cuidadoso com as formas, nem por um terrorismo antiteórico. Tratava-se também de aventurar-se para fora do hexágono – não sem riscos!

Num momento em que, na Europa central, a teoria não mais aparenta ser oportuna, em que se enterram os conflitos e a luta de classes, as ideologias e as utopias, em que se esquece a relação da cultura com os dados socioeconômicos, em que o Ocidente se apressa para engolir o ex-Oriente, em que a antropologia é muitas vezes brandida como uma teoria funcional da harmonia e do consenso para melhor enaltecer a indiferenciação e a indiferença ("anything goes"), tudo isso pareceu salutar, ainda que intempestivo, para provocar reações; também tentamos refazer o percurso do texto para o palco, a partir de um modelo clássico relativamente simples (qual seja, o do texto dramático e da encenação ocidental) para um modelo ampliado e global de interculturalismo.

O estabelecimento deste modelo sociossemiótico da cultura e da encenação intercultural foi feito – e tanto a organização, quanto a cronologia dos capítulos deste livro embutem esse traço – por meio de uma sequência de aprofundamentos do modelo de funcionamento da encenação (capítulo 2), visando uma teoria da tradução (capítulo 6) e de interculturalidade (capítulo 9). Este modelo é prova, aliás, da extrema dificuldade de teorização em relação às formas sucessivas e distintas de teatro: o teatro de texto (o texto dramático é encenação); o "teatro cenográfico"[32], no qual o visual e o visível são fundamentais e o texto fica reduzido a "servir de apoio"; o teatro intercultural, produto do contato entre as culturas.

Tais estudos foram apresentados sob formas as mais diversas, como conferências ou colóquios internacionais, o que me permitiu, em várias ocasiões, ajustar e aprimorar as minhas ideias, transportar

---

32. Die Inszenierung: Problem ihrer Analyse, *Zeitschrift für Semiotik*.

para outros contextos, para outros auditórios, uma problemática intercultural em constante evolução. Não quis igualmente, ao retrabalhar essas conferências sobre o interculturalismo, suavizar o seu caráter de enunciação e as circunstâncias particulares que as suscitaram.

É um prazer agradecer às pessoas que me pediram esses textos e que me ajudaram com seus conselhos e sua amizade. Tenho também o sentimento de empreender em pensamento um último percurso para além das fronteiras muito estreitas da França, em direção ao interior da Europa (onde se haverá de respirar seguramente melhor) e, mais longe ainda, no vasto mundo do intercultural em cuja direção é sempre muito bom escapar. O meu reconhecimento vai especialmente (na mesma ordem dos capítulos) a Desiderio Navarro (La Havana) e Francisco Javier (Buenos Aires), Michael Issacharoff (Londres), Karl Blüher e Alfonso de Toro (Kiel), Michael Hays (Ithaca), Wilfried Floeck (Mayence), José-Angel Gomez (Barcelona), Hanna Scolnicov (Jerusalém), Eugenio Barba (Holstrebro), Erika Fischer-Lichte (Frankfurt), Gay McAuley (Sydney), Marianne König (Jegenstorf, Suíça), Mary e Hector Maclean (Melbourne) e Hyun-Sook Shin (Seul).

# 2. Do Texto para o Palco: Um Parto Difícil*

*Para Eugenio Barba e participantes do Ista (Salerno, 1987)*

## 1. OBSERVAÇÕES PRELIMINARES

Levar um texto para o palco é um dos partos mais difíceis: no exato momento em que o espectador estiver assistindo ao espetáculo, já será demasiado tarde para conhecer o trabalho preparatório do encenador; o resultado já está ali: um pequeno ser sorridente ou amargurado, ou seja, um espetáculo mais ou menos bem sucedido, mais ou menos compreensível, no qual o texto nada mais é que um dos sistemas cênicos, contíguo aos atores, ao espaço, ao ritmo temporal. Nesse momento, já não é mais possível apreciar, através de uma descrição cronológica, os fatos e gestos dos atores e/ou do encenador, pois a encenação, tal como a examinamos aqui, é o ato de colocar à vista, sincronicamente, todos os sistemas significantes cuja interação é produtora de sentido para o espectador.

Portanto, não falaremos mais do *encenador* – a pessoa privada que está encarregada pela instituição teatral de assinar com seu próprio nome o trabalho cênico –, porém da *encenação*, definida como colocar em relação, num espaço e tempo determinados, materiais os mais diversos (sistemas significantes) em função de um público. A encenação é uma noção estrutural, um objeto teórico e um objeto de conhecimento. O encenador, esse pai desconhecido da nossa pará-

---

* Artigo que apareceu, sob uma forma diferente, em *Théâtre/Public*, n. 79, jan./fev. 1988.

bola, não nos interessa aqui diretamente, e assim sendo o substituiremos, não antes de nos desculparmos junto aos artistas e técnicos pela noção estrutural de encenação. Esta noção, no entanto, é também histórica, pois aparece não somente num momento determinado da história, como também é determinada pela sua inscrição no contexto. Vejamos, dessa forma, se uma teoria da encenação ocidental é possível e sobre quais bases. Este ensaio e, de forma mais geral, este livro, constituem uma tentativa de elaborar uma teoria materialista de encenação, teoria que se arroga a tarefa de descrever os mecanismos de constituição de sentido do texto dramático e da encenação – neste caso, uma teoria que apela, como o seu duplo, para uma abordagem histórica que descreva as condições materiais da prática teatral.

Outro esclarecimento vocabular. Parece-nos importante distinguir:

– *O texto dramático*: o texto linguístico tal como é lido enquanto texto escrito, ou tal como o ouvimos pronunciar no decorrer da representação (atentemos para esta diferença de estatuto). O caso que aqui se considera é exclusivamente o de um teatro de texto, no qual o texto pré-existe à encenação como traço escrito, e que não é – como por vezes acontece – escrito ou reescrito após os ensaios, improvisações ou representações (MARGEM 1).

Situamo-nos decididamente, portanto, sob a ótica logocêntrica, já que temos sempre presente na memória que a encenação está ligada a um texto dramático escrito pré-existente, numa perspectiva tipicamente ocidental.

– *A representação*: tudo aquilo que é visível e audível sobre o palco, porém que ainda não foi recebido e descrito como um sistema de sentido, como um sistema pertinente de sistemas cênicos significantes.

– Por fim, *a encenação* ou a colocação em relação de todos os sistemas significantes, em particular da enunciação do texto dramático na representação. Assim sendo, esta encenação não é o objeto empírico, a reunião incoerente de materiais, nem muito menos a atividade mal definida do encenador e de sua equipe antes da entrega do espetáculo. É um objeto de conhecimento, o sistema das relações que tanto a produção (os atores, o encenador, a cena em geral), quanto a recepção (os espectadores) estabelecem entre os materiais cênicos a partir daí constituídos por sistemas significantes.

Essa distinção, entre a representação considerada como objeto empírico e a encenação como objeto de conhecimento, permite ponderar e, acima de tudo, ultrapassar outra oposição: a de uma estética da produção e de uma estética da recepção[1]. Com efeito, a encenação – e esta

---

1. Cf. P. Pavis, Production et réception au théâtre: la concrétisation du texte dramatique et spectaculaire, *Revue des Sciences Humaines*, 189. Retomado em *Voix et images de la scène*, p. 233-296.

será a nossa hipótese principal – não existe no que tange ao sistema estrutural senão quando recebida e reconstituída por um espectador a partir da produção, pela equipe artística, da colocação em relação dos sistemas significantes. Decifrar a encenação consiste em receber e interpretar o sistema que se encontra na base da produção (no sentido inglês da palavra) da equipe artística. Não se trata de reconstituir as intenções do encenador, mas sim de emitir uma hipótese sobre o sistema escolhido pelos produtores, através daquilo que o espectador recebe.

Dedicar-nos-emos, na sequência, a estabelecer uma teoria da encenação, pelo menos na nossa tradição ocidental, ou seja, a colocação em jogo, numa abordagem estética e subjetiva, de um texto dramático pré-existente. A encenação ocidental é reveladora da maneira pela qual uma cultura pensa a fabricação do sentido, especialmente como intercâmbio de sentido na copresença dos sistemas de signos.

## 2. DENEGAÇÕES

Evitaremos assimilar a semiologia do texto dramático ao à da representação. Estaremos alertas para manter separados a sua metodologia e o seu objeto de estudo, para não situar no mesmo plano ou no mesmo espaço teórico o texto e a representação, bem como para não reduzir um ao outro. À falta do que, chegaremos rapidamente à assimilação da oposição texto/representação, às velhas oposições entre significado e significante, alma e corpo, fundo e forma, literário e teatral etc.

No estudo do texto dramático, destacaremos sempre o fato de se estar abordando o texto antes ou independentemente de uma enunciação cênica, ou se o estamos analisando como um dos componentes de uma encenação concreta, levando sempre em conta, nesse caso, a enunciação e a "coloração" que lhe imprime a cena.

Se as duas semiologias devem guardar a sua autonomia, isto se deve ao fato de que texto e representação respondem a sistemas semiológicos diferentes e que a encenação não significa a redução ou transformação de um em outro, mas pelo contrário, o seu confronto. Antes de definir esta relação delicada entre texto e representação, começaremos por afirmar *aquilo que a encenação não é*; e dessa forma recusar a maneira pela qual ela é ainda, algumas vezes, definida abusivamente. Ao invés de dizer aquilo que a encenação não deve ser (visão normativa demais), gostaríamos de estabelecer aquilo que a teoria da encenação não pode, ou não pode mais, afirmar. Seguramente, ao querermos estabelecer no abstrato a teoria da encenação, arriscamonos em todos os momentos a fazer, na descrição dessas operações principais, inúmeros julgamentos normativos sobre sua função e seu desempenho, particularmente por aquilo que é a construção de sentido resultante. Formulamos, sem embargo, uma série de denegações que serão igualmente destacadas.

1. A encenação não é a realização cênica de uma potencialidade textual (porque, senão, seria o caso de se começar a explicar em que consiste essa "potencialidade"). Não consiste em encontrar significados cênicos que repetiriam, de maneira necessariamente redundante[2], aquilo que o texto já estaria dizendo. Uma tal procura de redundâncias entre signos provenientes do texto e signos utilizados em cena ignoraria e zeraria a materialidade significante dos signos linguísticos ou cênicos e traria a suposição de que os signos utilizados na representação fazem abstração de sua matéria significante e eliminam qualquer diferença entre o verbal e o não-verbal. (MARGEM 2)

Toda semiologia teatral que pressupõe, *a priori*, possuir o texto dramático uma teatralidade que se trata de extirpar do texto a qualquer custo a fim de exprimi-lo no palco – ou seja, uma matriz teatral –, de ver uma partitura que, quando muito, dá ao texto dramático uma existência visando uma futura representação, parece-nos que se trata de reduzir abusivamente a encenação a um mero decalque do texto e a estabelecer implicitamente que a encenação é a expressão do texto, que ele a contém implicitamente e, portanto, que existe apenas uma só e boa encenação previamente contida no texto. (MARGEM 3)

2. A encenação não tem que ser fiel ao texto dramático. Essa noção obsessiva do discurso crítico quanto à fidelidade é inútil, pois faria levar a que se dissesse, em primeiro lugar, no que se funda a comparação entre ponto de partida e resultado[3]. A fidelidade a uma tradição de representação (aliás, muito mal conhecida no que diz respeito ao texto clássico) é insuficiente como critério para novas encenações. Por fidelidade entendemos, de fato, coisas as mais diversas: fidelidade ao "pensamento" do "autor" (duas noções, em consequência, muito movediças), fidelidade a uma tradição de representação, fidelidade "à forma ou ao sentido" em virtude de "princípios estéticos ou ideológicos"[4]. Fidelidade, acima de tudo e num sentido muito ilusório, da representação com relação àquilo que o texto já disse claramente. E se, não obstante, produzir uma encenação fiel é repetir – ou antes, crer poder repetir –, através da figuração cênica, aquilo que o texto já está dizendo, nesse caso, por que a necessidade de encenar? (MARGEM 4)

3. Inversamente, ao contrário, a encenação não aniquila, nem dissolve o texto dramático; este resguarda seu estatuto de texto linguístico, mesmo no caso de se tratar de um texto feito a propósito *durante a encenação*, ou seja, enunciado de acordo com determinada situação e dirigido com vistas a um sentido muito mais determinado. Na medida

---

2. Cf. sobre esta noção: M. Corvin, *Molière et ses metteurs en scène d'ajourd'hui*.
3. Cf. E. Fischer-Lichte (ed.), *Das Drama und seine Inszenierung*. Cf. também J. Jacquot; A. Veinstein, *La mise en scène des oeuvres du passé*.
4. Jacquot, citado por M. Corvin, op. cit., p. 33.

em que se trata de um texto preparado *durante a encenação*, é impossível para o espectador pensar na passagem cronológica do texto para a representação, isso porque todos os dois são entregues ao mesmo tempo, ainda que de acordo com ritmos específicos próprios a cada sistema significante. A dialética vale para os dois sentidos, e o problema da fidelidade da encenação ao texto inclusive se coloca pouco, tão pouco quanto se coloca o de saber se, inversamente, o texto dramático é fiel à sua encenação, se corresponde àquilo que a cena mostra, se o texto de Molière é fiel à encenação de Vitez. (MARGEM 5)

4. As encenações de um mesmo texto dramático, particularmente as realizadas em momentos históricos diferentes, não dão a ler o mesmo texto. É verdade que a letra do texto é a mesma, porém o seu espírito varia consideravelmente. Compreende-se o texto apenas como resultado de um processo de leitura que chamaremos, com Ingarden[5] e Vodicka[6], de sua *concretização*. Devido a isso, o texto não é um reservatório não estruturado de significados, um *Baumaterial* (um material de construção), como diria Brecht; é exatamente o oposto, isto é, o resultado de um circuito historicamente determinado de concretização: significante (obra-coisa), significado (objeto estético) e Contexto Social (abreviação daquilo que Mukaróvski chama de "contexto total dos fenômenos sociais [ciência, filosofia, religião, política, economia etc.] de um dado meio"[7]), são variáveis que modificam a concretização do texto e que é mais ou menos possível reconstituir.

5. A encenação não é a figuração, pela representação, do referente do texto dramático. Aliás, não temos acesso ao referente do texto; não obstante, quando muito temos a simulação (a ilusão) desse referente por meio dos signos que o designam através da convenção.

A encenação não é, absolutamente, a concretização visual de "buracos" do texto que estariam à espera de representação para ganhar sentido. Qualquer texto – e não apenas o texto dramático – é esburacado, porém sob outros aspectos é, também, "repleto de sentido".

O que se precisa ter em mente, muito mais que estes locais vazios ou cheios, impossíveis de se determinar, são antes os processos de determinação e indeterminação no/para o texto e o palco: a encenação põe em foco tal função de esvaziamento/preenchimento das ambiguidades estruturais[8].

---

5. Cf. R. Ingarden, *Das literarische Kunstwerk*.
6. Cf. F. Vodicka, *Struktur der Entwicklung*.
7. Cf. J. Mukarovsky, L'art comme fait sémiologique, *Actes du huitième congrès international de philosophie à Prague,* texto retomado na *Poétique*, 3, p. 391.
8. Cf. P. Pavis, Production et réception au théâtre..., *Voix et images de la scène*, p. 255-260.

6. A encenação não é o reencontro de dois referentes (textual e cênico); ela não visa, portanto, encontrar uma homologia estrutural entre os dois referentes. É necessário, ao invés de reencontrar os referentes, criar uma teoria da ficção que compare texto e cena no seu processo específico de ficcionalização que a encenação realiza tendo em vista o espectador. A ficção pode parecer um meio-termo e a mediação entre aquilo que o texto dramático conta e aquilo que o palco faz figurar, como se a mediação tivesse sido realizada através da figuração, textual e visual, de um mundo ficcional possível, construído em especial pela análise dramatúrgica na leitura, depois figurado pela realização no palco. Essa hipótese não soa falsa se nos prevenirmos no sentido de não reintroduzir, sub-repticiamente, a teoria do referente atualizado que figuraria esta mediação. Com efeito, caso haja uma relação evidente entre texto e representação, isso não se daria sob a forma da tradução ou duplicação do primeiro no segundo, mas da translação e confrontação de um universo ficcional estruturado a partir do texto e de um universo ficcional produzido pelo palco; são as modalidades desta evidência que se trata de questionar.

7. A encenação não é a realização performativa do texto. Os atores não estão incumbidos, ao contrário do que acredita Searle[9], de seguir as instruções do texto e as indicações cênicas para produzir a interpretação, com a força elocutória de uma "receita para fazer bolo". As indicações cênicas "revestem" o texto de uma série de diretivas que preveem certo tipo de enunciação, em cujo interior o texto dos diálogos assumirá um sentido mais ou menos "pretendido" pelo autor. A encenação, em consequência, está livre, essencialmente, para "colocar na prática enunciativa" tão somente algumas das indicações cênicas, quiçá até nenhuma. Portanto, ela não está incumbida de seguir ao pé da letra as indicações cênicas no sentido de reconstituir uma situação de enunciação correspondente, em todos os pontos, às indicações. Tais indicações cênicas não são nem a verdade última do texto, nem a ordem formal de montar o texto desta ou daquela maneira, e nem a transição indispensável entre texto e palco. O seu estatuto textual é incerto: extratexto que se pode ou não usar? Metatexto que determina o texto dramático? Pré-texto que sugere uma solução antes de o encenador decidir-se por outra? A avaliação do seu estatuto está ligada à história; sem nos esquecermos de que a palavra pode parecer autoritária, é necessário igualmente nos lembrarmos de que a encenação pode escolher inspirar-se ou, ao contrário, como antigamente Gordon Craig, considerar as instruções do texto como um insulto feito à liberdade do encenador. Pelo menos parece fora de questão receber-se as indicações cênicas, dentro de uma teoria da encenação,

---

9. Cf. J. Searle, Le statut logique du discours de la fiction, *Sens et expressions*, p. 101-119.

como diretiva absoluta para a encenação e como discurso que a representação necessariamente percorre.

Eis, portanto, muitas das denegações e interdições com relação às conexões entre texto e representação (MARGEM 6). Agora vamos arriscar, de modo decididamente afirmativo, algumas hipóteses quanto à função da encenação no estabelecimento dos laços entre o textual e o cênico.

## 3. A ENCENAÇÃO COMO REGULAÇÃO DA RELAÇÃO TEXTO/REPRESENTAÇÃO

Ao invés de refletirmos sobre a ligação entre texto e representação como passagem, translação, redução de um a outro, preferimos descrevê-la como a criação de efeitos de sentido e contraste entre sistemas semióticos diferentes (verbal/não-verbal, simbólico/icônico, por exemplo); como um distanciamento ao mesmo tempo espacial e temporal entre signos auditivos do texto e signos visuais da cena. Não é mais possível conceber-se a representação (os signos cênicos) como consequência lógica ou temporal de signos textuais (mesmo que na realidade eles sejam produzidos, na maioria dos casos, a partir da encenação de um texto pré-existente). Texto e cena são percebidos ao mesmo tempo e no mesmo lugar, sendo impossível declarar-se qual deles é anterior ao outro. (MARGEM 7)

### 3a. A Enunciação Cênica e o Circuito da Concretização

A encenação esforça-se por encontrar, para o texto dramático, uma situação de enunciação que corresponda a uma maneira de dar sentido aos enunciados. Assim, os enunciados textuais apareceriam por vezes como o produto da enunciação e do texto a partir do qual a encenação imagina uma situação de enunciação, dentro da qual o texto ganha o seu sentido. A encenação não é uma translação do texto para a cena, mas sim um teste teórico, que consiste em colocar o texto "sob tensão" dramática e cênica a fim de experimentar no que é que a enunciação cênica provoca o texto; instaura um círculo hermenêutico entre enunciado para dizer e enunciação "abrindo" o texto para muitas interpretações possíveis.

A alteração da enunciação caminha em paralelo com a renovação da concretização do texto dramático; uma relação de troca estabelece-se entre texto dramático e Contexto Social. A cada encenação o texto é colocado em situação de enunciação em função do novo Contexto Social de sua recepção, a qual permite ou facilita uma nova análise do Contexto Social da produção textual e cênica, fato que modifica igualmente a análise dos enunciados textuais, e daí até o infinito. Este teste teórico, este distanciamento entre texto e cena, leitura do

Contexto Social de ontem e leitura do de hoje, constitui a encenação. A encenação é a hipótese sobre uma enunciação que resulta, sem cessar, na concretização de enunciados novos; ela sempre está para acontecer, visto que se limita a colocar balizamentos, a dispor o texto em função de uma enunciação e a dar a conhecer suas intenções. Ela não é apenas uma concretização-ficcionalização como qualquer leitura de um texto escrito; é uma pesquisa de enunciados cênicos que, reunidos pela encenação, produzem um texto espetacular global dentro do qual o texto dramático adquire um sentido bem específico. Do mesmo modo, não ocorre nada parecido a um empilhamento de sistemas visuais construídos sobre o texto; não é, escreve Alain Rey, "uma soma, nem uma cebola; é (deveria ser) um projeto coletivo realizado em torno de um constrangimento da linguagem, uma estrutura feita para comunicar-se"[10].

## 3b. Verbal e Não-Verbal: a Leitura em Ação

A encenação é uma leitura em ação: o texto dramático não possui um leitor individual, porém se trata de uma leitura possível e coletiva proposta pela encenação. A filologia ou o comentário servem-se das palavras para explicar os textos, enquanto que a encenação utiliza-se de ações cênicas para "interrogar" o texto dramático. A encenação é sempre uma parábola sobre a permuta impossível entre o verbal e o não-verbal: o não-verbal (isto é, a figuração pela representação e a escolha de uma situação de enunciação) faz falar o verbal, reitera a enunciação como se o texto dramático, uma vez emitido em cena, conseguisse falar por si mesmo sem reescrever outro texto, através da evidenciação daquilo que é dito e daquilo que é mostrado. Pelo fato de a encenação dizer ao mostrar, ela diz sem dizer, de sorte que a denegação (a *Verneinung* freudiana) é o seu modo de existência habitual. Ela sempre convida, implicitamente, a comparar o discurso textual e a figuração cênica escolhida, a fim de acompanhar (seguir ou preceder) o texto. Ao dizer sem dizer, a encenação (mais exatamente a representação) instaura como que uma denegação: "diz sem dizer", fala do texto graças a um sistema semiótico distinto que não é linguístico, mas "icônico". Entretanto, isso não implica que a imagem cênica (os significantes visuais e auditivos da cena) não possa ser traduzida em um significado, quer seja aquilo que se opõe à semiotização ou à tradução em um significado. A alternativa considerada por Michel Corvin parece-nos, assim, estar teoricamente falseada desde seu início: "A relação com a imagem cênica permanece, no caso, ambígua: se for lida em toda sua plenitude ideológica, será assassinada

---

10. Cf. A. Rey, Le théâtre, qu'est-ce que c'est?, em D. Couty; A. Rey (eds.), *Le théâtre*, p. 188.

como imagem; se nos contentarmos em recebê-la ingenuamente e, graças a Deus, recusando concebê-la na condição de ser semióloga, ela se tornará um espelhamento estéril de formas e cores"[11]. A imagem pode, ela própria, ser traduzida em um significado sem ao mesmo tempo perder o seu valor de imagem; e inversamente, não pode ficar muito tempo como sendo um "espelhamento estéril de formas e cores", visto que até o mais perfeito ingênuo acaba por traduzir aquele puro significante em um significado (ao semiotizar a imagem). Michel Corvin tem, por outro lado, razão ao insistir na polissemia da imagem, na sua faculdade de produzir semiotizações ambíguas e polissêmicas. A encenação não é somente uma produção de *sentido* (assim, redutível aos significados), porém é também uma produção de *sensações* (consequentemente, de significantes que transmitem e interpelam o espectador sem que o mesmo saiba ao certo o que aquilo quer dizer). Esta percepção da materialidade do espetáculo, da corporalidade dos atores, faz parte da experiência teatral; é esta sedução, esta insatisfação do desejo que impede que a encenação se reduza a um sentido terminal e a uma decodificação de signos ou de intenções.

A figuração cênica – que seria o caso de se comparar com a figuração do sonho – e a imagem "desfilante" em face do texto enriquecem e dispõem para a leitura o texto segundo estratégias eventualmente imprevistas. A encenação, seja a mais simples e explícita, "desloca" o texto: faz dizer no texto aquilo que um comentário crítico, verbal ou escrito, não conseguiria dizer: é quase o indizível, ou qualquer coisa semelhante.

O conhecimento dos processos de comunicação não-verbal (cinésica, proxêmica, percepção do ritmo e das qualidades da voz) é ainda muito reduzido. Logo, é através da sua elucidação que passa a compreensão do trabalho do ator, no qual o comportamento não-verbal influi sobremaneira quanto à compreensão do texto que o acompanha.

A título de exemplo, e antes de empreender um estudo sistemático desses processos e do seu papel na constatação do sentido, limitar-nos-emos a indicar algumas pistas para pesquisa ao criar exercícios para testar e precisar a teoria.

1. *Inscrição espacial do texto*: o texto inscreve-se numa trajetória: deslocamentos, posições no espaço, posturas e pausas do ator. Procura-se determinar qual é a influência que essa trajetória exerce na leitura do texto. Não se trata simplesmente da disposição (do *blocking* que diz respeito às relações espaciais dos atores-enunciadores), porém do espaço na sua relação com o sentido.

2. *Encenação da voz*: a *Sprachregie* da qual falam os alemães: ao se neutralizar signos distintos aos da voz, observam-se quais signifi-

---

11. Cf. M. Corvin, op. cit., p. 256.

cados são produzidos e, sobretudo, de que maneira a voz não se deixa reduzir a um sentido essencial e traduzível em um significado claro.

A encenação e a recepção pelo espectador consistem na percepção dos ritmos diferentes do discurso visual e cênico e do desfilar auditivo e textual. O espectador, escreve muito a propósito Michel Corvin, "é submetido a um curioso efeito de estrabismo: o texto desenvolve-se num ritmo próprio, com seus meandros e seus segredos, enquanto que o discurso visual da encenação o acentua, contraria ou antecipa-se a ele, ao introduzir um diálogo direto entre o encenador e o espectador sem passar pelo intérprete do personagem e das palavras que o constituem"[12]. A encenação faz sempre dialogar o dito e o mostrado e, acrescenta Vitez, "o prazer teatral, para o espectador, repousa na diferença entre aquilo que se diz e aquilo que se mostra [...]; aquilo que, para o espectador, parece excitar, desemboca nesta ideia: não mostrar aquilo que é dito"[13].

## 3c. Reviravolta da Perspectiva

As pesquisas da encenação, assim como sua teorização, indicam de forma o mais claro possível uma reviravolta na perspectiva e no desejo de se escapar de um logocentrismo que faz do texto o elemento estável e inicial da encenação, a transcrição obrigatória e acessória, a figuração e a explicação do texto.

Até o advento das experiências pós-modernas sobre o texto considerado como material não semântico, manipulável pelos processos de *ready-made*, colagens, citações e poesia concreta, o texto dramático surgia como o pivô da ficção e da encenação. As experiências mais recentes do pós-modernismo[14] sobre o não-verbal, o novo estatuto que as mesmas concedem ao texto – qual seja, o de um *sound pattern* e uma estrutura significante rítmica –, tudo isso ocorre sem se recair na concepção de texto dramático clássica, sem se centrar na encenação que, além do mais volta-se sempre, ou quase sempre, ao redor do pivô semântico do texto. Mas será assim tão simples escapar do texto e do logocentrismo? O texto estaria, pelo menos no momento em que surge timidamente no palco, liberado de uma relação de autoridade

---

12. Idem, p. 12.
13. Cf. Antoine Vitez, Ne pas montrer ce qui est dit, *Travail théâtral*, 14, 1974, p. 42. Fique entendido: esta não é mais do que uma possibilidade estética entre tantas outras. Pode-se deparar com a concepção inversa, que desejaria que a encenação confronte a palavra e a cena, aquela de Michel Vinaver, por exemplo: "Evitar a qualquer custo que haja duas narrativas: a narrativa que emana da palavra, de um lado, a narrativa que relataria os movimentos e ações no espaço por outro lado. O discurso que é recebido pelos ouvidos e aquele que entra pelos olhos". M. Vinaver, Théâtre pour l'oeil, Théâtre por l'oreille, *L'annuel du théâtre*, p. 138.
14. Cf. P. Pavis, The Classical Heritage of Modern Drama: the case of postmodern theatre, *Modern Drama*, 29. Retomado no capítulo 4 deste livro.

ou vassalagem por conta do seu vínculo com a representação? "O texto", escreve Jean-Marie Piemme,

está de volta, sim, porém no seu exílio sucumbiu à sua pretensão de ser objeto fetiche, sacralizado, imperial. O motivo de nos desembaraçarmos dos seus velhos espectros é o que nos leva a questioná-lo atualmente, tanto isso é verdade que a sua abordagem não mais se deixa arregimentar por sua dupla figura terrorista de fidelidade e traição[15].

O texto resiste à banalização e à sua "musicalização insignificante" na encenação. Ele continua interrogando o resto de sua representação, ao dar "para quem o domina um pouco de embaraço"[16]. Criando embaraço ou texto embaraçoso, resulta que a sua leitura não caminha mais de modo isolado. A encenação torna difícil, porém necessário, a distinção entre três leituras:

– A leitura do texto tal como a realizaria um simples leitor, tal como eventualmente o espectador a tenha feito antes de assistir à representação. A dificuldade, neste caso, é abstrair-se a enunciação cênica concreta em que se situa o texto, visto que qualquer leitura do texto dramático precisa de uma concretização/figuração que é uma espécie de "pré-encenação" mental.

– A leitura do texto já enunciada na representação. Portanto, o texto está concretizado, realizado numa determinada situação que lhe confere a sua própria iluminação e o seu sentido. Na realidade, esta leitura é impossível sem se ter em vista a terceira, a do texto espetacular.

– A leitura do texto espetacular, ou seja, em especial, na nossa terminologia, da encenação do conjunto dos sistemas cênicos, em cujo conjunto deve-se inserir o texto dramático. A leitura do texto espetacular implica perceber-se a maneira pela qual a encenação leu o texto, pois a leitura do texto precedeu a encenação e é, desse modo, uma realização cênica (quer dizer, através dos meios da cena) dessa leitura. Esta terceira leitura é o resultado das duas primeiras, aquela que é própria da encenação.

## 3d. Metatexto ou Discurso da Encenação

Para conhecer essa "leitura do texto espetacular", procurar-se-á resgatar aquilo que se poderia chamar de metatexto da encenação, isto é, o seu comentário a propósito do texto, a reescritura cênica proposta. A dificuldade consiste em localizar esse metatexto (ou esse discurso) da encenação. Sobretudo, é preciso não se confundir esse metatexto (ou texto não escrito da encenação) com o texto da série de comentários que uma obra, principalmente clássica, provocou no decorrer da história e que, por vezes, acaba por "incrustar-se" no texto dramático,

---

15. Cf. J.-M. Piemme, Le souffleur inquiet, *Alternatives théâtrales*, 20/21, p. 42.
16. Idem, p. 43.

e até por se tornar parte integrante ou obrigatória do mesmo (MARGEM 8). O metatexto não existe em parte alguma como texto acabado; ele está disseminado nas opções da representação, da cenografia, do ritmo, dos sistemas significantes. Segundo a nossa concepção produtivo-receptiva da encenação, por outro lado, ele não existe enquanto não for reconhecido e não for, de alguma forma, compartilhado pelo público. Mais do que um texto (cênico) juntamente com o texto dramático, o metatexto é o que organiza, a partir de dentro do conjunto da encenação, aquilo que não se encontra no texto dramático mas que, de algum modo, está no seu interior. A encenação precisa apoiar-se no texto, precisa aparecer como sua concretização. Ela é independente dele, o que não significa, apesar disso, que em compensação deixará de iluminar, abrir e metaforizar o texto dramático.

Coloca-se a questão normativa, e mesmo política, de se saber se esse metatexto, ou esse discurso, deve ser facilmente reconhecível, formalizável; se deve "anunciar a cor", formar um arsenal de opções e teses explícitas sobre o texto dramático; ou se tem, ao contrário, acima de tudo interesse em mostrar-se discreto e quase clandestino, já que foi produzido, sobretudo – completado e "reescrito" – para o espectador. Seja qual for a resposta a esta questão, a encenação tal como a estamos redefinindo não existe a não ser quando o espectador a reconstrói, quando ela se torna a projeção criadora do espectador (MARGEM 9).

Para arrematar este exame da regulação entre texto e representação – regulação efetuada por cada encenação –, colocaremos três questões cuja resposta permitirá estabelecer o circuito entre o texto dramático e o Contexto Social, cada questão encadeando a seguinte:

– Qual é a *concretização* do texto dramático feita por ocasião de qualquer nova leitura ou encenação? Qual é o circuito de concretização que se estabelece, então, entre obra-coisa, Contexto Social e objeto estético?

– Qual é a *ficcionalização*, ou seja, qual é a produção de ficção que se estabelece a partir do texto e a partir do palco graças aos efeitos conjugados do texto e do leitor, do palco e do espectador? Em que a mistura das duas ficções, textual e cênica, é indispensável para a ficcionalização teatral? Esta questão retoma a primeira ao especificar os efeitos da ficção: simulacro do referente, construção de um mundo possível etc.

– Qual é a *ideologização* do texto dramático e da representação? O texto, seja dramático ou espetacular, não pode ser compreendido senão em sua intertextualidade, especialmente com relação às formações discursivas e ideológicas de uma época ou de um *corpus* de textos. Tentamos imaginar o vínculo do texto dramático e espetacular com o Contexto Social, isto é, com os outros textos e discursos apoiados no real por dada sociedade. Sendo esta relação muito frágil e variável, o mesmo texto dramático produz facilmente uma infinidade de leituras. No que tange às duas primeiras questões, esta questão adiciona à sua perspectiva a inscrição social do texto, o seu lugar na história por meio da cadeia ininterrupta dos outros textos. É o que permite apreender a encenação também como prática social, a saber, como mecanismo ideológico que decifra, pelo menos, na medida em que a reflete, a realidade histórica (mesmo que a ficção se dê precisamente como negação da realidade).

### 3e. A Encenação como Discurso no Vazio e na Ambiguidade: Solução Imaginária e Discurso Paródico

O relacionamento das duas ficções, textual e cênica, não se limita a estabelecer uma circularidade entre enunciado e enunciação, ausência e presença. Significa confrontar os lugares de indeterminação e as ambiguidades do texto e da representação. Estes não coincidem necessariamente no texto e no palco. Por vezes, a representação toma partido por uma contradição ou por uma indeterminação textual. Da mesma maneira, o texto dramático tem condições de suprimir as ambiguidades da figuração cênica ou, ao contrário, introduzir novas.

Tornar opaco, no palco, o que estava claro no texto, ou aclarar aquilo que estava opaco no texto: tais operações de determinação/indeterminação estão no cerne da encenação. Durante a maior parte do tempo, a encenação é uma explicação do texto que se encarrega da mediação entre o receptor original e o receptor contemporâneo. Algumas vezes, ao contrário, é uma "complicação do texto", uma vontade deliberada de impedir qualquer comunicação entre os Contextos Sociais das duas recepções.

Em algumas encenações (particularmente naquelas inspiradas por uma análise dramatúrgica brechtiana, porém não somente nestas), trata-se de demonstrar como o texto dramático foi, propriamente, a solução imaginária de contradições ideológicas reais, aquelas da época na qual se estabeleceu a ficção. Neste caso, a encenação tem a incumbência de tornar a contradição textual imaginável e representável. Para as encenações preocupadas com a revelação de um subtexto de tipo stanislavskiano, supõe-se que o inconsciente do texto acompanhe, num texto paralelo, o desfile contínuo – e em si mesmo pertinente – do texto realmente pronunciado pelos personagens.

Seja qual for a vontade, explícita ou não, de mostrar a contradição da fábula ou a verdade profunda do texto através da visibilização de seu subtexto, a encenação "desloca" o texto, é sempre um discurso paralelo ao texto, de um texto que permanecerá "não enunciado", isto é, neutro e insignificante. A encenação é, portanto, sempre marginal e paródica no sentido etimológico do termo.

## 4. UMA TIPOLOGIA DAS ENCENAÇÕES?

Se a teoria da encenação – na qual se torna possível, esperamos, escapar do discurso impressionista sobre o estilo, a inventividade, a originalidade do encenador –, "projeta", por assim dizer, o seu universo ou apõe a sua grife num texto-bibelô intocável e fechado, ela está razoavelmente desarmada no sentido de responder a duas questões muito frequentes:
– É uma encenação fiel?
– Quais encenações o texto dramático é passível de receber?

A primeira dessas duas perguntas é sem sentido, como foi exposto, porque pressupõe que o texto tem um sentido ideal e inalienável, independentemente das variações históricas. Para responder à segunda pergunta, evitando-se recair nas ingenuidades da primeira, a semiologia examinará de que forma a encenação se determina segundo as suas dimensões, autotextual, intertextual e ideológica (ou melhor, ideotextual). Essas três dimensões, que em outra ocasião[17] definimos como as três componentes ou estágios de qualquer texto, coexistem em qualquer encenação. A tipologia proposta não tem outra ambição a não ser analisar a especial insistência numa dessas três dimensões, e não o seu caráter exclusivo.

– A encenação autotextual esforça-se por apreender os mecanismos textuais e a construção da fábula na sua lógica interna, sem fazer referência a um texto exterior que viria confirmar ou contradizer o texto. A esta categoria pertencem também muitas encenações que procuram – aliás, muito em vão – reconstituir arqueologicamente as condições históricas da representação sem abrir o texto e a cena ao novo Contexto Social – quantas encenações hermeticamente fechadas numa ideia ou numa tese do encenador e atribuindo-se uma recriação total, com os seus próprios princípios estéticos! Foi este o caso das encenações simbolistas, como também o caso dos "encenadores fundadores" (como Craig ou Appia), que inventaram um universo cênico coerente e fechado sobre si mesmo, concentrado num discurso de encenação muito legível e rigoroso quanto às suas opções estéticas.

– A encenação ideotextual representa a opção inversa. Mais do que o texto, trata-se dos subtextos político, social e, sobretudo, psicológico que ela almeja colocar em cena, como se o metatexto – o olhar que lança sobre a obra – quisesse substituir-se ao texto propriamente dito. O texto dramático não é mais do que um pêndulo morto e embaraçoso, tolerado como massa significante indeterminada, situada indiferentemente antes ou depois da encenação. Encenar é, para a encenação ideotextual, abrir-se ao mundo, até o ponto de modelar

---

17. Cf. P. Pavis, *Voix et images de la scène*, p. 288, e *Marivaux à l'épreuve de la scène*.

o objeto textual nesse mundo e na sua nova situação de recepção. O texto mima o seu referente, tem mesmo a aparência de substituí-lo. Nesse caso, o texto perde a sua textura em proveito de saberes e discursos prontos, exteriores a ele, vítima de uma explicação global do mundo, da tirania das ideologias de que fala Michel Vinaver. Esse tipo de encenação assume plenamente a mediação entre o Contexto Social do texto outrora produzido e o Contexto Social do texto agora recebido por determinado público; esta encenação assegura-se da "função de comunicação"[18] com referência à obra de arte, permite que um novo público leia um texto antigo. Esse tipo de encenação é particularmente criticado na atualidade, pois critica-se no encenador o fato de comportar-se como um "cacique" da ideologia[19].

– A encenação intertextual assegura-se de uma mediação necessária entre a autotextualidade da primeira e a referência ideológica da segunda. Relativiza cada encenação como uma possibilidade dentre outras, situa-a na série de interpretações, procura distinguir-se polemicamente de outras soluções. No que se refere particularmente ao texto dramático clássico, a encenação não pode deixar de marcar posição com relação aos metatextos passados. Essa "interlucidez" vale para todos os compartimentos da representação: a encenação não se posiciona apenas ao citar, ela é, como diz Vitez, a arte da variação.

## 5. CONCLUSÕES (PROVISÓRIAS)

Partindo de uma nova definição estrutural da encenação, pudemos descrever alguns mecanismos de sua recepção. A teoria da ficção e de suas duas vertentes, a concretização e a ideologização, é o elo indispensável para a produção de sentido. A partir desta teoria, não nos pareceu ser possível extrair qualquer ensinamento para se saber o que pode acontecer com os textos dramáticos caso se queira relê-los ou remontá-los; é impossível prever-se, para um texto, o campo de suas possíveis encenações. A falha não decorre do impressionismo da teoria, mas sim da multiplicidade de variantes, notadamente naquilo que se refere ao Contexto Social, e por conseguinte quanto à imprevisibilidade de futuros circuitos de concretização. A necessidade de se unir a concretização textual e cênica ao Contexto Social do público – e,

---

18. Cf. J. Mukarovsky, L'art comme fait sémiologique, *Poétique*, 3, p. 391.
19. M. Vinaver testemunha sobre esta "tirania das ideologias" que explica, segundo ele, a influência do encenador nesta tendência "ideológica": "Encenar é, a partir de uma explicação global do mundo (marxismo, freudismo ou outra), proceder a uma decodificação; é pesquisar a realidade do texto num subtexto, o qual também está conectado a um *sistema geral* de explicação e depois descrito, depois revelado ao se estender ao máximo a utilização dos recursos que a cena oferece para o plano dos significantes", cf. Sur la pathologie de la relation auter/metteur en scène, *L'annuel du théâtre*, p. 132.

em consequência, relativizar qualquer concretização/interpretação – evidenciou-se claramente.

A dificuldade parece estar, no momento, em teorizar a experiência do texto por conta de inúmeros enunciados possíveis. A enunciação e o ritmo global do desenrolar do espetáculo são ainda mal definidos, pois tem-se apenas podido dizer que não se limitam à dicção ou às mudanças gestuais e visuais, mas sim que inervam qualquer encenação. Daí em diante, já compreendemos e aceitamos a ideia de que encenar não é enunciar – gaguejar ou cantar – um texto, ao inserir o tom e os "temperos" da representação no intuito de que todos se apercebam do bom senso: é fabricar e regular as situações de enunciação, em que as trocas entre o verbal e o não-verbal possam realizar-se. Esta enunciação dirige-se sempre a um espectador, de sorte que a encenação, longe de o ignorar, torna-se o polo receptivo de um circuito entre a encenação produzida pelos artistas e a encenação produzida pelos espectadores.

O teatro – tanto o texto dramático, quanto a encenação – transformou-se num texto espetacular, tanto espetáculo do discurso quanto discurso do espetáculo[20]. A produção teatral está doravante impregnada por nossa teorização. A encenação tornou-se o discurso autorreflexivo da obra de arte e, ao mesmo tempo, um desejo de teorização do público no sentido de que o funcionamento da obra de arte deve, de acordo com a palavra de ordem atual, não conter mais nenhum segredo. A obra de arte moderna – e singularmente a encenação teatral – não existe enquanto não tenhamos resgatado explicitamente o sistema, enquanto não tenhamos podido desenhar o texto espetacular, desfrutar o prazer da reconstrução, constatar a direção de todo funcionamento cênico. (MARGEM 10) "O charme discreto da boa direção", tal é o título do espetáculo prático-teórico que nós nos oferecemos ao ir assistir ao *Tartufo*, de Planchon, ao *Rei Lear*, de Strehler, ou ao *Hamlet*, de Vitez. (MARGEM 11)

Quem ainda haveria de ousar falar, nesse caso, do parto da encenação a partir de um texto, com os fórceps mais ou menos artísticos de um encenador todo poderoso? "Tudo não passa de criancices", pensa a semiologia da encenação: "Estrutural eu nasci, estrutural continuo".

## MARGENS

MARGEM 1 – Aqui não abordamos o debate do estatuto do texto dramático, a questão de saber se a peça existe de maneira autônoma com relação ao texto ou se existe enquanto encenada. Vamos determinar simplesmente que, por certo, pode-se ler o texto dramático "na brochura", porém que ser-se-á convidado a pensar numa maneira através

20. Cf. M. Issacharoff, *Le spectacle du discours*.

da qual o mesmo pode/deve ser enunciado, portanto, para uma possível encenação. Ver a este respeito o inquérito de Michel Vinaver junto a 73 autores franceses, que se subdividiram em autonomistas (do texto: 13%), fusionistas (do texto e da representação: 22%), excepcionalistas (a peça raramente é autônoma: 11%) e a massa dos coabitacionistas (a peça não é, em si mesma, objeto de leitura, mas pode-se de todo modo lê-la: 43%)[21].

MARGEM 2 – Posição a nosso ver errônea e idealista, que Danièle Sallenave retoma: "Existem encenações desiguais de um mesmo texto. A hierarquia que se pode estabelecer entre elas deve levar em consideração se o texto foi mais ou menos realizado [...] A encenação é digna de ser vista pela verdade do texto, com o que Gadamer chama de realização como *manifestação do verdadeiro* (isto já estava contido em *A Poética* de Aristóteles)"[22].

MARGEM 3 – Posição que representa o meio – e com muito mais rigor –, em Michael Issacharoff, em *Le spectacle du discours* e no artigo "Inscribed Performance"[23]: para ele, a representação (*performance*) está mais ou menos, porém sempre pouco, inscrita no texto dramático, muito pouco em Racine, muito em Beckett ou Shaw. Não nego que haja nas didascálias ou no texto elementos que concorrem para dar uma imagem de sua possível representação, mas nada, absolutamente nada obriga (nem mesmo a Sociedade de Autores) o encenador à obediência. Na maioria das vezes, o encenador produz a encenação que quer; desde que ocorram leitura e encenação, a instância da encenação vem *do exterior* do texto, não está inscrita no texto, ou em todo caso não necessariamente. Falar de representação (ou de encenação) implica que se conceba o teatro como uma prática de colocação em jogo do texto, e não uma leitura inerente ao texto. Para representar (encenar) um texto é preciso vir-se do exterior e "derrubar a barraca textual" ao colocá-lo em enunciação, ou seja, num tempo, num lugar, com corpos concretos.

MARGEM 4 – Reconhecemos aqui a atitude de autodenegação da encenação: o encenador faz-se modesto, e diz: "Sirvo o autor ao invés de me servir", "Eu, eu não me imiscuo na cena". Esclareçamos as coisas. Este discurso é, de início: (1) ingênuo, e em seguida (2) enuncia uma pesquisa autêntica para induzir junto ao ator e ao espectador uma "escuta flutuante" (Freud). Dois exemplos:

---

21. M. Vinaver, *Le compte rendu d'Avignon*, p. 83-88.
22. *L'art du théâtre*, n. 6, p. 22.
23. *Rivista di letterature moderne e comparate*, v. XXXIX.

1. J. P. Vincent: "No sentido em que habitualmente se emprega esta palavra, não (haveria) encenação em *Penas de Amor Perdidas* [...] Tentei fazer brotar a realidade cênica do interior do texto"[24]. Esta atitude de não interpretação é frequentemente reivindicada pelos próprios autores: que os encenadores deixem portanto, dizem eles, os textos dos autores falar por si mesmos. H. Müller elogia desta forma o trabalho de encenação de Bob Wilson: "Ele não interpreta nunca um texto, contrariamente àquilo que habitualmente fazem os encenadores do teatro europeu. Um bom texto não tem necessidade de ser 'interpretado' por um encenador ou por um ator"[25].

2. Dois exemplos, agora, de denegação produtiva: Claude Régy: "Aquilo que tento empregar como princípio de encenação é *não fazer encenação*; que isso seja, antes de mais nada, uma espécie de trabalho de parto; deixar acontecer, abrir as palavras a fim de que se possa escoar livremente aquilo que vem de longe do inconsciente do autor, do inconsciente dos atores, e que dessa forma, sempre sem barreiras, isso atinja o inconsciente dos espectadores"[26]. Outro exemplo em que a denegação é um processo criativo de exibição do inconsciente, vem de Lassalle e do que chama de um "teatro da voz branca": "O texto de Seghers (*Remagen*), ele próprio material incandescente, condensado, essencial... atravessa o corpo dos comediantes-narradores e provoca uma espécie de choque devido unicamente à força do seu pronunciamento"[27].

MARGEM 5 – Salvo, evidentemente, o caso de textos clássicos muito conhecidos em que o espectador esteja vendo a enésima versão. Não é impossível, de todo modo, que um encenador muito treinado possa tentar reconstituir o texto de origem. No seu prefácio ao livro de David Ball, *Backwards and Forwards*, Michael Langham relata que o encenador britânico Sir Barry Jackson, "quando ele assistia a uma peça, o que procurava era imaginá-la de volta ao livro"[28]. Ele acrescenta, no entanto, que Jackson era um homem muito excêntrico...

MARGEM 6 – Num artigo recente, "Theatrical Performance: Illustration, Translation, Fullfilment, Supplément"[29], Marvin Carlson

---

24. Un théâtre de l'écoute, *Théâtre/Public*, n. 46-47, p. 20.
25. *Théâtre/Public*, n. 67, p. 37.
26. Citado por M. C. Pasquier, Claude Régy: garder le secret du livre, *L'art du théâtre*, n. 6, p. 62.
27. *Pratiques*, n. 24, 1979, p. 68. Citado por Jean-Michel Déprats, Glissements progressifs du discours, *L'art du théâtre*, n. 6, p. 27.
28. M. Langham, Foreword, em David Ball, *Backwards and Forwards*, p. VII (Prefácio, em *Para Trás e Para Frente*, p. 13).
29. Theatrical Performance: Illustration, Translation, Fullfilment, Supplément, *Theatrical Journal*, mar. 1987.

utiliza, para também criticá-las, algumas das nossas próprias categorias, que chama de *ilustração, tradução, realização* (*fullfilment*). A teoria da *ilustração* engana-se ao encarar a encenação como ilustração visual para aqueles que não sabem ler (ou que leem mal e desejam ilustrações) (cf. nosso § 2.2). A teoria da *tradução* supõe erradamente que o texto está traduzido por signos verbais (cf. nosso § 2.6). A teoria da *realização*, apresentada como o inverso daquela da ilustração, vê na representação a realização do texto (cf. nosso § 2.7 e nossa margem 2), um pouco na linha de Anne Ubersfeld, que fala do texto esburacado que será preenchido pela encenação[30]. Carlson propõe descrever a relação entre texto e representação à maneira de Derrida no *Gramatologia*, isto é, como o acréscimo de um com relação ao outro, e inversamente:

> Uma peça inevitavelmente revelará no palco elementos que faltam no texto escrito, que provavelmente também não parecerão ausentes antes que se dê a representação, mas que em seguida se revelam como significantes e importantes. Ao revelar estas ausências, a representação ao mesmo tempo revela também uma série infinita de futuras representações que conduzirão a outro acréscimo[31]

Carlson acha esta teoria adequada para explicar a riqueza potencial infinita do texto dramático e a incompletude de qualquer encenação desse texto. Esta visão derridiana não nos parece longe da conceituação de Vitez, para quem a encenação é uma arte da variação. Ela se arrisca, a nosso ver, a desembocar num relativismo de leituras e num jogo de espelhos infinito, o que pode desviar o leitor de uma pesquisa mais ancorada na história e, em resumo, explicável por meio do conjunto complexo dos parâmetros de uma recepção e de uma dada concretização. É verdade que Vitez, recentemente, reviu a sua teoria da variação:

> Esta arte da variação embriaga-me tanto mais porque descobri, recentemente, que na realidade, no teatro não deve haver mais do que três ou quatro famílias de interpretação do personagem Célimène. Existe, é verdade, uma infinidade de interpretações possíveis, porém podem-se reagrupá-las em três famílias, no máximo. Da mesma forma, há algumas maneiras fundamentais de se representar o teatro de Tchékhov e não, contrariamente àquilo que teria podido, eu próprio, crer outrora, uma infinidade de representações. [...] O prazer da encenação do teatro, o prazer do teatro em si mesmo, é isto, essa variação; é aquilo que se inscreve na memória das gentes. Vê-se uma representação do *Misantropo* e pode-se compará-la, de memória, a outra representação, e nisso há prazer. Eis aí o prazer do teatro. E parece-me que, com a tradução, acontece a mesma coisa, a tradução está sempre necessariamente para ser refeita[32].

---

30. *Lire le théâtre*, p. 24 (*Para Ler o Teatro*, p. 12).
31. Theatrical Performance: Illustration, Translation, Fullfilment, Supplément, op. cit., p. 10.
32. Intervenção de Antoine Vitez ao longo da discussão: La traduction: désir, théorie, pratique, *Actes des premières assises de la traduction littéraire*, p. 115-116.

A mesma visão "derridiana" – parece – ocorre com Mesguich: "A apropriação – se apropriação ocorre – é sempre momentânea; nela já se opera a restituição; no ato mesmo da apropriação jazia o ato da cessão; e não se pode dizer, ao invés de 'Planchon *apodera-se de* Tartufo', de forma categórica, que é assim que ele *mostrou*?"[33].

Parece difícil julgar o trabalho do encenador em termos neutros, ou seja, não como "o desvio, a manipulação, a utilização para outros fins, a apropriação, a subversão, a redução... decorrentes da atitude do encenador?"[34]. Estaríamos tentados a ver esta *apropriação* como inevitável na medida em que é a apropriação de uma situação de enunciação que dá ao texto o seu sentido (o faz funcionar).

MARGEM 7 – Bernard Dort[35] não está longe de partilhar esta visão de confronto do texto com a cena, com um quase detalhe:

> É a representação teatral: como *representação* dentre as práticas irredutíveis uma a outra, e muito menos conjugadas; como *momento* em que ambas se afrontam e se interrogam; como *combate* mútuo em que o espectador é, no final das contas, o juiz e a aposta, sendo que é preciso, a partir disso, tentar pensar. O texto, todos os textos, têm o seu lugar. Nem o primeiro, nem o último: o lugar do escrito e do permanente num evento concreto e efêmero. Esse confronto mencionado está, pelo menos, longe de acabar[36].

O texto não tem nada, a nosso ver, de permanente: por certo está materializado e fixado na escrita e no livro, porém fica para ser lido incessantemente, e em consequência para se reconcretizar e, assim sendo, é eminentemente instável; não saberíamos dar-nos conta dele como alguma coisa invariante e durável.

MARGEM 8 – Metáfora da poeira devida a Vitez, e que atualmente faz fortuna no discurso crítico, no caso de Mesguich, por exemplo: "Um texto é muito maior no sentido de ser trabalhado, deslocado, contaminado, reavaliado por um encenador; é muito mais 'grávido' de afluentes de seus leitores, de suas encenações. Elas são a sua poeira, o seu sangue, a sua história, o seu valor, a sua carreira"[37].

MARGEM 9 – Decorre daí, desta vez, a nossa concordância com Danièle Sallenave quando insiste, a justo título, na atividade do

---

33. La mise em scène ou le double jeu, *Encyclopedia Universalis*, Le Symposium, p. 245.
34. Michel Vinaver, Sur le problème de la relation auteur/metteur em scène, *L'annuel du spectacle*, p. 132.
35. Le texte et la scène: pour une nouvelle alliance, *Encyclopedia Universalis*, Le Symposium, p. 234-242.
36. Idem, p. 241.
37. La mise em scène ou le double jeu, op. cit., p. 245.

espectador, que representa a representação ao reconhecer o trabalho do encenador:

> Podemos acrescentar, a este propósito, outra referência à obra de Gadamer [*Verité et méthode* (Verdade e Método)]: no instante em que coloca que, no teatro, o ator verdadeiro é o espectador. O ator *representa a peça*, porém o espectador *representa a representação*. Para que o espectador possa representar a representação, é necessário que alguém efetue a representação; esse alguém é o encenador. Porém quando, a seguir, o espectador representa o jogo, não representa com o encenador, nem mesmo com o ator, mas com o texto, com o pensamento do texto. O apagamento do encenador e ainda, de alguma maneira, o "esquecimento" do ator, são necessários para que se estabeleça o pensamento do texto[38].

Esta "representação com o texto" é aquilo que chamamos de percepção da encenação como sistema estrutural, totalmente independente da pessoa do encenador.

A noção de autor (da encenação) desaparece, da mesma forma como desapareceu a do autor do texto; ela é "substituída" pela da estrutura ou discurso da encenação, é a do *autor*, segundo Flaubert "invisível e presente por todo lado", que Sallenave vai citar um pouco adiante[39].

A mesma metáfora do autor ausente ocorre em Mesguich.

> A primeira qualidade deste rebento, para o qual doravante toda ingenuidade é proibida, desta criança nascida adulta, é a de não encontrar nunca o seu nome, de jamais apoiar-se numa só palavra. A estratégia desse trabalhador clandestino, sem papéis, desse forasteiro ilegal no reino do teatro, é a de retirar-se precipitadamente apenas proferidas as palavras, a de jamais ter estado lá onde se supõe que está, a de passar e repassar as fronteiras carregando-as consigo. O seu comportamento é a astúcia[40].

MARGEM 10 – G. Banu[41] pergunta-se se o encenador pode ainda, hoje em dia, pretender-se um artista, o autor de uma obra: "O desejo de obra do encenador tem razão de ser? Sim, porém ele muda de tonalidade, pois é menos agressivo, menos evidente. [...] A presença do encenador somente interessa se mediatizada, percebida através dos outros". Na atualidade, o encenador não almeja mais impor a sua leitura: "O encenador quer dar a entender o texto em toda a sua ambiguidade, isso é o que tem valor. Ele não quer mais fazer-lhe violência ao propor leituras fortes, mas passa por cima dele a fim de prender-se a sua organização secreta".

O que se pode, no mínimo, é estar de acordo com essa constatação de descompromisso do encenador: com efeito, ele procura manter as ambiguidades do texto, o que se coloca como o contrário de uma

---

38. *L'art du théâtre*, n. 6, p. 18.
39. Idem, p. 23.
40. La mise en scène ou le double jeu, op. cit., p. 244.
41. Em *Art Press*, n. 101, mar. 1986, p. 50.

neutralidade ou tática que teriam em mente deixar o texto falar. Não é o caso, no entanto, do texto na sua literalidade, como pensa J. M. Piemme. Piemme vê a encenação oscilar "constantemente entre dois polos, todos os dois dramaturgicamente justificados: o polo da decifração e o da legibilidade"[42]. Sugere que a encenação possa "produzir, para o espectador, um espaço de mediação no qual se dá a ver, não mais uma interpretação específica, mas o texto na sua literalidade"[43]. Contestaremos este ponto de vista da literalidade do texto. Não se pode evitar o interpretar, o vir do exterior com uma interpretação, sempre se pespega ao texto uma interpretação vinda do exterior. A literalidade do texto não existe, ou então existiriam tantas literalidades quanto leitores. Um texto não fala de si mesmo, é preciso fazê-lo falar. Entretanto, acalmemo-nos: o encenador, assim como o torturador, tem os seus meios para fazer falar.

A palavra de ordem frequentemente ouvida no momento – *é preciso fazer entender – se o texto não interferir etc.* – parece-nos, portanto, ou de uma grande ingenuidade ou de uma má fé extrema. Não se saberia como neutralizar a cena para que o texto pudesse falar por si mesmo, ou para que pudesse ser entendido sem mediação e sem deformação. Não é porque ela se nega, que a encenação irá subitamente desaparecer como que por encanto a fim de fazer entender *o texto*.

MARGEM 11 – Aquilo que chamamos de "o charme discreto da boa direção" é um equilíbrio delicado entre a visibilidade e a invisibilidade da encenação como sistema de sentido. Fenômeno que Régis Durand descreve de modo enfático justamente nestes termos:

> Para que uma encenação seja perceptível é preciso que o espectador apreenda o conceito que a anima, mesmo que não entenda nada. Este conceito deve ser tornado visível de uma maneira ou de outra; caso o espectador não o perceba, ele terá a impressão de que não viu uma encenação, que viu coisas acontecerem, porém a partir delas não perceberá a coerência, a unidade. Inversamente, se o conceito é tornado muito visível pelo fato de ser simplista, rudimentar ou porque se exibe muito, nesse exato momento teremos pela frente uma obra com um sistema que nos dá a impressão de que, uma vez o sistema estar compreendido, o resto se segue[44].

---

42. Le sens du jeu, *L'art du théâtre*, n. 6, p. 76.
43. Idem, p. 76-77.
44. *L'art du théâtre*, n. 6, p. 19.

# 3. Algumas Razões Sociológicas do Sucesso dos Clássicos no Teatro na França depois de 1945*

Na produção cênica francesa contemporânea, as peças clássicas ocupam grande parte do repertório: parece que os encenadores não serão reconhecidos se não tiverem feito as suas experiências com esses textos, na maioria das vezes dificilmente compreensíveis, para um público que carece de referências mitológicas ou culturais. Por que esse recurso a um material anacrônico absolutamente ultrapassado? Arriscar-nos-emos a lançar algumas hipóteses sobre tal sucesso, especial quantitativo, das representações clássicas após 1945, na França, bem como sobre as causas desse culto dos antepassados clássicos.

Antes vamos frisar, sem ver nisto qualquer lei cíclica ou uma teoria das crises de fim de século, que os anos de 1780-1830 e 1880-1920 marcam duas etapas capitais na formação da noção de clássico. A passagem dos séculos XVIII e XIX assiste ao grande debate europeu sobre as literaturas clássica e romântica[1]. A transição para o século XX se produz depois da apropriação burguesa dos bens culturais das épocas anteriores, em nome daquilo que Hans Meyer chamou de a

---

* Este estudo foi escrito à margem de meu livro *Marivaux à l'épreuve de la scène*, que examina as encenações contemporâneas de Marivaux na França. Artigo editado em *Texte, Kontexte, Strukturen*.

1. Notadamente em *Racine et Shakespeare* (1822) de Stendhal, no qual o *romantismo* triunfa sobre o *classicismo*: "O *romantismo* é a arte de apresentar aos povos as obras literárias que no estado atual de seus hábitos e de suas crenças são suscetíveis de lhes dar o maior prazer possível./ O classicismo, ao contrário, apresenta-lhes a literatura que dava o maior prazer possível aos seus antepassados", p. 50.

trilogia da veneração clássica: educação, propriedade e teatro[2], e isto num momento em que a noção de encenação se impõe[3], relativizando com um só golpe (sem, aliás, aperceber-se disso) o texto no qual os *sentidos* (e não mais a *essência*) formam, doravante, o nó de todas as interrogações. Se o século XIX tomou posse da herança, exigindo uma reconstituição arqueológica e uma fidelidade verista, interpretando Molière e Racine de acordo com uma tradição que era, de fato, como bem o mostra Bernard Dort, "a do teatro psicológico burguês do século XIX"[4], a encenação começa a subverter esta tomada de posse, ao multiplicar os significados da obra de acordo com os públicos, os diversos gostos e a subjetividade dos encenadores.

Entretanto, é também o momento (por volta da metade do século XIX) em que a noção de fidelidade à obra aparece: exige-se das pessoas de teatro que representem o texto sem nenhum corte, sem censura e sem romper com a tradição. A liberdade que alguns teatros, como a Foire des Italiens, tinham conhecido ou com que alguns "adaptadores-encenadores", como Goethe e Schiller, manifestaram *vis-à-vis* os "clássicos"[5], conheceu uma eclipse que durará até a metade de século XX; no seu lugar, entra em jogo a reivindicação de uma fidelidade a toda prova para a letra do texto e a poeira da tradição.

## OS CLÁSSICOS HOJE

No século XX, e especialmente na França depois de 1945, é sobretudo o Estado que impõe cada vez mais uma política cultural e procura um público expandido. Procura-se um novo público e um repertório oriundo da herança cultural do qual ele foi privado por muito tempo[6]. O retorno aos clássicos está sempre associado, pelo menos no discurso oficial, à

---

2. Cf. o estudo de H. Mayer, Bildung, Besitz und Theater, *Das Geschehen und das Schweigen*, p. 69-99.
3. Cf. P. Pavis, Le jeu de l'avant-garde et de la sémiologie, *Voix et images de la scène*.
4. B. Dort, Les classiques au théâtre ou la métamorphose sans fin, *Histoire littéraire de la France (1660-1715)*, p. 60.
5. Na sua comunicação Was ist eine werkgetreue Inszenierung?, *Das Drama und seine Inszenierung*, E. Fischer-Lichte estuda a evolução da noção de fidelidade ao texto. A propósito da representação de *Prince Constant*, de Calderón, Goethe pôde escrever: "Desta vez, nós demos recentemente uma peça escrita há duzentos anos debaixo de um outro céu e por um povo de uma cultura diferente, como se ela tivesse saído da estufa", Lettre à Sartorius du 4 fev. 1811, citado por Fischer-Lichte, p. 37.
6. Vilar é o encenador em que a influência fica mais evidente com relação a esta promoção dos clássicos e do público popular: "Este estilo de teatro popular não podia nascer a não ser da apresentação privilegiada dos clássicos, destas obras-mães das quais tudo pode e deve sair, e que pertencem a todos (é por isso que elas desafiam o tempo). E que jamais tiveram como objetivo provocar a reflexão do espectador. Elas se dirigem diretamente ao povo, e constituem, no domínio da cultura, o ponto de reunião, no nível o mais elevado, da grande maioria", Jean Vilar: dix ans de Théâtre National Populaire, *Doc. 61*.

vontade de restituir um maior número de textos que se estimam tenham sido indevidamente confiscados pelos privilegiados que os estudaram (ou que se lhes submeteram) nas grandes classes. Uma ideologia ao mesmo tempo humanista e populista, proveniente da *Front populaire* (Frente Popular) e ressurgida nos anos do pós-guerra, proclama o direito à cultura, à igualdade diante dos grandes textos, a restituição dos "clássicos do povo"[7]. Ela se baseia na crença em uma virtude regeneradora da obra clássica, graças às suas origens miticamente provenientes do povo e de pretensões universais. A herança cultural propiciaria, a quem soubesse assimilar esta poção mágica, o poder de contemplar o passado e de preparar o futuro, porém, por vezes, a consciência de que a herança diz respeito somente a alguns criadores isolados, que se nutririam do trabalho anônimo de seus contemporâneos:

> [A herança] cultural encontra no materialismo histórico um observador bastante distanciado. Para tais riquezas culturais, na medida em que as avalia, tudo revela uma origem que ele não pode contemplar a não ser com horror. Elas devem sua existência não somente ao trabalho dos grandes criadores que as produziram, mas igualmente ao trabalho forçado anônimo de seus contemporâneos. Jamais existiu um documento de cultura que não tenha sido, ao mesmo tempo, um documento de barbárie[8].

A partir de então, o retorno à terra clássica assumiu ares de uma peregrinagem, efetuada por uma multidão ardente nos lugares de um santuário coletivo: retorno às origens presumidas da expressão artística, à infância da arte; respeito à lei e à letra do texto, ao trabalho das gerações passadas no seu cuidado de conservação; fé nos textos sagrados, simples e unânimes na sua complexidade; desejo de aceder ao senso comunitário sem perturbar a tradição; submissão necessária do intelectual e do artista à fatalidade do "sentido almejado pelo autor"[9].

Este fenômeno de colocar em *conserva cultural* (para retomar o subtítulo da paródia do *Cid* por R. Planchon[10]), responde ao fervor da nossa época pelo museu e pela cultura-museu. São tantas as riquezas, pensa ela, acumuladas no decorrer dos tempos, que devemos nos sentir depositários e responsáveis pelo repertório nacional e considerar os clássicos como um bem inalienável e um aliado de toda a arte acadê-

---

7. Tal é o nome de uma coleção de grandes textos clássicos publicados pelas Éditions Sociales. As coleções publicadas por outras editoras levam os nomes sintomáticos de "petits classiques" (pequenos clássicos), "nouveaux classiques" (novos clássicos), "classiques France" (clássicos da França), "classiques illustrés" (clássicos ilustrados).
8. Walter Benjamin, Thèses sur la philosophie de l'histoire, Thèse VII, citado por F. Jameson, *The Political Unconscious*, p. 182.
9. Sobre a imagem do autor no vocabulário dos críticos dramáticos, ver nosso artigo: Le discours de la critique dramatique, *Voix et images de la scène*, p. 135-144.
10. "A contestação e montagem da mais ilustre das tragédias francesas *Le Cid*, de Pierre Corneille, seguida de um cruel assassinato do autor dramático e de uma distribuição gratuita de diversas conservas culturais" (1968).

mica[11]. Para a pintura ou os objetos de arte, é suficiente construir um receptáculo ou um estojo que os conserve ou os valorize. Para a literatura, e ainda mais para o teatro, o conteúdo é imaterial, mas no entanto inteiramente necessário e presente. Representar Racine ou Molière é contribuir para manter a sua marca na consciência e no imaginário do público; porém não saberíamos conservá-los como um quadro, visto que a matéria linguajar de que são feitos, o contexto que representam e o público que reclamam para ser recebidos e compreendidos estão submetidos a variações imperceptíveis, as quais a encenação, se quiser simplesmente mantê-las vivas, deve absolutamente levar em conta.

A importância desta cultura museográfica é de tal ordem, atualmente, que a gente se coloca no direito de se perguntar se a obra clássica se manteve pelo fato de possuir um valor intrínseco, ou se ela (ainda) tem valor pelo fato de a mantermos artificialmente viva à custa de encenações, de estudos universitários e de homenagens retrospectivas. Que os clássicos continuem a agradar a um público pequeno-burguês, ele próprio "educado nos clássicos", não seria de admirar. Isolados, os modos e os azares das programações (tanto de teatros quanto de escolas) decidem favorecer muito particularmente um autor; as grandes tendências "estruturais" dependem de fatores de longo prazo, tais como o poder da classe encarregada de administrar os bens industriais e culturais. Não deve Molière a sua fortuna atual à consolidação burguesa do século XIX, que quis ver nele o triunfo da razão, da norma, do bom senso e do meio termo? Para Marivaux, a travessia do deserto, na mesma época, celebra a superficialidade aristocrática que lhe foi emprestada; se foi então tolerado e se foi redescoberto no entre-guerras, é devido unicamente ao fato de que lhe foi conferida uma elegância, um artistocratismo e qualidades de coração e de fineza que se atribuem, com toda a modéstia, à "França eterna"[12].

A história do impacto de um autor e as circunstâncias sociológicas que contribuem para a sua notoriedade ou a sua ocultação, ressurgiram, certamente, na crítica e na teoria literária; constitui, não obstante, um domínio autônomo que ultrapassa a recepção individual da obra, enquanto rebrota toda no estabelecimento de suas diferentes concretizações. Esta *Wirkungsgeschichte* – a história dos efeitos e das influências – pesquisa os fatores que preparam a recepção dos textos e tecem uma parte importante do metatexto por meio do qual o leitor ou o espectador abordam a obra.

11. Realmente, uma escola de estilo e um exercício preparatório para o elenco que os representa: "O repertório clássico é, antes de mais nada, uma nutrição [...]. Está, portanto, em primeiro lugar no objetivo de aperfeiçoar [o elenco] que nós representamos determinados clássicos. O clássico é, antes de mais nada, uma escola de estilo". J.-L. Barrault, *Une troupe et ses auteurs*, p. 9.

12. Característica dessa atitude é a Hommage à Marivaux (Homenagem a Marivaux) esboçada em 1943 por Jean Giraudoux. Texto retomado em *Or dans la nuit*, Paris, 1969.

## O "EFEITO-CLÁSSICO"

O público potencial encontra-se, logo na entrada, informado a favor da obra devido a um "efeito clássico". Valor seguro da herança, não convém questioná-lo: ela é necessariamente útil para quem a consome. No melhor dos casos, o encenador tira partido da institucionalização ou da fossilização do sentido para determinar, e até contradizer o metatexto assim recebido. Isso evita-lhe ter que estabelecer, a propósito, uma norma ao invés de modificá-la. Em consequência, resulta assim um suplemento de prazer: fazer uma coisa nova com o velho. O clássico cauciona o nosso apego aos valores do passado, na medida em que sugere que tal riqueza convida-nos inclusive à pilhagem e ao *potlatch**. Alguns encenadores atribuíram-se a especialidade de maltratar os textos clássicos, representando-os com os sentimentos sadomasoquistas de um público por sua vez indignado e secretamente radiante de que se ouse (por fim) atribuir atenção ao patrimônio cultural e escolar. Eles sabem que a influência da instituição (escola, "pequenos clássicos ilustrados", manuais com comentários definitivos, com "temas de deveres e relatórios" etc.) é de tal ordem, que os espectadores têm necessariamente enfrentado uma normalização (para não dizer uma repressão) que não podem simplesmente descartar e cuja leitura clássica continua a associar sofrimento e prazer, ódio e amor. Foram vítimas daquilo que Brecht chamava: "a intimidação pelos clássicos".

A chance desses clássicos, depois de 1880 e sobretudo 1945, foi a de endereçar-se a um público que fez uma leitura escolar bastante homogênea, leitura banalizada, assepticizada, que hoje em dia encoraja toda sorte de contraproposições e de releituras. Esta referência comum permite, com efeito, contrainterpretar a tradição, buscando-se apoio nela. Tem-se frequentemente destacado a carência do repertório contemporâneo e o frenesi da releitura dos clássicos, um explicando o outro. Tal explicação, por mais rápida que pareça, não está destituída de fundamento. Isso se dá devido ao fato de o encenador ser encorajado pela instituição teatral a *re-ler* os clássicos (isto se daria com o intuito de lotar os teatros e satisfazer o serviço público encarregado da sobrevivência do repertório), de ser constrangido a contradizer e a "contrainterpretar" uma tradição de interpretação, de não apenas *espanar* o texto, porém de *dedicar-se* aos milhares de recônditos tornados obscuros. Ele deve entrar em conflito com os outros leitores do texto, fazer-se notar por um olhar original sobre um texto clássico que se acreditava definitivamente *arquivado*. Lugar privilegiado pela observação semiológica, visto que são o deslocamento, a diferença e

---

* *Potlatch*, palavra de origem indígena americana, significa *dom*, na linguagem nootka. Cerimônia festiva em que um chefe oferece fartas riquezas ao rival para humilhá-lo. Forma primitiva de troca e concorrência. (N. da T.)

a *deferência* ao prazer que se configuram como os melhores observáveis, escreve Jean-Marie Piemme:

> Os clássicos foram e são ainda um suporte privilegiado para a produção de uma diferença semiologicamente extraordinária; eles oferecem boas garantias para o reconhecimento da nova leitura. Para ver abrir-se diante deles o caminho do reconhecimento e da legitimidade para ser aquilo que são, os encenadores, assim como os doutorandos, devem aportar a sua pedra para o edifício, devem acrescentar um nível à massa folhada cultural[13].

A releitura de Marivaux, que foi obra dos encenadores antes de o ser da crítica, nos dá um exemplo brilhante: é por conta da *diferença*, e não mais pela *deferência*, que encenadores como Planchon e, atualmente, Chéreau e Lassalle, mostraram Marivaux. Encenações como as da *Seconde surprise de l'amour* (A Segunda Surpresa do Amor), por Planchon, em 1959, ou do *Jeu de l'amour et du hasard* (Jogo do Amor e da Sorte) por Bluwal, em 1967, introduzem cenas com uma representação voluntariamente paródica calcada sobre o estilo do francês. O bloqueio da interpretação pela Comédie-Française terá, pelo menos, dado a oportunidade, para muitos criadores, de "cassar" o discurso pretensamente elegante e emperucado de Marivaux. Podemos nos perguntar, atualmente, se o abandono da política cultural do Théâtre Français (conservar o repertório no mesmo estilo) não se arrisca, no presente, pelo contragolpe, a esterilizar a encenação de vanguarda. Da mesma maneira, as mudanças nos programas, o abandono dos textos clássicos pelos textos contemporâneos, ou dos textos não-literários, não acontece sem que se modifique o terreno no qual se faz a recepção do teatro clássico. Evidentemente não existe um *a priori* contra os clássicos junto ao público jovem, porém já não se encontra mais interpretação toda pronta e esclerosada desses textos, interpretação que o metatexto da encenação viria, de todo modo, dinamitar. Não possuindo mais qualquer referência desta problemática clássica, como é que o público jovem haveria de perceber o trabalho iconoclasta da encenação? Se não existe nada mais a destruir, a encenação acha-se privada de sua eficácia.

O "efeito clássico" nutre-se de um sentimento de distinção mesclado àquilo que K. Valentin[14] chamou de OGPTE (Obrigação Geral da Plateia no Teatro como Espectador)*, que faz com que a pessoa perceba a fonte do prazer ligada ao seu reconhecimento cultural e à sua resistência. A versão intelectual, ainda mais distinta, deste "efeito clássico", conduz à impressão de se participar de um empreendimento de

---

13. J.-M. Piemme, Savoir et pouvoir: la mise en scène, *Travail théâtral*, n. 31, p. 51.
14. Cf. R. Demarcy, *Élements d'une sociologie du spectacle*, p. 300. Para a *distinção*, ver P. Bourdieu, *La distinction*.

* Em francês: OGATS (Obligation Générale d'Assistance au Théâtre comme Spectateur). (N. da T.)

reabilitação de textos presumidamente velhos e simples, de se entregar às "complicações do texto"[15], de concluir as análises dramatúrgicas por um: "Como é que, até hoje, não nos demos conta de que ...?".

Mais ainda do que o texto contemporâneo, a obra clássica depende, para sua recepção, do horizonte de expectativa do público: qual a finalidade? Admirar, reproduzir, criticar, liquidar? Qual é a tática? Reduzir ou ampliar? Simplificar ou complicar? Assim encurralados por todas estas táticas de interpretação, o texto clássico torna-se como que esvaziado do seu sentido, fenômeno que Dort descreve nestes termos: "Ao se empurrar as coisas para o absurdo, poder-se-ia sustentar que as obras clássicas não possuem mais, atualmente, qualquer sentido. E que é exatamente por isso que são clássicas. Este sentido nos é dado na medida em que lhe dermos um"[16].

É o descarte histórico, a dificuldade de se apropriar o texto na sua referência de outrora que faz da *obra* clássica um *texto* moderno: ambíguo, contraditório, paradoxal, "escrevível", quer dizer, exigindo, para ser lido, ser reescrito[17]. Ou seja, a unanimidade dos críticos reprovam que os encenadores se sobreponham em proveito do autor ou do ator[18].

## O CLÁSSICO, "OBRA DO PASSADO"

Esta polivalência da obra clássica não é unicamente uma consequência de sua estrutura textual específica; ela conduz a fatores sociológicos tais como a configuração do público e do repertório.

Para além da escolha de teatros e encenadores, foi o público quem, por conta da lei da oferta e da procura, em termos culturais fez, notadamente depois de 1945, na França, o sucesso das representações clássicas. Os grandes textos surgiram para um público de classe média como o meio mais seguro para se apossarem de um patrimônio de valores já reconhecidos, bastante limitados porém para uma *intelligentsia* ou para uma camada da burguesia definida, desde a segunda metade do século XIX, pela aliança de "educação, da propriedade e do teatro"[19]. Data dessa época a reivindicação de uma encenação *fiel* à palavra do autor: nenhum corte, mas sobretudo uma significação que corresponda àquela da tradição e da doxa.

Aquilo que Dort chama de "idade de ouro dos clássicos na França" (entre 1945 e 1960), viu, graças especialmente ao TNP de Vilar, no

---

15. De acordo com as palavras de T. Todorov, Une complication de texte: "les illuminations", *Poétique*, n. 34, abr. 1978.
16. Les classiques au théâtre ou la métamorphose san fin, op. cit., p. 159.
17. R. Barthes, *S/Z*, p. 10.
18. Encontraremos uma impressionante lista de tais ingenuidades no artigo de P. Deville, Metteurs en scène et massacreurs, *Spectacle du monde*.
19. H. Mayer, Bildung, Besitz und Theater, op. cit.

Festival de Avignon, encenadores como Barrault ou Planchon, "o desejo de tocar um novo público e de abrir um diálogo com ele"[20]. Ora, esta abertura para um auditório renovado é justamente uma condição *sine qua non* de um retorno aos clássicos, caso deva ser outra coisa que não uma nova ilustração ou uma procura de efeitos espetaculares fáceis que deixam intactas as velhas certezas dramatúrgicas e os sentidos dos textos conhecidos por antecipação. Já o havia claramente reconhecido Herbert Jhering a propósito da renovação dos clássicos, nos anos de 1920, por Brecht, Engel e Piscator: sua força estava em que "dirigiam-se para outro público e trabalharam pensando em outras massas de espectadores"[21].

Para público novo, novo repertório: tal é a segunda condição para o impulso dos clássicos. De acordo com Cesare Molinari[22], as noções de clássico e repertório estão intimamente ligadas desde a sua aparição, visto que as leis gregas (de 386 a 330 antes de nossa era) instituem a tradição de representar uma tragédia de um dos três mestres do século V como prelúdio à competição dramática das Grandes Dionísias, bem como exigindo uma espécie de "depósito legal" dos textos trágicos, o que dá nascimento ao primeiro repertório. Não é senão no decorrer da segunda metade do século XIX que o repertório passa a não mais designar obras do passado, mas aquilo que a época moderna criou, ela mesma, e aquilo que se trata de conservar. É o esfacelamento da modernidade na procura de seu próprio repertório que estimula numerosos encenadores, os inovadores da cena dos anos de 1920-1930, na Europa, a se voltarem para os clássicos. Essa é, pelo menos, a explicação que um encenador como Copeau dá a esse fenômeno:

Carecendo de emprego mais urgente, as suas faculdades voltaram-se para as obras do passado, ainda que eles soubessem bem que, como todas as outras energias do homem, as da arte viva, para fecundar o futuro, devem provocar o presente.

Porém eles encontraram na tragédia grega e na do século XVI, no drama de Shakespeare, na comédia de Molière, a solidez de estrutura e a riqueza material, a amplitude do destino e a segurança de execução, enfim, o ímpeto poético que permitiram ao seu próprio gênio contraporem-se à força e à grandeza, e que inspiraram suas faculdades de intérpretes com a emulação, e até com a embriaguês[23].

Se o presente recorre ao passado, isto se daria porque, de acordo com Copeau, carente de saber abordar a nossa época, os clássicos se

---

20. B. Dort, Un âge d'or ou: sur la mise en scène des classiques en France entre 1945 et 1960, *Revue d'histoire littéraire de la France, 77e. Année*, n. 6, p. 1003.

21. H. Jhering, Reinhardt, Jessner, Piscator oder Klassikertod?, *Der Kampf ums Theater*, p. 319.

22. C. Molinari, Appunti per una storia del repertorio, *Quaderni di Teatro*, I, 1, 1978. Citado por M. De Marinis, I classici nel teatro contemporaneo: tra rifiuto e predilezione, *Rivista italiana di drammaturgia*, n. 14, p. 100-101.

23. J. Copeau, L'interprétation des ouvrages dramatiques du passé, *Registres I: Appels*, p. 198.

tornam inimitáveis. O mesmo argumento em "En finir avec les chefs-d'oeuvre" (É Preciso Acabar com as Obras-Primas), no qual Artaud estigmatiza: "Esta nova forma de idolatria, esta idolatria das obras-primas fixas, que é um dos aspectos do conformismo burguês"[24]. Desta vez, portanto, a conclusão é mais radical na rejeição às obras do passado: "As obras-primas do passado são boas para o passado: elas não são boas mais para nós. Temos o direito de dizer aquilo que foi dito e mesmo aquilo que não foi dito de um jeito nosso, que seja imediato, direto, que responda aos modos de sentir atuais e que todo mundo compreenda"[25].

Estes dois testemunhos de Copeau e Artaud, que aliás datam ambos de 1938, refletem uma tendência bastante generalizada a este desprezo pelo passado, a partir do momento em que se substitua a um presente deficiente: o clássico seria em vão uma obra sólida, rica e formalmente inigualável, caso perca a sua eficácia no contexto contemporâneo, inclusive porque bloqueia – de acordo com Copeau – as pesquisas de vanguarda que se deixam desviar, então, pelas "experimentações sem fim, pelos refinamentos exteriores, pelas pesquisas técnicas sem destinação"[26]; uma vanguarda que – para Artaud – não sabe mais falar à multidão a não ser por meio "das roupas e de uma palavra falsificada que pertence a épocas mortas e que jamais recuperaremos"[27]. Isto se deve a que muitas vezes, nos anos de 1920-1930, na Europa, em todo caso antes da chegada de homens de teatro como Piscator, Brecht, Artaud ou Copeau, o recurso aos clássicos permaneceu como uma pesquisa puramente formal, sem nova análise dramatúrgica, uma invenção de efeitos cênicos fáceis que dão ao antigo um ar novo, sem lhe modificar a perspectiva. É aquilo que, num dos textos os mais percucientes sobre "a morte dos clássicos", o crítico Herbert Jhering diagnosticou em 1929: "A modificação das obras clássicas, a adaptação de peças antigas torna-se contestável desde que tenha como objeto razões exteriores e técnicas, estilísticas e, portanto, puramente acrobáticas"[28].

24. A. Artaud, En finir avec les chefs-d'oeuvres, *Le théâtre et son double*, p. 115.
25. Idem, p. 113-114.
26. J. Copeau, L'interprétation des ouvrages dramatiques du passé, op. cit., p. 198.
27. A. Artaud, En finir avec les chefs-d'oeuvres, op. cit., p. 115.
28. H. Jhering, Reinhardt, Jessner, Piscator oder Klassikertod?, op. cit., p. 321. As teorias "clássicas" da encenação estão unanimemente de acordo em colocar em dúvida o interesse numa reconstituição fiel na apresentação de estreia. Elas preferem um trabalho que leve em conta uma abordagem estética (e não simplesmente histórica) da obra e estabeleça uma passarela em direção ao público de hoje. Dessa forma, Copeau chama a atenção para dois obstáculos, sem aliás propor qualquer fórmula ideal: "No que se refere a esta identificação realizada de um espírito atual com a criação de um poeta, cuja obra data de muitos séculos, o encenador terá dois obstáculos para vencer: o da fria reconstituição pelo excesso de respeito e o de uma modernização exagerada, sob pretexto de dar conta da obra do passado". L'interprétation des ouvrages dramatiques du passé, op. cit., p. 201.

## HISTORICIZAÇÃO OU ATUALIZAÇÃO?

Por trás desta desconfiança frente ao uso puramente decorativo dos clássicos surge a dificuldade absoluta de situar tais obras em relação ao passado e ao presente. Com efeito, existem duas maneiras de considerar a obra clássica: como uma obra que, situada num passado longínquo, permanece e sobrevive frente a todas as mudanças históricas; ou, pelo contrário, como uma obra que, embora tenha chegado até o presente, não mais pertence a um tempo passado, o qual é impossível reconstituir a não ser por um processo de historicização.

Cada um destes pontos de vista está representado nas inúmeras declarações, e qualquer encenação escolhe mais ou menos conscientemente a solução que lhe convém. É curioso encontrar o primeiro ponto de vista sob a pena de Marx que, quando fala de literatura, enfrenta grandes dificuldades para obter um discurso marxista, e observa – com muita honestidade e humor – a dificuldade de conceituar a sobrevivência do prazer estético ao longo do tempo:

> Tomemos como exemplo a ligação da arte grega e de Shakespeare com a nossa época. É sabido que a mitologia grega não é apenas o arsenal da arte grega, mas que representa o seu sol. A contemplação da natureza e das relações sociais que estão na base da imaginação grega e, portanto, da mitologia grega, seria possível com as máquinas de tecidos, as estradas de ferro, as locomotivas e os telégrafos elétricos? O que vem a ser Vulcão contra Robert e Cia., Júpiter contra o para-raios e Hermes contra o crédito imobiliário? [...]
>
> Porém, a dificuldade está em compreender que a arte e a poesia gregas estão ligadas a determinadas formas sociais de desenvolvimento. A dificuldade é que elas nos proporcionam ainda um prazer estético e que, de certa forma, passam por uma norma e por modelos inimitáveis[29].

Marx não nos propõe receitas para explicar o valor dos modelos clássicos considerados como a infância da arte. Ele não estabelece uma teoria para determinar quais elementos da obra sobrevivem a todas as concretizações; ele limita a comparação com nossa época a uma relação de qualidade inimitável, ao invés de procurar de que maneira a concretização da obra se modifica em função da recepção, como se estabelecem as passagens entre os dois horizontes da recepção.

O segundo ponto de vista, do qual Brecht constitui um exemplo cômodo e já canônico, formula, ao contrário, que o "pano de fundo de nossa época" é indispensável para a compreensão do texto clássico, mesmo no caso de os sentimentos reproduzidos estarem ainda vivos para que se rejeite a identificação do personagem:

> Também nós, somos os pais de tempos novos e filhos dos tempos antigos, nós compreendemos muitas coisas de um passado longínquo e ainda somos capazes de

---

29. K. Marx, Introduction à la critique de l'économie politique, *Über Kunst und Literatur*, p. 124-125.

partilhar os sentimentos outrora todo poderosos e cujo despertar foi um grande negócio. Pois, enfim, a sociedade no interior da qual vivemos é muito complexa.
O essencial é o fato de se representar essas obras antigas de perfil histórico, quer dizer: colocá-las em vigorosa oposição frente à nossa época. Porque é somente sobre o pano de fundo da nossa época que a sua forma se revela estar velha, e duvido que, sem esse pano de fundo, esta forma possa, seja de que maneira for, revelar-se[30].

Com Brecht, a relação dialética das épocas e dos modos de percepção da arte está claramente estabelecida. Este modelo deu lugar, depois, a inúmeras encenações ou adaptações *historicizadas*. Os acontecimentos da fábula são restituídos ao seu aspecto efêmero e relativo, levando-se em conta os desvios entre os dois sistemas sociais. Não apenas o conhecimento dos mecanismos sociais da época é desejado: ele é também indispensável para quem queira decifrar a obra clássica. A favor dessa tese está outro contemporâneo de Brecht, Ernst Bloch:

> Sem a compreensão viva, dialeticamente atenta, o passado cultural ele próprio se imobiliza: se torna um entreposto de mercadorias da cultura do qual extraímos maneiras abstratas de fazer. O resultado é que a relação recíproca é decisiva: apreciação crítica do presente e com a possibilidade de tomar posse, de maneira produtiva, da herança do passado[31].

A reviravolta é completa quando, com Walter Benjamin, o leitor é convidado a decifrar sua época por meio daquela pertencente à obra estudada, visto que se trata, para ele, de "representar, na época durante a qual apareceram as obras da literatura, a época que as reconheça, ou seja, a nossa"[32].

A historicização obriga distinguir-se as perspectivas presentes e passadas, bem como considerar pelo menos três historicidades: 1. O tempo de enunciação cênica (aquele do momento histórico em que a obra é encenada); 2. O tempo da fábula e de sua lógica actancial (tempo dramático); 3. O tempo da criação da peça e das práticas artísticas que na época estavam em vigor. O conhecimento dessas três variáveis temporais evolui sem cessar: isto fica evidente pela primeira historicidade, porém é também o caso para o reconhecimento retrospectivo que temos da época na qual a obra apareceu[33]. Quanto à

---

30. B. Brecht, *L'achat du cuivre*, p. 111.
31. E. Bloch, L'art d'hériter: héritage schématique et héritage productif, *Travail théâtral*, n. 28-39, p. 35.
32. W. Benjamin, *Schriften*, p. 456.
33. Esta distinção não é adequada a uma concepção brechtiana e historicizante de encenação. Um encenador como Vitez retoma-a ao falar das roupas no teatro: "Para a história, três possibilidades. Em primeiro lugar, o tempo da fábula; exemplo: *Britanicus* com roupas do império romano. Em segundo lugar, o tempo da escrita (que pode ser, no caso do *Misantropo*, por exemplo, o mesmo que o da fábula); exemplo: *Britanicus* ou *Fedra* com roupas do século XVII. Em terceiro lugar, o tempo atual; exemplo: o *Misantropo* com roupas de salão do presente; esta terceira possibilidade significa atualização. Rencontre sur "Hamlet" avec Antoine Vitez, *Théâtre/ Public*, n. 49, p. 22-23.

lógica temporal da fábula, ela não está fixada indefinidamente: ela se constitui em função da perspectiva escolhida, a fim de reconstituir a fábula e avaliar os acontecimentos relatados. Para quem deseja interpretar, no presente, a peça clássica impõe-se, portanto, em primeiro lugar a colocação em relação das três historicidades. Estas não estão jamais situadas no mesmo plano e equipolentes: qualquer *passagem* de uma época para outra parece resultar de um empilhamento: a época mais recente (a da enunciação cênica) devolve-lhe aquela da qual fala. Tomemos o exemplo de *Triomphe de l'amour* (Triunfo do Amor): a temporalidade do século XVIII devolve-lhe a Antiguidade grega ficcional em que se situa a fábula; a temporalidade do século XX devolve-lhe a do século XVIII, que produziu o texto e a sua relação com a Antiguidade. O que conta para os níveis temporais é o processo da chegada (portanto, da nossa época), o modo como a última temporalidade (a que pertence ao espectador atual) funcionaliza e coloca em signo (semiotiza) as precedentes. É impossível tratar no mesmo plano, e como universos distintos de referência, as três historicidades; nada acessamos além do sistema de suas funcionalizações sucessivas, no empilhamento de cada conjunto naquele que o sucede no tempo.

Esta imbricação de signos das historicidades explica a grande dificuldade para se levar em conta a dialética entre o passado e o presente, a herança e sua valoração. Cada encenação efetua a sua própria regulação destes parâmetros, em função de sua leitura das três historicidades. Tudo se situa entre os dois casos-limites (igualmente irrealizáveis) do historicismo e da atualização. O historicismo seria o fantasma que pretenderia reconstruir tudo de acordo com a temporalidade e o horizonte de observação, portanto, da criação; a atualização seria a transposição completa da fábula dentro de um universo de referência que corresponderia exatamente àquele do receptor contemporâneo. A realidade da produção/recepção situa-se sempre entre estes dois casos-limites.

## OS CLÁSSICOS TÊM SEU FUTURO ATRÁS DE SI?

No decorrer dos anos de 1980 continuamos a representá-los, porém a atitude face à historicidade do texto mudou, a partir do momento em que não mais se considerou a encenação como a colocação da obra em função do sentido do texto, e em que se criticou implicitamente o conceito das opções dramatúrgicas ou de discurso global da encenação. As declarações de numerosos encenadores vão no sentido deste despojamento do texto tanto na sua historicidade quanto na sua atualidade. Este movimento de retrocesso teórico torna a distinção entre *texto moderno* e *obra clássica* antes caduco, como bem o demonstrou Roland Barthes[34]. Na prática cênica continuou-se, portanto, a funcionar de

---

34. R. Barthes, De l'oeuvre au texte, *Révue d'esthétique*, n. 3.

acordo com a alternativa historicização/atualização, todo mundo dando a tais termos acepções que se diferenciam consideravelmente da teoria "clássica" de Brecht sobre o assunto. Tudo acontece como se a encenação procurasse negar a história em proveito de um pretendido imediatismo do acontecimento cênico, como se ela tomasse o texto, a cena, os comediantes como os materiais imediatos que não teriam sido ainda viciados pela história: fantasma pós-moderno da pós-história, na qual toda a produção artística ocorreria para além de uma tradição, sob o pretexto de que nossa época não conheceria nem tradição, nem memória, nem significação estável[35]. Esta visão pós-moderna das coisas rebaixou completamente a perspectiva sobre os clássicos ao pretender reduzi-los a textos iguais aos outros, sem se preocupar com as condições históricas específicas de sua enunciação. Desde então, as peças clássicas nada mais são do que álibis fáceis, pretendendo ocupar-se do passado e do patrimônio, todo mundo representando com um material que, ao mesmo tempo, recusa ou aceita muito qualquer concretização ou qualquer sentido, que representa a polissemia como uma indecidibilidade do sentido. O sentido do texto, pelo menos o sentido elevado a um sentido único, a uma intenção do autor, a uma *Besserwisserei*[36] – saber melhor do que os outros – dos encenadores, tal sentido é negado por todos. É possível que seja o meio de "se acabar com as obras-primas" (como o sublinha Artaud), às custas do abandono e da negação, aliás muito artificiais, da noção de clássico, no sentido de herança cultural e de historicidade de qualquer texto. Restaria por avaliar quais fatores e o que preside ao seu *insucesso*, isto é, à sua ineficácia, à sua abertura e ao seu flagrante anacronismo nestes tempos pós-modernos. Porém, isto já é outra história.

---

35. Cf. P. Pavis, The Classical Heritage of Modern Drama: the case of postmodern theatre, *Modern Drama*, n. 9.
36. H. Mainusch, Gespräch mit Dieter Dorn, *Regie und Interpretation*, p. 39.

# 4. A Herança Clássica do Teatro Pós-Moderno*

Vamos brincar com as palavras: quem diz *pós-moderno* diz *moderno*, e quem diz *moderno* diz *clássico*, de tal modo que o teatro pós-moderno remete necessariamente a um passado e é tributário de toda uma tradição teatral que não pode ultrapassar a não ser assimilando-a. Caracteriza-se por uma recusa em romper objetivamente com um movimento ou uma vanguarda para melhor integrar os materiais que recupera onde bem entender. Também é útil examinar a herança e a norma clássica desse teatro em evolução, fato que, da mesma maneira, nos aguça a visão a respeito das mudanças a que todas essas tradições teatrais têm que se submeter.

OBRA CLÁSSICA OU TEXTO MODERNO?

*A Obra e o Texto*

Mesmo antes de esboçar uma definição do teatro pós-moderno – termo hoje em dia frequentemente utilizado nos Estados Unidos sem

---

\* Este texto completa e desenvolve algumas passagens de nosso artigo The Classical Heritage of Modern Drama, *Modern Drama*, v. XXIX, n. 1, mar. 1986, p. 1-22. Ele foi pronunciado sob a forma de conferência no colóquio The Question of the Post-Modern (A Questão do Pós-Moderno), organizado por Michael Hays na Universidade de Cornell (EUA), de 12 a 14 de abril de 1984. Uma versão francesa mais curta apareceu no *Journal of Dramatic Criticism*, Fall 1988. Este texto é dedicado a Michael Hays.

grande precaução metodológica[1] –, é o caso de se testar a noção de *texto clássico*, retomando-se as definições barthesianas de *obra clássica* e de *texto de vanguarda*. Habitualmente, a definição histórica de texto ou autor *clássico* está ligada à noção muito imprecisa de tempo antigo, afastado do presente. As dificuldades começam a partir do ponto em que se buscam as propriedades estruturais inerentes ao texto clássico: seria necessário, com efeito, avaliar-se o papel da historicidade no processo de significação do texto, na sua concretização[2] nos diversos momentos da história em contextos distintos, especialmente em função de sua recepção e significação (estabelecimento de sentido) para o leitor ou o espectador. A concretização do texto, o estabelecimento do seu sentido depende de fatores de recepção, a qual não pode de maneira alguma ignorar a produção e a estrutura formal intrínseca do texto. Ao término do circuito da concretização, estar-se-á em condições de atribuir um sentido tanto ao texto mais "antigo" (o mais clássico), quanto ao texto mais recente (mais moderno), uma significação específica, o que levaria a relativizar consideravelmente a distinção entre *clássico* e *moderno*. Existe, com efeito, a tentação de fazer do texto clássico seja uma obra como as outras, simplesmente mais recuada no tempo, seja – e é isto que a encenação contemporânea faz frequentemente – um texto mais aberto e produtivo que os textos escritos no presente e cujo contexto de enunciação determina e limita mais precisamente o sentido. Roland Barthes coloca-se de sobreaviso contra essa tentação de separar a *obra clássica* do *texto moderno* em virtude de sua situação cronológica:

> O texto não deve ser entendido como objeto computável. Seria inútil procurar separar materialmente as obras dos textos. Em particular, não se deve ceder à tentação de dizer: a obra é clássica, o texto é de vanguarda; não se trata de estabelecer, em nome da modernidade, uma seleção grosseira e dos melhores e declarar que determinadas produções literárias são *in* e que outras são *out* devido à sua situação cronológica: é possível que exista "o texto" numa obra muito antiga e que muitos produtos da literatura contemporânea não sejam absolutamente textos. A diferença é a seguinte: a obra é um fragmento da substância (ocupa uma porção do espaço dos livros, por exemplo, numa biblioteca). O texto é, ele próprio, um campo metodológico[3].

A oposição que Barthes se recusa novamente a levar em conta estabelecer-se-ia como segue:

---

1. Cf. especialmente M. Benhamou; Charles Caramello (eds.), *Performance in Postmodern Culture*. J. Féral; J. Laillou-Savona; E. Walker (eds.), *Théâtralité, écriture et mise en scène*.
2. Sobre essa noção, ver nossos artigos: Production et réception au théâtre: la concrétisation du texte dramatique et spectaculaire, *Revue des sciences humaines*, n. 189, e La réception du texte dramatique et spectaculaire: les processus de fictionnalisation et d'idéologisation, *Versus*, n. 41.
3. R. Barthes, De l'oeuvre au texte, *Revue d'esthétique*, n. 3, 1971. Texto retomado em *Le bruissement de la langue*, passagem citada p. 70.

| | |
|---|---|
| Obra | Texto |
| clássica | moderno |
| legível | escrevível |
| linear | espacial |
| simples | difícil |

Esta oposição entre obra e texto é, não obstante, muito frágil. Ela ameaça a todo momento inverter-se tendo em vista que a *obra* pode ser moderna, e o *texto* clássico. Qualquer pesquisa sobre a especificidade da obra clássica em termos textuais está, portanto, comprometida. A *obra* ou o *texto* não são: nem antigo *versus* moderno, nem ultrapassado *versus* vanguardista; são antes de mais nada *textuais*, ou seja, estão em relação com outros textos, e isso em função das variações de suas instâncias produtivas e sobretudo receptivas[4].

Vamos nos limitar a alguns exemplos que definem a *obra* clássica e o *texto* moderno[5].

A legibilidade do texto clássico funda-se no mínimo de esforços que o leitor teria de efetuar para determinar as ações, os personagens, a lógica da narrativa. Isto, sem contar com a opacidade que a língua clássica impõe à sua decodificação e as variantes, que a determinação da fábula é capaz de fazer a peça experimentar. Se o texto clássico parece simples à primeira leitura, torna-se muito complexo caso se comece a relê-lo, não se ficando mais satisfeito com a sua significação primeira e literal. Inversamente, caso se admita a ideia de que o texto moderno não tem sentido, a não ser quando inteiramente reconstituído através das hipóteses e pistas abertas pela leitura, o fato é que ele é legível de acordo com um esquema construído inteiramente pelo receptor, e uma dificuldade como a da polissemia escapa por completo: a "espacialidade" do texto, isto é, as pistas abertas, tais como minúsculas veiazinhas de sentido no seu corpo textual, nada mais é do que uma legibilidade unívoca e simplificadora.

A dificuldade é um critério tanto relativo quanto reversível: todo texto é difícil, visto que exige do leitor um reconhecimento das zonas de indeterminação, ambiguidades e contradições. O paradoxo de tal dificuldade é que ela deixa de existir assim que estiver decifrada e funcionalizada e que se trate de determinar o que causa dificuldade no texto: seria a compreensão da língua clássica? O deslocamento dos horizontes de expectativa dos leitores de ontem e de hoje? As lógicas possíveis da narrativa? O tapamento de buracos de indeterminação? A noção de dificuldade – sua função e sua avaliação – varia

---

4. Sobre a relação do texto com a auto, inter e ideotextualidade, ver nosso artigo La réception du texte dramatique et spectaculaire: les processus de fictionalisation et d'idéologisation, op. cit.

5. As três páginas seguintes resumem e retomam um desenvolvimento de nosso artigo Du texte à la scène: l'histoire traversée, *Kodikas/Code*, n. 1-2.

historicamente, ela própria, visto que depende do Contexto Social[6] de recepção e de um fator muito esquecido ou condenado devido ao seu psicologismo: o desejo ou a vontade de ler neste ou naquele nível do texto a regulação textual que se segue fazendo com que o mesmo texto dê lugar a leituras divergentes; por fim, a decisão de ler o texto com este ou aquele objetivo: acompanhar a história e distrair-se ao traduzir imediatamente os enunciados do texto num universo fictício, negligenciando com isso a fatura (auto)textual da obra; multiplicar as aberturas da fábula e do texto; ler para escrever uma tese universitária, uma resenha jornalística ou uma contribuição a uma revista lacaniana ou marxista, por exemplo.

Não obstante a relatividade e mesmo o intercâmbio de critérios específicos do texto clássico, malgrado a instabilidade que faz da obra um texto e que não garante que um texto moderno já não seja uma obra clássica na medida em que se reduz logo de início ao caso clássico de um sentido evidente, não nos parece muito arriscado enumerar alguns critérios do texto clássico – critérios que não possuem nada de eterno e de logicamente estável, mas que teriam como objetivo simplesmente testemunhar a maneira pela qual o texto clássico é hoje recebido e percebido.

1. O texto clássico é, sem qualquer objeção, ideológico: por trás da fachada homogênea de uma fábula clara e apaixonante, de uma escritura que evita qualquer queda de tensão nos diversos discursos dos locutores, ele esconde os códigos e mecanismos que o mantêm vivo. A perfeição e o acabamento de sua escritura fazem esquecer os códigos de sua produção, a tal ponto que se tornaram os critérios puramente avaliadores do classicismo: um texto cuja perfeição formal é tal que nos esquecemos que é texto – e texto situado na história. Para este gênero de texto, a verossimilhança e sua técnica de persuasão fazem com que se acredite depressa numa história real, com personagens de carne e osso; esquecemo-nos que é o texto e seus processos que fabricam todos esses efeitos de realidade. A reação a uma leitura, aliás, no caso do teatro de uma encenação crítica, será no sentido de "descobrir os códigos"[7], de acentuá-los até, pelo grotesco ou pela ironia barroca e pelo caráter fabricado e artificial.

6. Por *Contexto Social* entendemos, com J. Mukaróvski, a "relação com a coisa significada, relação que visa não uma existência distinta – visto que se trata de um signo autônomo –, porém o contexto total dos fenômenos sociais (ciência, filosofia, religião, política, economia etc.) de determinado meio". L'art comme fait sémiologique, *Poétique*, n. 3, 1970.

7. De acordo com a fórmula de Alain Girault (Pourquoi monter un classique?, *La nouvelle critique*, p. 79). O remédio de Girault consiste em apoiar as formas autotextuais para liberar a ideologia do seu efeito de transparência. "Quando os códigos permanecem visíveis, quando a 'linguagem teatral' mantém a sua 'autonomia' com relação à 'realidade' (aparência ou essência), o efeito de transparência não funciona mais. A forma teatral – artística em geral – pode se tornar 'prática significante' e cessar

2. A relação do texto clássico com a intertextualidade é igualmente sublinhada de forma particular; não somente porque a poética exige dos autores que se refiram fielmente à Antiguidade e que não inventem a não ser o estritamente mínimo, mas também devido à série de textos falhos cujo conhecimento se pressupõe ser muito longa. Essa referência intertextual é, neste ponto, importante porque impede o leitor contemporâneo, ignorante dessas referências, de apreender o funcionamento do texto clássico. Chega-se ao caso em que certos textos, filosóficos mas igualmente literários, estejam, eles próprios, na origem de transformações e releituras de outros textos no campo do saber.

Este texto-Fênix que é a obra clássica, nem sempre tem a sorte de renascer de modo a renovar o entendimento que possuímos. De fato, muito mais prosaicamente, o seu ouvinte contemporâneo não está nunca completamente seguro de o compreender como texto de ontem, não mais do que como texto de hoje. Esse texto, proeminente durante inúmeros séculos, é cronicamente mal entendido: seu ouvinte (mais ainda que o seu leitor) experimenta um sentimento de estranha familiaridade em face da língua de Molière ou de Marivaux (embora as traduções sucessivas de Shakespeare ou Goethe tenham a arte paradoxal de adaptar-se à evolução e ao imaginário da língua francesa). O francês clássico é como uma placa opaca entre nós e o mundo ficcional instaurado pelo texto. Entre o discurso e o mundo não há mais relação direta e transitiva. O ouvinte é obrigado a emprestar uma orelha mais atenta e a colocar em xeque, incessantemente, a relação desse texto no mundo, ou seja, a sua dimensão ideológica. Ora, isso não advém a não ser por meio da percepção do artefato formal do texto. Assim, acha-se estabelecida uma conexão (sobre a qual vimos que é constitutiva do funcionamento textual) entre texto e ideologia. Não é raro que, tendo assim ficado atento a uma forma que rejeita qualquer transparência, o leitor/espectador atribui ao texto significações profundas e ocultas tais que uma leitura historicizante jamais suspeitaria. Todo o trabalho sobre a forma de enunciação cênica – códigos da ironia barroca, dicção exageradamente retórica ou cantada, teatralização do personagem – tem como resultado opacificar o francês clássico e convida-nos a sondar-lhe os abismos vertiginosos. Disso resulta que o discurso clássico, contrariamente a uma ideia recebida, não brilha por uma clareza[8] que faria da língua um espelho fiel do mundo. Por muito tempo, a crítica dos clássicos e a interpretação das encenações acreditaram que o tempo não fez mais do que acumular camadas de poeira sobre o texto e que bastava,

de ser o instrumento da revelação de um suposto sentido pré-existente. Opera-se um 'descentramento' através do qual a ideologia torna-se visível, colocada à distância. Admitir o código é, no mesmo movimento, liberar a forma e o sentido: liberá-los da gangue do 'natural' na qual a ideologia da 'transparência' pretende trancá-los", p. 79.

8. Cf. o debate sobre a clareza em Roland Barthes, *Critique et vérité*, p. 27-35. (Crítica e Verdade, em *Crítica e Verdade*, p. 198-203).

para torná-lo respeitável, limpar a casa, desembaraçando-o dos depósitos que a história, de camada interpretativa a sedimento hermenêutico, tê-los-ia deixado num texto intacto. Essa visão fantasmática da obra clássica tanto poderia desembocar numa tentativa de reconstituição arqueológica das condições históricas da representação, quanto sobre uma modernização do estilo de representação (clássicos em roupas modernas, invencionices fazendo anacronicamente alusão à vida contemporânea). Nos dois casos, o desempoeiramento do texto repousa na assunção idealista segundo a qual basta corrigir a língua clássica para acessar, no mesmo nível, o mundo ficcional e os ideologemas reduzidos a um objeto fixo, mistura de tempo antigo e modernidade. A reação dos dramaturgos e dos encenadores a esta visão estática da crítica/encenação como mistura, felizmente não se fez esperar. Alain Girault observou que "a operação de 'desempoeiramento' implica uma filosofia idealista da permanência do homem. 'Desempoeirar' é, finalmente, 'desistoricizar', é negar a história (reduzi-la às 'cintilações da superfície', à 'poeira')"[9]. Recusar-se a desempoeirar os textos é assumir a defasagem histórica, constranger o público pela consciência de um desvio nas formas que remete a um desvio nas visões do mundo. Brecht relata que, depois da encenação dos *Bandoleiros*, de Schiller, Piscator disse-lhe "que ele tinha procurado fazer com que as pessoas, ao deixar o teatro, estivessem cientes de que 150 anos não eram uma coisa sem importância"[10]. Hoje, a reflexão dramatúrgica recusa-se a ceder à vertigem do desempoeiramento através da "solução miraculosa". Antoine Vitez baniu essa expressão e sua prática no seu próprio trabalho:

> Se falamos de "desempoeiramento" é porque supomos que há empoeiramento: um objeto intacto do qual perdemos o sentido, e o qual redescobrimos tal como era, depois de limpeza e polimento. É o que acontece exatamente com os objetos de arte. Ou bem se deixa a poeira e se continua como antes – este foi por muito tempo o trabalho da Comédie Française: acumular camadas de poeira sucessivas, e esconder definitivamente a poeira passando nova camada de cera –, ou então se tenta outra coisa. Porque não existe apenas uma poeira que é possível remover; existem igualmente alterações no objeto em si mesmo. Um vaso que tenha sido milagrosamente conservado pode sempre ser útil. Uma peça de teatro é de natureza totalmente distinta. O objeto em si mesmo está profundamente transformado, mesmo que o texto tenha permanecido perfeitamente intacto. Podemos chegar a lê-lo como o poderiam [sic!] fazê-lo aqueles para quem foi escrito. O que lemos está no âmbito da memória, da lembrança, e isso consiste em fazer reaparecer, no presente da vida, elementos deformados; de fato, a correspondência entre o indivíduo e o corpo social[11].

Desse modo, importante para o texto clássico parece ser o poder de historicizar a poeira, ao invés de negá-la ou recobri-la. Prática que

---

9. A. Girault, Pourquoi monter un classique?, op. cit., p. 79.
10. B. Brecht, Wie soll man heute Klassiker spielen?, *Gesammelte Werke*, v. 15, p. 112.
11. Lecture des classiques: entretien avec Antoine Vitez, *Pratiques*, n. 15, p. 45.

não está muito distante daquela da tradução, que dá ao texto de origem uma versão adaptada à língua do novo leitor e que tem a escolha entre uma tradução-adaptação que, para evitar calcar-se no texto a ser traduzido e "fazer tradução", transpõe o texto para o seu novo contexto cultural, procedendo a uma tradução mais literal às custas de um sentimento de estranhamento e uma falta de idiomatismo, que preserva um pouco a retórica e a visão de mundo da língua de origem.

3. Assim, como para a tradução, a leitura do clássico é acompanhada sempre de um fenômeno de desperdício de sentido, na verdade de destruição das faces inteiras da significação. Preferivelmente a falar dos elementos que, no texto, a cada nova leitura, permanecem ou desaparecem, que estão sempre ausentes ou presentes, seria mais justo falar das zonas de indeterminação ou de ambiguidade que são, por um lado, perceptíveis, e por outro lado elimináveis. Assim como para o texto literário em geral, o texto clássico possui ambiguidades estruturais, programadas e necessárias para o desenvolvimento da ficção, bem como ambiguidades devidas à alteração das concretizações do próprio texto. As ambiguidades do primeiro tipo não devem ser suprimidas; pelo contrário, a sua solução não faria mais do que destruir os mecanismos de suspense, de procura; sobretudo, simplificaria e tomaria partido pelos ideologemas implícitos que o texto, na sua historicidade, articula sem o saber: trabalho certamente útil (oh, quanto!), mas quase apenas para o teórico da literatura e da ideologia.

As ambiguidades do segundo tipo provêm de modificações imprevisíveis das circunstâncias de recepção, portanto, da defasagem temporal ou cultural entre a emissão e a recepção, particularmente por causa do aumento da defasagem entre os Contextos Sociais da recepção e da duração do intervalo temporal entre a produção e a recepção do texto. Por exemplo, é perturbador fazer uma estimativa, a partir do discurso e do comportamento de um personagem, sobre qual meio ou grupo ele deve pertencer, se o seu discurso está de acordo ou é estranho ao seu meio de origem. Não se trata, no caso, de uma ambiguidade estrutural, porém da produção de uma nova zona de indeterminação que modifica a leitura da fábula. É frequente que o texto clássico, do qual muitos sinais de guiamento da recepção desapareceram, pareça, no presente, um texto construído sobre uma tática de ambiguidade ou mistério e que, por isso, adquira uma valorização no mais das vezes indevida. Eis aí uma razão adicional para o sucesso dos textos clássicos: a distância histórica, geográfica ou social; a produção de ambiguidades e enigmas que daí resultam proporcionam nova chance para que uma obra, outrora monossêmica, se torne hoje complexa e indecifrável. Se a encenação possui, além disso, a arte de sugerir, na nova concretização, novas zonas de indeterminação, de organizar entre elas possíveis percursos de sentido, o texto dramático clássico ilumina consideravelmente esse brasão descorado pelos anos e pelas interpretações banalizadas. Esse fenômeno de reciclagem assegura a perenidade do texto clássico, ao fundamentá-lo desta vez na mudança e na adaptação, e não mais na permanência da significação.

## O IMPOSSÍVEL ESPAÇO UNITÁRIO

O texto dramático clássico parece não poder mais ser utilizado tal como se apresenta pelos autores contemporâneos. Tornou-se impensável para os autores de hoje propor peças com diálogos trocados entre os personagens como numa conversação cotidiana. O fenômeno não é novo e marca, como o mostrou admiravelmente Peter Szondi[12], os inícios do "drama moderno", por volta de 1880 e até por volta de 1950. Esse momento caracteriza-se por uma ruptura da comunicação e da troca dialógica, pela aparição de uma crise do drama e tentativas de resgate (naturalismo, peças de conversação ou em um ato, existencialismo), ou tentativas de solução (expressionismo, teatro épico, montagem, pirandelismo etc.). Mesmo o Teatro do Absurdo pertence ao modernismo (e não ao pós-modernismo), visto que o não-sentido ainda faz sentido e reclama uma interpretação e uma concepção do mundo. Como escreve Adorno:

> Mesmo a pretendida literatura absurda tem a ver, nas suas representações mais elevadas, com a dialética, pelo fato de que exprime, em termos de coerência de sentido, ideologicamente organizada em si, que não existe sentido algum. Ela conserva, ainda assim, na negação determinada, a categoria de sentido; é isso que torna possível e exige a sua interpretação[13].

Depois da literatura do absurdo, prossegue Adorno – especialmente, poderíamos acrescentar, com o pós-modernismo –, não mais é o sentido que se nega como princípio organizador, ou o não-sentido como filosofia:

> Mesmo na arte que obedece sem restrição mental à ideia descosida, encontramos no jogo, mesmo que se tenha transformado de maneira a ser irreconhecível, o princípio da harmonia, visto que as ideias descosidas, para terem validade, devem manter-se de acordo com o modo de falar dos artistas[14].

Na arte pós-moderna, por outro lado – e diferentemente da arte absurda –, é preciso levar em conta uma nova totalidade, não a dos enunciados, mas a de sua enunciação, de sua organização no discurso dos artistas. Fenômeno de retotalização do fragmento que Adorno atribui às obras que praticam uma negação consequente de sentido: "A obra que nega rigorosamente o sentido é mantida por essa lógica

---

12. P. Szondi, *Theorie des modernen Dramas*.
13. T. W. Adorno, *Ästhetische Theorie*, p. 235; tradução francesa *Théorie esthétique*, p. 210.
14. Idem, p. 235-236; tradução francesa, p. 210.

com a mesma coerência e a mesma unidade que deviam outrora evocar o sentido"[15].

A partir dos anos de 1960, após o período dito "absurdo", o problema não é mais o do debate entre dialogismo e monologismo, comunicação ou cacofonia, sentido ou não-sentido. Os autores (por exemplo e entre outros: Peter Handke, Michel Vinaver, Samuel Beckett, Heiner Müller, Bernard-Marie Koltès) não procuram mais fazer nos seus textos o mimo de locutores pretendendo comunicar o enredar-se numa palavra indecifrável. Eles apresentam um texto que – mesmo que assuma, ainda, a forma de palavras alternadas emitidas pelos diversos locutores – não é mais realmente permutável, resumível, resolvível, prestes a desembocar na ação. A própria palavra (re)torna como ação. Ele se dirige ao público em bloco, como um poema "jogado na cara" dos ouvintes, para pegar ou largar, como que em busca de um impossível espaço unitário. O teatro teria como pretensão retornar à época anterior ao diálogo, como nas "mais antigas formas cênicas":

> O teatro é a arte de representar com a divisão, ao introduzi-lo no espaço através do diálogo. A noção de diálogo é tardia. Nas formas cênicas mais antigas, cada palavra fala solitariamente, dirigida somente em direção aos homens que se tenham reunido religiosamente para entendê-la; não há comunicação lateral; é ao público que se dirige quem fala, numa plenitude que exclui qualquer resposta, palavra vinda do alto, de uma relação sem reciprocidade[16].

Porém, esse público religiosamente reunido num lugar protegido, esse endereçamento global a uma assistência unitária, essa esfinge capaz de religar os fragmentos esparsos que não existem mais, mesmo no caso de autores que, como Handke, Duras ou Koltès, procuram reatar o contato com um grupo unido pelo desejo de reviver em bloco, porém não necessariamente de maneira catártica, a sua situação num espaço que não mais seja visto por meio de cortes cênico, familiar, social ou individual. Essa procura de um espaço estético e social comum, longe das grandes contradições ou dos conflitos da história, implica justamente, como se verá, uma ligação estreita com a tradição e a herança, não apenas a *herança cultural* (os grandes autores, os grandes textos clássicos, os mitos fundadores da vida simbólica e social), como também a herança das *práticas gestuais, vocais, entonativas* que são, elas mesmas, da alçada do teatro, ou seja: do autor, da cenografia, do encenador. Trata-se de encontrar a relação com o corpo e com o gesto de toda uma tradição teatral e social:

> A cena, assinala Antoine Vitez, é o laboratório da língua e dos gestos da nação. A sociedade sabe, mais ou menos claramente, que nesses edifícios chamados teatros, as

---

15. Idem, ibidem; tradução francesa, p. 206.
16. M. Blanchot, *L'entretien infini*, Paris: Gallimard, 1969, p. 529.

pessoas trabalham muitas horas para ampliar, depurar, transformar os gestos e as entonações da vida corrente. Para questioná-la, criticá-la [...] Se o teatro é em grande parte o laboratório dos gestos e palavras da sociedade, é ao mesmo tempo o conservador das normas antigas de expressão e o adversário das tradições[17].

O espaço unitário e unificador esconde a origem da palavra ou lhe relativiza o alcance. Em *L'ordinaire* (O Ordinário), "peça em sete quadros" de Michel Vinaver, cada um dos personagens da multinacional Housies dialoga com seus companheiros de infortúnio; ele traz, sem o saber, a sua pedra para o edifício e o mito da multinacional que se consome ao sonhar com a sobrevivência e a reconstrução. Em *Quartett* (Quarteto), de Heiner Müller, tanto o homem quanto a mulher desdobram-se em um homem e uma mulher, de sorte que se torna difícil, realmente impossível, determinar quem é a voz que toma a palavra e a quem ela se dirige[18]. Em *Dans la solitude des champs de coton* (Na Solidão dos Campos de Algodão), o comprador e o negociante não visam mais do que trocar as suas posições discursivas.

## NOVA RELAÇÃO COM A OBRA CLÁSSICA

O que muda não é tanto a concepção do homem e do seu lugar no universo, quanto a concepção que os encenadores se fazem das *Obras* clássicas.

Ninguém (afora os teóricos do drama) acredita mais na especificidade do texto dramático, na existência de regras e leis de diálogo, de personagem, de estrutura dramática etc. Prova-o essa procura por textos não escritos inicialmente para a cena e que permitiram as experiências do teatro de narração (*Cathérine* a partir de *Les Cloches de Bâle* (Os Sinos de Bali), de Aragon, na "encenação" de Vitez; *Louve basse* (Luva Baixa), a partir de Denis Roche, montado por Georges Lavaudant; *L'arrivante* (A Chegante), a partir de *Là*, de Hélène Cixous, montado por Viviane Théophilidès). Trata-se de tomar o texto romanesco não como substrato para uma fábula e para personagens, porém de se fazer uma leitura cênica mais ou menos dramatizada através das improvisações de seus vários leitores. O texto não é nem um conjunto privilegiado de diálogos que "operam como teatro", nem um material de construção do qual os brechtianos se serviram sem escrúpulos, nem, seguramente, um texto romanesco lido por um leitor que imagina os eventos narrados. Já não se encena mais em função de uma análise psicológica ou sociológica de ações e personagens, de espaço e tempo.

---

17. A. Vitez, Le devoir de traduire, *Théâtre/Public*, n. 44, p. 8.
18. Cf. G. Schulz, Abschied von Morgen: zu den Frauengestalten im Werk Heiner Müllers, *Text und Kritik*, n. 73.

Na nova escritura dramática, o diálogo de conversação é banido das cenas como saldo de uma dramaturgia de conflito e troca; a história, a intriga ou a fábula amarradas demais doravante são suspeitas. Os autores ou encenadores procuram desnarrativizar suas produções, eliminar qualquer marca narrativa que permita reconstituir uma fábula: impossível nos textos recentes – como *Les Céphéides* (Os Cefeidas), de Jean-Christophe Bailly, *Oeil pour oeil* (Olho por Olho), de Louis-Jacques Sirjacq, ou *Faut-il rêver? Faut-il choisir?* (É Preciso Sonhar? É Preciso Escolher?), de Bruno Bayen, *Rêves de Franz Kafka* (Sonhos de Franz Kafka), de Enzo Corman e Philippe Adrien, *Bivoua*, de Pierre Guyotat – reencontrar as delícias da narração e da fábula.

Seja moderno ou clássico, o texto é como que esvaziado de sentido, e antes de mais nada do seu sentido mimético imediato, de um significado que já estaria lá, somente à espera de uma expressão cênica adequada. Qualquer procura por sua dimensão sócio-histórica, por sua inscrição numa história passada e presente é banida, ou pelo menos retardada tanto tempo quanto possível: ficcionaliza quem puder. Trata-se de manter seu sentido na reserva, ou multiplicar as suas variantes e potencialidades, de não explicitá-lo através do que acreditamos saber no começo da representação, a partir da leitura "na mesa", com a invencível armada de dramaturgos, sociólogos, encenadores[19]. O teatro pós-moderno não deseja limitar-se mais a uma leitura "ideológica" do texto ou do mundo. Ele tem por assim dizer esgotado a série de "soluções" do texto e do sentido, acabando por declarar todos equivalentes. Ele não se assume mais como um texto ou espetáculo interpretáveis, mas sim como uma prática significante que engloba, entre outros, um texto linguístico. O lugar da análise dramatúrgica visa determinar os prováveis significados, as práticas significantes preocupam-se com uma multiplicidade de significações; elas abrem o texto dramático à experimentação cênica, tomando cuidado para não separar a leitura do texto, a descoberta do seu sentido e a tradução cênica que explicaria o sentido pré-existente do texto. O texto é mantido como o objeto das perguntas, trabalho de códigos e não sequência de situações e alusões a um subtexto que seria necessário fazer sentir ao espectador. O texto é recebido como uma série de sentidos que se contradizem, que se respondem e se recusam a aniquilar-se num sentido final global. A prática significante recusa-se a ilustrar ou confirmar aquilo que a análise acredita descobrir na primeira concretização pelo leitor. A pluralidade de significados é mantida pela multiplicação, no trabalho cênico, dos enunciadores (atores, música, ritmo de apresentação etc.), pela recusa de hierarquizar os sistemas cênicos, de separá--los entre sistemas maiores e menores, de reduzi-los a um significado

---

19. A página seguinte retoma um desenvolvimento de nosso artigo Du texte à la scène: l'histoire traversée, op. cit.

último, e no final das contas, pela recusa em interpretar. Peter Brook fez-se o teórico dessa recusa hermenêutica, pretendendo que as formas dos grandes textos, tais como as formas shakespearianas, são formas abertas a "interpretações ao infinito"[20], uma "forma tão vaga quanto possível, de propósito, para não dar a interpretação"[21].

Parece-nos que tal desejo de abertura infinita do texto à significação, mesmo que se invoquem Barthes[22] ou Kristeva[23], nada mais é do que um artifício produtivo visando atender o mais tardar possível antes de se tomar partido e com o objetivo de confiar essa tarefa extrema ao leitor-espectador. Ali no ponto em que o teatro se distingue do texto lido é que ele pode mostrar ou esconder o que o texto, por seu turno, já diz. Duas táticas são possíveis: mostrar o que não é dito (é isso que propõe, frequentemente, a representação historicizada) ou, como faz Vitez, campeão da abertura do texto às significações, "não mostrar o que é dito", não "desenvolver, indiferente e impunemente, não importa qual ponto de vista"[24], porém, "entregar-se a variações infinitas" que "haverão de ter uma ligação entre si"[25]. Este tipo de encenação instaura um jogo perpétuo entre mostrar/esconder, texto e cena. O sentido não será acessível ao espectador caso ele não se submeta a uma prática que esclareça tanto os signos cênicos quanto os significados do texto. Antoine Vitez é, hoje, o seu melhor representante:

O prazer teatral, para o espectador, repousa na diferença entre aquilo que se diz e aquilo que se mostra [...] a não ser assim, que interesse ele experimentaria pelo teatro? A diferença é que é interessante[26] [...] O que me parece excitante para o espectador refere-se a esta ideia: não mostrar o que é dito[27].

Com essa abordagem, a dialética entre texto e cena está verdadeiramente instituída (mesmo porque, a cena deriva sempre da leitura do texto). A encenação torna-se uma valorização daquilo que Jean-Loup Rivière denomina, com referência ao trabalho de Vitez sobre Racine, a "pantomima do texto", portanto,

as defasagens sucessivas, os saltos entre estas duas séries para fazer do texto, em conjunto com as palavras, um *gesto* (movimento que a dicção *detalhada* de cada alexan-

---

20. P. Brook, *Travail théâtral*, n. 18, p. 87.
21. Idem, ibidem.
22. "Interpretar um texto não é dar-lhe um sentido (mais ou menos fundamentado, mais ou menos livre), ao contrário é apreciar de que pluralidade ele é feito". *S/Z*, p. 11.
23. Kristeva define a "prática significante" como "uma cena em que se engendra aquilo que é entendido como estrutura". *Semiotiké*, p. 301.
24. Conversation entre Gildas Bourdet et Antoine Vitez sur *Britannicus* de Racine, *Journal mensuel du Théâtre National de Chaillot*, n. 1, p. 4.
25. Idem, ibidem.
26. Ne pas montrer ce qui est dit: entretien d'Antoine Vitez avec Émile Copfermann, *Travail théâtral*, XIV, p. 50.
27. Idem, p. 42.

drino acentua), que com os mesmos direitos do gesto corporal do ator, do seu deslocamento (e numa relação dialética/lúdica com ele), contribui para escrever esse novo texto que é o espetáculo[28].

O texto espetacular tornou-se de tal complexidade e indecidibilidade que o seu receptor deve procurar orientar-se por si próprio no labirinto de significantes, sem jamais poder reduzir os mesmos a um significado, a uma comunicação. O que se revela, então, não é a comunicabilidade do sentido, mas a "opacidade irremediável no seio da própria linguagem"[29], o desafio lançado a uma ciência ou a uma semiologia da comunicação.

## INSUFLAR, DESCENTRALIZAR, DESRITMAR

A encenação da obra clássica, ou antes, a sua *colocação na boca*, pressupõe, doravante, insuflar-lhe um sentido físico e respiratório que é a consequência da sua enunciação global. As pesquisas atuais sobre o ritmo da dicção e da versificação clássicas, na interpretação vocal e gestual tendem, todas elas, quer provenham de Brook, Mnouchkine (os *Shakespeare*), Vitez (*Fedra, Britannicus, Le soulier de Satin* [O Sapato de Cetim]) ou de Grüber (*Berenice*), a desritmar o texto na sua primeira leitura (evidente ou habitual). O teatro, bem como a enunciação cênica, tornam-se, por meio do jogo do ator, um novo sacerdote do proferimento, o lugar mítico em que esta desritmização imprime à obra clássica um novo sentido. Ora, tudo isso já foi esboçado por Jouvet na sua teoria da leitura do texto, de sua respiração e de sua "execução". O texto, mesmo o clássico, é sempre e ainda utilizado. Apenas a etiqueta e a receita pós-modernas são novas. Na perspectiva pós-moderna o texto, seja clássico ou moderno, não é mais depositário do sentido à espera de uma encenação que o exprima, o interprete, o transcreva, um sentido sem problema que os homens de teatro (dramaturgo, encenador, ator) podem sublinhar à custa de erudição e paciência. O texto transformou-se numa matéria significante, à espera de sentido, um objeto de desejo, a hipótese de um sentido (em meio a outros) que não está sensível e nem concretizado a não ser na situação de uma dada enunciação, graças aos esforços conjugados da encenação e do público (receptor da enunciação).

A reavaliação do texto, a experimentação sobre a *Obra* clássica considerada como cruzamento de sentido, caminham em paralelo com o paradigma dominante da representação teatral e, singularmente, da representação clássica. Não são mais o texto e a fábula que estão no centro da representação, nem mesmo o espaço e os sistemas cênicos (a escritura cênica), assim como a etapa seguinte, a da época

---

28. J.-L. Rivière, La pantomime du texte, *L'autre scène*, n. 3, p. 5.
29. J.-F. Lyotard, *Tombeau de l'intellectuel e autres papiers*, p. 84.

clássica da encenação: no momento, são o tempo, o ritmo e a dicção. O ritmo e a paródia tornam-se o sistema significante da encenação na qual todos os outros têm a tendência a se enxertar: "Eu gosto, [declara sintomaticamente Antoine Vitez] da prosódia, gosto da rima, que me parecem mais importantes do que os choques de imagens puras nas quais querem se refugiar a poesia contemporânea depois do surrealismo"[30].

Desritmar a leitura expressiva dita natural a fim de ultrapassar a leitura puramente psicologizante ou filológica, para tentar ou para impor esquemas diversos, rítmicos, "exteriores" ao texto, tal é atualmente o grande empreendimento do teatro (quer se trate do Théâtre du Soleil ou do trabalho de Vitez e Villégier sobre os clássicos franceses do século XVII).

## A TRADIÇÃO E AS TRADIÇÕES

No que se relaciona ao teatro, e não mais somente ao drama, se a sua prática se inscreve necessariamente numa tradição, isso se dá porque, tanto a instituição em que se desenvolve é a soma das pressões materiais, como a mesma é influenciada pelos demais teatros, do passado e do presente. Algumas instituições – isto ocorreu por muito tempo e ainda ocorre, em parte, no caso da Comédie-Française – têm por missão conservar um repertório e um modo de interpretação dos quais julgam-se herdeiras, os dos clássicos franceses do século XVII sendo a sua marca. Porém, o debate está sempre em aberto para se saber se essas instituições realmente conservam a tradição dos clássicos que prevalecia na época de sua criação. Tudo que aconteceu em termos de renovação da encenação dos clássicos na França, após Artaud, Copeau ou Jouvet, provém de uma crítica de tradições falsificadas da Comédie-Française ou de instituições oficiais. Copeau queria "reaproximar as obras da 'verdadeira tradição', libertando-as dos acréscimos que, após três séculos, foram-lhes sobrecarregadas pelos comediantes oficiais"[31]. Vilar, em 1935, já era muito cético quanto à possibilidade de reconstituir algumas fórmulas teatrais do passado, sendo ponto pacífico que as tradições orais gestuais do saber teatral estão mortas com os comediantes[32].

A transmissão oral e gestual, mais segura e legítima, no caso do teatro, do que a transcrição por escrito, também não garante um respeito à herança e à tradição, visto que o risco é grande no sentido de que não sejam transmitidas senão migalhas de informações, senão "truques" e procedimentos baratos. Jouvet (e em seguida a ele Vitez)

---

30. A. Vitez, Un plaisir érotique, *Théâtre de l'Europe*, n. 1, p. 82.
31. J. Copeau, *Registres II*, p. 73.
32. J. Vilar, *De la tradition théâtrale*, p. 59-60.

insiste a justo título sobre a dificuldade de se herdar o espírito *da* Tradição. Ele opõe *as* tradições – "procedimentos, truques, [...] manuseados, copiados e recopiados uns sobre os outros", resíduos inúteis dos quais o trabalho teatral deveria desembaraçar-se – *à* Tradição, ou seja, à história do teatro, "à continuidade dos seus exercícios, suas representações, suas obras, seus comediantes"[33]. No mesmo espírito, Vitez almeja reinventar a tradição ao plagiá-la: "Trata-se de refazer a tradição, mas não de ser otários. Caso se reinvente a tradição, ao mesmo tempo a gente a apresenta de maneira crítica; recebe-se a convenção, mas não acreditamos nela"[34]. Com Vitez, damo-nos conta da atitude resolutamente (pós)modernista desse tipo de encenação. Não se trata mais do problema de conservar a tradição (tarefa aliás impossível, mesmo na Comédie-Française), nem de apreender a essência (Copeau, Jouvet), e nem seguramente de desvirtuá-la para os objetivos realistas socialistas (Brecht); trata-se, no momento, de inscrever o trabalho moderno na tradição clássica. A atual desconfiança "pós-brechtiana" com relação a qualquer encenação sociológica, recoberta por um espesso comentário econômico-político-sócio-crítico, tem origem neste tipo de projeto viteziano, no qual "a relação com a herança da tradição não é mais o caso da apropriação burguesa ou da assimilação socialista, mas sim o do uso intertextual e irônico de códigos de representação tradicionais e convenções cênicas"[35]. Ora, este uso de códigos é tanto a encenação de vanguarda, que a realiza ao trabalhar sobre as obras clássicas, quanto o trabalho pós-moderno de criadores como Robert Wilson, Richard Foreman ou Laurie Anderson. Antes de procurar estabelecer uma escritura dramática pós-moderna, é mais legítimo interrogar a encenação quanto à sua atitude face ao sentido: ela crê nele? Ela o deseja? Ela procura apreendê-lo?

## A HERANÇA DO TEATRO PÓS-MODERNO

Já assinalamos a dificuldade de apreender tangivelmente a maneira de herdar do teatro. Para o texto dramático é relativamente fácil observar a relação da modernidade com a tradição, de examinar, com Szondi, por exemplo, como uma forma dramatúrgica é contradita e reapropriada

33. L. Jouvet, Tradition et traditions, *Témoignages sur le théâtre*, p. 165.
34. Antoine Vitez, Molière: vers une nouvelle tradition, *L'École et la Nation*, n. 287, p. 51. A oposição entre *clássico e tradição* é precisamente colocada em questão pelo pós-modernismo. "A oposição do moderno e do clássico não é cronológica. O clássico não é o velho. A modernidade é uma forma de tempo, como se diz, uma espécie de mesa ou maneira de pensar. Não consiste apenas numa atenção particular dirigida ao futuro mais do que à tradição". J.-F. Lyotard, *Tombeau de l'Intellectuel e autres papiers*, p. 71.
35. Cf. nosso estudo a propósito do *Jeu de l'amour et du hasard* (Jogo do Amor e da Sorte), encenada por Alfredo Arias, Une singerie postmoderne en trois bonds, David Trott; Nicole Boursier (eds.), *L'Âge du Théâtre en France*, p. 349-363.

pelo teatro expressionista ou épico. No entanto, e para a arte da encenação? O traço textual (indicações cênicas, *lazzis*, texto dos diálogos, descrição exterior dos acontecimentos cênicos) nada mais é do que um resíduo bem magro da representação, e quem quereria herdar de um resíduo? É, portanto, sem grande arrependimento que a encenação ou o teatro pós-modernos renunciam à herança textual e dramatúrgica, como que para assimilar melhor a tradição da interpretação, em particular o acontecimento único e efêmero da teatralização e da enunciação cênica, aquilo que Helga Finter chama de "as conquistas da prática teatral histórica":

> *Dieses Theater ist postmodern, insofern es die Errungenschaften historischer theatralischer Praxis nicht negierend im Namen blinder Fortschriftgläubigkeit und eines Ursprungsmythos zerstört, wie dies noch bei der historischen Avantgarde der Fall war, sondern die Konstituenten des Theatralischen selbst in ihrer Zeichenhaftigkeit dramatisiert. Dieser Prozess der Negativität zerstört also nicht, sondern produziert in einer Bewegung der Dekonstruktion seinen eigenen Metadiskurs mit [...]*
>
> *Postmodernismus, verstanden als Dekonstruktionspraxis verhält sich gegenüber der historischen Tradition und dem eigenen Wirken semiotisch, d. h. seine Praktik generiert zugleich ihren eigenen Metadiskurs mit, indem sie auf die Unendlichkeit des Zeichens öffnet und die Bedingungen seines Wirkens erfahrbach macht.*

Este teatro é pós-moderno na medida em que não destrói, ao negá-las em nome de uma crença cega no progresso e de um mito das origens, as conquistas da prática teatral histórica, como inclusive se deu no caso da vanguarda histórica, mas na qual ele dramatiza os constituintes da teatralidade na sua dimensão de signo. Este processo de negatividade, portanto, não destrói, porém ao contrário produz, num movimento de desconstrução, o seu próprio metadiscurso [...]

O pós-modernismo, concebido como prática de desconstrução, comporta-se, face à tradição histórica, e na sua própria atividade, de maneira semiótica, ou seja, a sua prática gera ao mesmo tempo o seu próprio metadiscurso, ao se abrir na infinidade do signo e ao tornar legíveis as condições de sua atividade[36].

Vê-se toda a diferença entre as vanguardas históricas (o modernismo) e o pós-modernismo: este último não aprova mais a necessidade de negar uma dramaturgia ou uma concepção de mundo (como o fazia ainda o teatro do absurdo, por exemplo); ele se dedica a efetuar a sua própria desconstrução como método para inscrever-se, não mais numa tradição temática ou formal, mas na autorreflexão, no comentário de sua enunciação e, assim sendo, no seu próprio funcionamento; como se todos os conteúdos e formas não mais tivessem qualquer importância aos olhos da consciência do funcionamento, da enunciação, da "ordem do discurso" dos artistas ("Die Redeweise der Künstler", como diz Adorno)[37].

---

36. H. Finter, Das Kameraauge des postmodernen Theaters, em Ch. W. Thomsen (ed.), *Studien zur Ästhetik des Gegenwartstheaters*, p. 47 e 67.

37. T. W. Adorno, *Ästhetische Theorie*, p. 236; tradução francesa p. 210.

Dessa forma, não obstante a incoerência temática dos enunciados, a *Obra* pós-moderna mantém a coerência de sua enunciação, muitas vezes, inclusive, uma grande simplicidade, na verdade uma ingenuidade, de seu princípio organizador, um princípio de harmonia que organiza a obra "pelo menos no ponto de fuga"[38]. Disso decorre a impressão que temos sobre muito texto pós-moderno, ou sobre várias encenações: de ser apenas um jogo formal de variações que não mais incitam nem o sentido nem a ideologia, essa fermentação da modernidade sobre si mesma que produz a clausura do pós-moderno, o fato de que o pós-modernismo nega qualquer ideia de mudança e progresso[39].

Esse processo de contemplação narcísica[40] da obra de arte pós-moderna, que a isola orgulhosamente de qualquer influência ou herança dos conteúdos, ao reduzi-la à consciência do seu próprio mecanismo homeostático, não é apenas a marca das obras criadas para significar esse mecanismo (como no espetáculo de Robert Wilson, *I Was Sitting on My Patio...* (Eu Estava Sentado no Meu Pátio), ou na sua recente encenação do *Hamletmaschine* (Hamletmáquina), de Heiner Müller): ele é frequentemente retomado na encenação de obras clássicas. Assim, na *Berenice*, de Vitez, em 1980, no Théâtre des Amandiers, a cenografia de Claude Lemaire indica a reflexão do teatro sobre si mesmo, ao colocar sobre a grande cena uma segunda cena em que se representam algumas ações. Por vezes, é o autor quem, como no *Britannicus* dos mesmos Racine/Vitez, cita-se a si próprio, dá piscadas d'olhos, empurra ao máximo da "ironia barroca" (Barthes) a ênfase e o patético das situações. Em todos esses casos, é justamente a enunciação que está consciente de si mesma, a ponto de fazer sentido e de explorar o enunciado da fábula e o desenrolar dos motivos.

A relação do teatro ou da encenação pós-modernos com a herança clássica não passa, portanto, pela tomada ou pela rejeição de uma temática, porém pela invenção de outro tipo de relação que poderíamos comparar com a memória do computador. Esse teatro pós-moderno, com efeito, é por assim dizer capaz de armazenar, de colocar na memória essas referências culturais que se reduzem, muitas vezes, a informações banais e repetitivas (linguagem da publicidade, da ideologia, da conversação corrente). Esta colocação na memória efetua-se através da repetição de *patterns* (padrões) sintáticos, como no *Kaspar*, de Peter Handke, ou na *Goldene Fenster* (Janela Dourada), de Bob Wilson, por meio das retomadas de frases (Wilson: *Eu Estava Sentado no Meu Pátio*), ou por meio de ações (encenação do *Hamletmáquina*, de Müller por Wilson). Qualquer nova informação é ime-

---

38. Idem, ibidem.
39. A ligação com a problemática tradição/modernidade está claramente estabelecida por Baudrillard no seu artigo "Modernité", da *Encyclopedia Universalis*. Cf. mais abaixo a citação.
40. Cf. sobre este tema L. Hutcheon, *Narcissistic Narrative*.

diatamente comparável àquelas fórmulas rapidamente colocadas na memória e disponíveis a qualquer momento. A este fenômeno de memória muito rápida, porém muito curta, que substitui as alusões culturais da obra clássica com uma herança muito pesada, acrescenta-se o da recusa da notação à vista de uma conversação ou de uma repetição da representação. Segundo Adorno, a ideia de duração das obras testemunha uma concepção burguesa de propriedade, sendo ela mesma tão efêmera quanto a época burguesa, bem como sendo totalmente estranha a determinados períodos e a grandes produções.

*Von Beethoven wird überliefert, er habe beim Abschluss der Apassionata gesagt, diese Sonate werde noch nach zehn Jahren gespielt werden. Die Konzeption Stokhausens, elektronische Werke, die nicht im herkömmlichen Sinn notiert sind, sondern sogleich in ihrem Material "realisiert" werden, könnten mit diesem ausgelöscht werden, ist grossartig als die einer Kunst vom emphatischen Anspruch, die doch bereit wäre, sich wegzuwerfen.*

Ao terminar a *Apassionata*, Beethoven teria dito que esta sonata seria ainda interpretada dez anos depois. A concepção de Stockhausen segundo a qual as obras eletrônicas, não transcritas no sentido tradicional, são também "realizadas" na sua documentação e são suscetíveis de desaparecer com ele, é prodigiosa como concepção de uma arte de pretensão enfática que, contudo, estaria prestes a se perder[41].

A música de Stockhausen, assim como o teatro de Wilson não são, com efeito, nem notáveis e nem respeitáveis. A única memória que se pode conservar é a das percepções mais ou menos distraídas do espectador ou o sistema mais ou menos coerente e rigoroso de suas repetições ou alusões. A obra, uma vez "performada", desaparece para sempre. Paradoxalmente, é na era da reprodução mecânica quase que perfeita de qualquer fenômeno técnico que se toma consciência de que o teatro é efêmero, de que ele não pode ser reproduzido e que seria inútil querer gravá-lo para repeti-lo. Não somente esse teatro não herda senão informações tolas, espalhadas ao longo da temporada pelas mídias, ou a banalidade dos discursos cotidianos, mas também não pretenderia, ele próprio, sujeitar-se a um empréstimo, a uma filiação ou a uma herança. Ele tem uma memória implacável, se bem que muito curta.

Falamos do fato dessa ruptura do cordão umbilical da obra com uma tradição ou uma herança do fim da história, do "fim do humanismo" – como diz Schechner[42] –, ou ainda do fim do homem que, segundo a visão de Foucault, "se esfacelaria como, no limite do mar, uma visão de areia"[43]. É certo que o homem que aparece nos textos de Samuel Beckett, Peter Handke, Botho Strauss, Heiner Müller ou Michel Vinaver perdeu, por assim dizer, a sua identidade ou pelo menos os seus contornos. O homem não é mais o indivíduo inscrito na história ou historicizado por um

---

41. T. W. Adorno, *Ästhetische Theorie*, p. 265; tradução francesa, p. 236.
42. R. Schechner, *The End of Humanism*.
43. M. Foucault, *Les mots et les choses*, p. 398.

tratamento cênico radical, por uma explicação sócio-histórica que regula todos os problemas. Antes de tudo, ele não é mais um número, uma cifra, um ser alienado ou de comportamento absurdo – como no teatro do mesmo nome. Ele teria, antes de mais nada, se transformado num portador/permutador de discursos, uma máquina que recita o texto e não está mais submetido ao verossimilhante de uma situação dramática.

Esse esfacelamento do personagem, da herança, da memória, não acarreta, tanto quanto poderiam fazer crer os *slogans* "pós-estruturalistas" mal compreendidos, um fim do homem, mas, apesar de tudo isso – não sabemos se é muito melhor –, uma avalanche de discursos que não pretendem mais estar ligados a uma ação visível no mundo, uma herança que despenca nos herdeiros sem que possam ter a escolha de aceitá-la, de recusá-la ou de fazer uma escolha.

## TRADIÇÃO, MODERNIDADE, PÓS-MODERNISMO

Não se fica à vontade – acabamos de ver – em situar temporal e/ou logicamente as noções de tradição/modernidade/pós-modernismo. A fronteira é tanto mais fluida quanto o pós-moderno parece elaborar-se sobre a impossibilidade mesma de continuar a opor tradição e modernidade, tornando-se, de acordo com Baudrillard, uma "cultura do quotidiano": "A tradição vivia de continuidade e transcendência real. A modernidade, após ter inaugurado a ruptura e a descontinuidade, fechou-se novamente num novo ciclo. Ela perdeu o impulso ideológico da razão e do progresso e se confunde, mais e mais, com o jogo normal da mudança"[44].

### Despolitização

A crer-se em Baudrillard, a modernidade degenerou, portanto, em pós-modernidade por meio de uma espécie de usura natural. De onde a sua imagem de concepção despolitizada, realmente reacionária da arte[45].

---

44. J. Baudrillard, Modernité, *Encyclopedia Universalis*, v. 12, p. 426.

45. Lyotard em *Le postmodernisme expliqué aux enfants*, coloca igualmente em dúvida a noção de progresso contida na palavra *pós-moderno*, visto que a noção o recusa: "Esta ideia de cronologia linear é perfeitamente 'moderna'. Ela pertence ao mesmo tempo ao cristianismo, ao cartesianismo, ao jacobinismo: visto que inauguramos qualquer coisa de completamente novo, devemos então recolocar os ponteiros do relógio no zero. A própria ideia de modernidade está estreitamente correlacionada com o princípio de que é possível e necessário romper com a tradição e instaurar uma maneira de viver e de pensar absolutamente nova. Hoje nós suspeitamos de que essa 'ruptura' é mais do que uma maneira de esquecer ou de reprimir o passado, quer dizer repeti-lo, ao invés de ultrapassá-lo" (p. 120-121). "'O pós-' do 'pós-moderno' não significa um movimento de *come back*, de *flash-back*, de *feed-back*, ou seja, de repetição, porém um processo em 'ana-', um processo de análise, de anamnese, de anagogia e de anamorfose, que elabora um 'esquecimento inicial'", p. 126.

De acordo com Habermas⁴⁶, o pós-modernismo estaria ligado a um retorno de neoconservadores, a uma reação sensível, nos anos de 1970 e de 1980, a um movimento de recuo ideológico ou de despolitização, àquilo que Michel Vinaver chamou do fim da "tirania das ideologias que marcou os anos do pós-guerra"⁴⁷. Não se pode negar esse recuo político, essa recusa em se colocar, como nos anos de 1950 e de 1960, as questões em termos de contradições sociais, a dificuldade do marxismo, filosofia outrora dominante da *intelligentsia*, em regenerar-se para superar os *slogans* dos partidos irmãos do Estado, as senhas oportunistas e apressadas dos partidos comunistas ocidentais, a perda de confiança dos intelectuais, por muito tempo tidos como negligenciáveis e desprezados tanto à direita quanto à esquerda. Disso resultou uma "nova filosofia" muito mais desabusada e cínica, especializada – um pouco como o discurso pós-moderno – na análise dos frios mecanismos do poder e do funcionamento da sociedade. Disso decorre a extrema desconfiança face a todas as heranças, particularmente as do marxismo, e a fascinação pela manipulação textual e pela desconstrução de qualquer obra, clássica ou moderna. O pós-modernismo abstém-se de qualquer radicalidade e de qualquer negação; pilha estilos precedentes para deles extrair o que lhe convém no momento; recusa aquilo que rotula de unilateralidade de uma leitura ou o discurso monolítico de uma encenação; relativiza qualquer interpretação, propõe pistas de sentido que se contradizem ou se neutralizam. "Ao despedir o moderno, o pós-moderno decreta a extinção dos problemas"⁴⁸. Glorifica a indiferenciação das linguagens ou das produções culturais.

*Coerência e Totalidade*

A desconfiança frente à obra de arte como totalidade não data do pós-modernismo: a teoria épica brechtiana já constatava que "Não há nada mais inquietante do que romper com o hábito de considerar um espetáculo artístico como um todo"⁴⁹. Contudo, a colocação em prática dessa fragmentação não foi realizada, a não ser quando se criou o hábito de recentrar a obra, de completá-la; de fundamentá-la sobre a ilusão de totalidade. Únicas obras repetitivas ou fragmentárias do muito que deverá surgir (as diferentes partes da Ópera de Robert Wilson, *Civil Wars* (Guerras Civis), por exemplo), são fortes demais para resistir à

46. J. Habermas, Modernity *versus* Postmodernity, *New German Critique*, n. 22, p. 13-14.
47. M. Vinaver, Sur la pathologie de la relation auter-metteur en scène, *L'annuel du théâtre*.
48. J.-F. Lyotard, Du bon usage du postmoderne, *Magazine litteraire* n. 239-240, p. 96.
49. B. Brecht, Effets de distanciation dans l'art dramatique chinois, *Écrits sur le théâtre*, v. 1, p. 591, .

vontade de totalização e reunificação. Com efeito, nada mais parece ser capaz de integrar a obra como um todo, tão profundo é, para o pós-modernismo, aquilo que Lyotard chama "a incredibilidade com relação às meta-narrativas"[50]. O fim da totalidade não exclui, todavia, a exigência de coerência que em princípio a reintroduz e instaura.

À aparente incoerência do objeto teatral pós-moderno opõe-se, com efeito, uma coerência do seu modo de funcionamento e de sua recepção. A coerência não diz mais respeito ao modo de fabricação ou à gênese da obra, que estariam ligadas a um autor individual: ele se situa no nível da experiência estética e da recepção e de sua lei formal[51]. O fazer, o processo de sua fabricação, depois a sua recepção, ultrapassam sempre a obra. É por isso que em Brecht – o qual se detém nos umbrais do pós-modernismo – a fabricação e o processo ainda são dados em função do fabricado, do sentido a ser produzido; depois dele, em Beckett, por exemplo, o fazer e a enunciação são um significante irredutível a um significado, a uma tese. E trata-se, sobretudo, de partir da experiência estética do receptor: "a experiência especificamente estética, o fato de perder-se nas obras de arte, não se preocupa com a sua gênese"[52].

*Contaminação da Prática pela Teoria*

Para apreciar a obra – à falta de apreendê-la e explicá-la – trata-se, portanto, de compreender o seu funcionamento. Do que se segue o caráter sistemático, conceitual e abstrato de muitas dessas obras de arte. A teoria desborda da prática, torna-se difícil separar ou distinguir o dispositivo de produção-recepção do trabalho hermenêutico do espectador. Essa arte pós-moderna utiliza e reinveste a teoria e o processo de produção de sentido em todos os momentos e lugares da encenação. O texto e a encenação transformam-se na aposta de uma prática significante, ao se abrir para uma série de pistas que se contradizem, se recortam, afastam-se do novo, recusam-se a uma significação central ou global. A pluralidade de leituras é garantida pela dos enunciadores (ator, música, ritmo global da apresentação dos sistemas de signos), por meio da ausência ou da mobilidade da hierarquia entre os sistemas cênicos, por meio da insistência no polo da recepção e da "criatividade" do leitor[53]. Adivinha-se aqui o quanto a

---

50. J.-F. Lyotard, *La condition postmoderne*, p. 7.
51. T. W. Adorno, *Ästhetische Theorie*, p. 267; tradução Francesa, p. 258.
52. Idem, ibidem.
53. "A partir de um ponto de vista comunicacional, o modernismo parece enfatizar a relação entre a sensibilidade criativa e o trabalho artístico, entre o remetente e a mensagem, algo que o pós-modernismo faz entre mensagem e destinatário". G. Hoffmann; A. Hornung; R. Knunow, "Modern", "Postmodern" and "Contemporary" as criteria for the analysis of 20th Century Literature, *Amerikastudien*, n. 22, p. 40.

teoria do texto e do ritmo[54] influem na prática cênica; é exatamente a decisão teórica de partir de um esquema rítmico, vocal, entonativo, coreográfico, que dá o seu sentido prático ao texto dramático e/ou à representação. A teoria não se nutre mais de uma prática, preliminar e incontestada: ela gera essa prática. O teatro pós-moderno eleva a teoria à classificação de uma atividade lúdica, propõe como única herança a faculdade de re-interpretar (*re-play*) o passado ao invés de pretender assimilá-lo recriando-o.

---

54. P. Pavis, Rythme, *Dictionnaire du théâtre*, p. 309-312. (Ritmo, *Dicionário de Teatro*, p. 342-345).

# 5. "Mal-Estar na Civilização": A Representação da Catástrofe no Teatro Franco-Alemão Contemporâneo*

Já que estamos reunidos aqui num colóquio franco-alemão, e já que muitas pessoas – ou a maioria – não aprende a língua um do outro, como reação – na verdade, como provocação –, vamos nos esforçar para comparar autores e textos contemporâneos franceses e alemães. Temos a oportunidade de contar, entre os convidados, com dois de nossos mais importantes autores teatrais, Michel Vinaver e Harald Mueller: vamos confrontá-los, ou mais precisamente, vamos confrontar a sua obra! Se tudo parece separá-los na escritura, é curioso observar como em *L'ordinaire* (O Ordinário, 1982) e em *Totenfloss* (A Jangada da Morte, 1985)[1], ambos tratam da catástrofe e daquilo que Freud chamou o mal-estar na civilização (*Unbehagen in der Kultur*)[2]. Completemos esta comparação a fim de melhor apreender os efeitos de paralelismo e diferença e de nuançar a imagem da catástrofe, por meio de dois autores e duas peças que situam o mal-estar na procura do outro ou de si mesmo: *Dans la solitude des champs de coton* (Na Solidão dos Campos de Algodão, 1986), de Bernard-Marie Koltès, e

---

* Théâtre contemporain en Allemagne et en France, Colóquio Internacional, organizado por Wilfried Floeck, Johannes Gutenberg-Universidade de Mainz, 28 abr./ 1º maio 1988. Texto publicado em *Zeitgenössisches Theater in Deutschland und Frankreich*, Wilfried Floeck (ed.), Tübingen: Francke Verlag, 1989.

1. Citamos de acordo com as edições das quatro peças indicadas na bibliografia – os números das páginas citados referem-se a essas edições.

2. S. Freud, *Unbehagen in der Kultur*; tradução francesa: *Malaise dans la civilisation*.

*Bildbeschreibung* (Descrição de Imagem), de Heiner Müller (sendo que Heiner Müller, aliás, traduziu *Quai Ouest* (Cais Oeste), de Koltès, sendo ele próprio traduzido por Jean Jourdheuil, que deu em 1986, com Jean-François Peyret uma excelente encenação de *Paysage sous surveillance* [Paisagem sob Vigilância]). Com estas quatro obras, e quaisquer que sejam as suas incomensuráveis diferenças, examinaremos de que modo a catástrofe é reveladora de um mal-estar cultural que cada dramaturgo identifica e reinterpreta à sua maneira, com sua própria escritura, contribuindo assim para uma releitura do mito clássico e para sua reescritura através da mitologia pós-moderna.

## CATÁSTROFE

Melhor ainda do que a crise, a catástrofe, visto ser inesperada, devastadora e generalizada, põe a nu as falhas e fraquezas de uma sociedade e de uma cultura; no entanto, dessa forma ela revela sua vitalidade e sua chance de sobreviver. Ingrediente frequente do filme hollywoodiano de grande espetáculo, a catástrofe é mais raramente representada no teatro, onde de imediato aparece desajeitada e muito fabricada, irreal e mal centrada nos conflitos individuais dos personagens. O mais comum é nos apercebermos apenas de suas consequências em *A Jangada da Morte* e em *O Ordinário*, ou mais metaforicamente, a catástrofe individual da solidão humana (Koltès) ou o fantasma do assassinato e da ressurreição (Heiner Müller).

a) *A Jangada da Morte* tenta escapar de uma catástrofe nuclear, química ou epidêmica que destruiu quase toda a humanidade, não deixando mais do que quatro sobreviventes degenerados. De onde vem a destruição? Nada é dito sobre as suas causas profundas, a humanidade inteira parece ser a responsável por suas desgraças, como se a profecia de Freud se realizasse plenamente: "A questão do destino da espécie humana parece-me colocar-se assim: o progresso da civilização saberá, e nesse caso em que medida, dominar as perturbações advindas da vida comum pelas pulsões humanas da agressão e da autodestruição?"[3]. Em *A Jangada da Morte* a destruição está quase terminada: mais nenhuma tendência civilizadora pode-se-lhe contrapor. A peça multiplica os indícios e os efeitos terrificantes dessa morte rasteira e da contaminação de corpos e espíritos: o efeito no espectador foi pressuposto como catártico, ele deve sentir o sofrimento e a deformação dos corpos e corações de Checker, Bjuti, Kuckuck e de Ithai. O mundo conhece os seus últimos sobressaltos, o desastre é pintura mais verdadeira do que a natureza, que deve fazer a humanidade refletir.

---

3. *Malaise dans la civilisation*, p. 107.

A catástrofe é sugerida e vivenciada de maneira direta e física com um *páthos* neo-schilleriano, que multiplica e magnifica as manifestações de terror e horror. Ao invés de um diagnóstico frio ou de um comentário distante, a peça fornece um testemunho não-distanciado do mal absoluto, o mal de sobreviver, da contaminação e da asfixia das quais as *medias*, a golpes de reportagens sobre Tchernobil, Sandoz ou a AIDS, nos inundam abundamente. Permanecemos na mesma tonalidade do catastrofismo devastador e da lamentação elegíaca sobre a pureza do mundo antigo.

b) Nada disso em *O Ordinário*: a catástrofe aérea não é mostrada, porém sugerida pelo despacho que cai sobre o teletipista[4] para anunciar o fim das buscas do avião. Nenhum catastrofismo, nenhum pânico, nenhuma emoção fácil no decorrer dessa passagem "dos cumes da indústria de construção para os cumes da Cordilheira dos Andes"[5]. A natureza hostil – montanha, neve, frio, distanciamento – é como que colocada entre parêntesis. Os viajantes parecem negar o seu papel na "mudança de regime", como se a única coisa importante fosse a continuação da empresa Housies e a organização hierárquica do grupo. De início, eles excluem qualquer retorno à natureza, qualquer retorno em direção a uma organização primitiva, qualquer retomada em questão de seus hábitos culturais. A catástrofe é *ordinária* naquilo em que não dá lugar a nada de espetacular e que os dirigentes da Housies não mudam nem de atitude, nem de sentimentos e nem de conversação, e somente o regime alimentar, visto que se limitam a reunir-se para o plano de sobrevivência e alimentação, é o roteiro que interpretam desde sempre. A mais terrível das catástrofes, e depois a passagem à antropofagia, são absorvidas e desdramatizadas pela banalidade da "reestruturação" do organograma. A catástrofe, em suma, não tem nada de catastrófico. Ela permite ao menos mudar alguns hábitos, não é mais do que um acidente de percurso sem importância, jamais ameaça a existência da multinacional, que elimina todos os obstáculos à sua adaptação e assegura o revezamento na pessoa do vice-presidente sênior, encarregado da administração e das finanças[6]. O desfalecimento mecânico ou humano não leva jamais prejuízo ao espírito empresarial e, como diria Heiner Müller, "gehört die fehlbare Aufsicht zum Plan" (a perda de controle faz parte do plano)[7].

c) O fato é que em Heiner Müller não temos mais o sentimento de que a catástrofe figurada por este quadro – meticulosamente descrito

---

4. M. Vinaver, *L'ordinaire*, p. 27.
5. Idem, quarta capa.
6. Idem, p. 20.
7. *Bildbeschreibung Shakespeare Factory 1*, p. 14; tradução francesa, *Paysage sous surveillance*, p. 33.

por um narrador antes de mais nada obsessivo – ameaça a ordem do mundo e, acima de tudo, que ultrapasse a projeção mental e a paisagem imaginária do (des)escriturário. Esta "paisagem para além da morte" (*Landschaft jenseits des Todes*) representa uma ação violenta, enfocando um homem e uma mulher presos por um pássaro de bico ameaçador e empenhados em "Ein Mord vielleicht, oder ein wilder Geschlechtsakt, oder beides in einem" (um assassinato possível, ou um coito brutal, ou os dois ao mesmo tempo)[8]. Tudo é conflito nesse estado paroxístico do quadro: guerra de sexos, do homem e do animal, dos *mim* e das vozes. A paisagem, na verdade, está devastada como depois de uma catástrofe natural ou de uma explosão nuclear, na qual "Die SONNE, villeicht eine Vielzahl von SONNEN verbrennt" (o SOL, quem sabe uma multitude de SÓIS, queima [a grama] )[9]. Porém, essa paisagem é paulatinamente interiorizada e assimilada pelo olhar da descrição, torna-se a projeção fantasmática do narrador, que não parou de "IM SPIEGEL WOHNEN" (ficar parado no espelho)[10] e que se reconhece no homem, na mulher e no pássaro. A catástrofe e o mundo exterior nada mais são do que uma miragem de um referente imaginário que o narrador imagina-se descrevendo a partir de um quadro pré-existente na escritura; eles acabam por não ser apenas a paisagem mental de um ser sexualmente indiferenciado, homem ou mulher, carrasco ou vítima, pássaro "der mit der Schrift seines Schnabels dem Mörder den Weg in die Nacht zeigt" (que da escritura do seu bico mostra ao assassino o caminho na noite)[11]. O mundo caótico a ser descrito não pode ser subjugado e reduzido a não ser pelo ato igualmente culpabilizante e desculpabilizante da escritura. A descrição tem tudo a ver com a identificação da escritura. A descrição tem tudo a ver com a identificação dos personagens, uma função catártica: o narrador não pode desembaraçar-se da catástrofe e da culpabilidade dos sobreviventes com relação aos mortos; ele teme que os mortos não ressuscitem para se vingar dos vivos.

d) A mesma redução da catástrofe ao sentimento individual ocorre na peça de Koltès, que situa metaforicamente e por antífrase "na solidão dos campos de algodão". Não se trata de uma catástrofe que destrói o mundo ou a humanidade. A catástrofe seria, antes, a trágica ausência de conflito entre os homens, a indiferença, o medo de dizer ao outro o seu desejo, bem como a recusa, quando dois homens se cruzam, "de se chocarem, com a violência do inimigo ou a doçura da fraternidade"[12]. Qualquer que seja a dimensão da catástrofe, quer

---

8. Idem, p. 10; tradução francesa, p. 28.
9. Idem, p. 11; tradução francesa, p. 30.
10. Idem, p. 14; tradução francesa, p. 33.
11. Idem, ibidem.
12. *Dans la solitude des champs de coton*, p. 47-48.

seja espetacular (Harald Mueller) ou assimilada à ausência de desejo (Koltès), ela nada mais será do que a revelação de uma profunda crise da cultura e da sociedade.

## CULTURA E HISTÓRIA

a) Em *A Jangada da Morte*, toda a cultura humana parece ter sido eliminada: resta apenas uma cultura depravada e hostil e quatro sobreviventes, que não estão ligados ao passado senão por vagas lembranças, sonhos, um desejo de retorno a uma zona descontaminada e a uma idade de ouro. A cultura enquanto transmissão da experiência humana não existe mais a não ser na condição de traços: não é mais do que lembrança da natureza intacta, tal como o assobio dos pássaros imitado por Kuckuck[13] ou o lirismo desusado de Biuty. Os seus valores são recusados pelos homens do poder, os controladores da radioatividade (Checker) ou os funcionários da interdição (Ithai). A erradicação da cultura é sensível pelo fato de que a sobrevivência da espécie humana não é considerada senão como processo físico e individual, como faculdade de resistir à poluição, e não como uma resistência cultural do grupo. A contaminação, assim como a morte, é rasteira; atinge todo mundo, ou aquilo que resta dele, tanto os corpos como os espíritos. Ela destrói a própria ideia de diálogo e de democracia. Ela desarma e despolitiza a humanidade, reduzida a quatro lamentáveis casos de figura. A cultura não sobrevive a si própria senão pela angústia da morte. O mal-estar não mais está na civilização (como no caso de Freud). Estamos na pós-civilização, se for possível conceber de maneira clássica, com Freud por exemplo, a evolução da civilização (*Kultur*) como "a luta entre Eros e a morte, entre o instinto de vida e o instinto de destruição"[14]. Os personagens perderam qualquer "angústia diante do superego", ficando claro que não há mais valores controlados por um superego ou uma autoridade: eles são vítimas de uma catástrofe pela qual ninguém é responsável (*Warum habt ihrs gemacht?* [Por que vós o fizestes?]: a questão de Ithai permanece sem resposta)[15].

Situada em 2050, numa utopia à maneira de Orwell, ao mesmo tempo distante e ancorada na história, a peça nega qualquer desenvolvimento histórico, como se a inscrição numa sociedade e numa época dadas tivesse se tornado impossível pela catástrofe, que ao destruir a natureza anulou também qualquer pretensão a uma civilização e a um desenvolvimento histórico. Estamos num final dos tempos (*Endzeit*), numa pós-história que se assemelha muito, atualmente, a uma pré-história, da qual é impossível fugir. E, no entanto, o fim da odisseia

---

13. *Le radeau des morts*, p. 35.
14. S. Freud, op. cit., p. 78.
15. *Le radeau des morts*, p. 112

permanece em aberto: ela desemboca no mar aberto no qual o casal e a criança são deixados à deriva, na possibilidade de um resgate *in extremis* da humanidade. Retorno que não é imprevisível, visto que a cultura não tem mais força para encontrar uma proteção política e ideológica para a catástrofe que, à falta de solução nuançada, inverte-se num otimismo de última hora, numa tese e peça positiva que, como na moralidade medieval ou na *Lehrstück* (peça didática), encontra uma conclusão otimista.

b) A mesma esperança de resgate distingue a última sequência de *O Ordinário*: Sue e Ed, os dois únicos sãos e salvos, deixam finalmente a carlinga do avião à procura da planície que os faria retornar à civilização. Porém, exatamente aqui está o ponto em comum com *A Jangada da Morte*, visto que a peça de Vinaver mostra justamente o oposto de uma destruição natural e cultural. "De um lugar alto a outro", e qualquer que seja a "mudança de paisagem" e a "mudança de regime", a conversação continua e a empresa reestrutura-se sem cessar tanto nos discursos quanto na configuração dos sobreviventes. A cultura empresarial, com seus estereótipos, seus pedaços de bravura, suas condutas codificadas e seus discursos estereotipados, seus hábitos mentais, jamais é ameaçada pelo acidente: não é exacerbada senão pela necessidade de continuar a gestão do mundo e das reservas alimentares dos sãos e salvos. A neurose de reestruturação e devoração nada mais é do que uma prova suplementar do efeito civilizatório dessa cultura ambiente, pois, para perguntar com Freud, "a maior parte das civilizações ou das épocas culturais – até talvez a humanidade inteira –, não se tornaram 'neurotizadas' sob a influência dos esforços da própria civilização?"[16]. A neurose dessa cultura empresarial incita a um tratamento homeopático do mal capitalista: ao se aumentar a dose de *slogans* e fantasmas de mutação ou reorganização do consórcio, os administradores transitam naturalmente de um regime alimentar (mas também matrimonial, político) a outro. Porém, o canibalismo nada tem a ver com um ato de barbárie: é a continuação natural da atividade capitalista e de sua necessidade de reorganização para uma atividade maior.

Portanto, esta cultura culinária de novo gênero nada mais é que uma resposta histórica concreta a uma situação nova. Nada tem a ver com uma autodevoração artística, um rito de destruição ou um mito no qual Cronos seria constrangido a devorar seus filhos para sobreviver a qualquer preço. Permanece muito ligada, malgrado as aparências, a uma visão histórica da sociedade capitalista que ressurge fortificada e renovada por essa mudança de regime. Jamais entramos na pós-história, porém assistimos a uma lenta evolução dos espíritos a

---

16. Idem, p. 105.

despeito do canibalismo ambiente: Bob se desconsidera ao comentar furtos miúdos, Jack decide, exatamente antes de sua morte, separar-se da Housies[17]; Ed e Sue desapegam-se da fascinação pelo imobilismo e pela morte para partir à procura de uma planície[18]; são ao mesmo tempo microrreações que reintroduzem a história dos indivíduos e negam o fatalismo da catástrofe.

c) Inscrição semelhante do texto na história não existe nem em *Descrição de Imagem*, nem *Na Solidão dos Campos de Algodão*, como se Heiner Müller e Koltès começassem por recusar, inicialmente, qualquer mimetismo e mesmo qualquer referência ao real e à história.

Heiner Müller parte da contemplação de uma imagem ou um quadro, fazendo da pintura e da cultura a base incontornável de qualquer descrição (*Beschreibung*) e de qualquer escritura (*Schrift*)[19]. Situamo-nos desde o começo na arte e no cultural: trata-se apenas de comentar essa inscrição, de fazê-la o espelho de um discurso, de re-dizer através da escritura aquilo que é percebido pelo olhar do pintor. Esta "loucura de ver"[20], descrever, de percorrer a imagem, nos instala e nos mantém na linguagem e na cultura, faz da descrição e da citação o modo normal de qualquer enunciação. "Bildbeschreibung", escreve Heiner Müller à guisa de assinatura e modo de emprego, "kann als eine Übermalung der Alkestis gelesen werden, die das No-spiel Kumasaka, den 11. Gesang der Odyssee, Hitchcocks Vögel und Shakespeares STURM zitiert" (talvez lido como uma pintura recobrindo ALCESTE que cita o Nô KUMASAKA, o décimo-primeiro canto da ODISSEIA, os PÁSSAROS, de Hitchcock, e a TEMPESTADE, de Shakespeare)[21]. Essa abundância de citações esconde o objeto referencial – que jamais existiu, a não ser pelo desejo de representar do descrevente: é ao se des-crever que nos tornamos *escritor*, é ao nos desfazermos de um referencial, de um fantasma, de uma obsessão, que o texto é escrito migalha a migalha. Semelhante violência da escritura e da imagem descrita parece negar qualquer progresso histórico, qualquer efeito apaziguador da cultura. A história é vista, em Heiner Müller, como a história de um *trabalho* (ou seja, de um nascimento doloroso) e de um assassinato institucionalizado. O sentimento de culpa do narrador, sensível ao longo de todo o texto e especialmente na frase final, revela a consciência do desenvolvimento da civilização: quando nos lembramos que Freud apresenta "o sentimento de culpa como o problema capital do desenvolvimento

---

17. M. Vinaver, *L'ordinaire*, p. 109.
18. Idem, p. 120.
19. *Bildbeschreibung Shakespeare Factory 1*, p. 14.
20. Conforme o título do livro de Buci-Glucksmann, *La folie du voir*.
21. *Bildbeschreibung Shakespeare Factory 1*, p. 14

da civilização"²², compreendemos o fato de que o narrador luta para tornar a imagem "civilizada" e tornar o *visível, legível*, a saber, organizado em um sentido. Ao traduzir o fantasma da violência em um texto civilizado, o narrador admite a culpa e confirma, desse modo, a missão civilizadora, pacificadora e sublimadora da escritura, a qual se desenrola como cura psicanalítica e, mais precisamente, como autoanálise. A cultura é por natureza catastrófica: representa a morte, o assassínio, o coito, a ressurreição recusada; só o ato de escrever domestica o pássaro da desgraça, transforma o seu bico afiado e assassino numa pluma que desliza tranquilamente sobre o papel.

d) Ao desejo mülleriano de representação corresponde, em Koltès, o desejo de nominação: trata-se não tanto de representar ou apreender um desejo interdito, quanto de assumi-lo e nomeá-lo: ninguém, do cliente ao negociante, ousa dizer o objeto do desejo, da venda ou da compra. A cultura está bloqueada pelo fato de limitar-se à troca econômica, do "é dando que se recebe", que exclui por definição qualquer presente gratuito e, portanto, qualquer amor²³; estamos naquilo que Lyotard chama de uma agonística generalizada: "A dialética ou o dialógico não podem ter curso entre eles, somente o agonístico"²⁴. A forma extremamente correta e cultivada dos monólogos não saberia como fazer esquecer que os dois indivíduos recaíram num "individualismo indomado"²⁵, que ainda não foi controlado pelo desenvolvimento da civilização, individualismo no qual reina a lei do mais forte e, neste caso, concretamente, a lei econômica da oferta e da procura.

O efeito mimético de tal *comércio* está, na verdade, muito mais claro do que em *Descrição de Imagem*. As referências a uma cultura contemporânea da marginalidade, da droga e do negócio são legíveis, porém sempre por antífrase e ironia, visto que os dois marginais exprimem-se num francês digno de La Rochefoucault, com um senso de dialética à la Hegel. Como na descrição de Heiner Müller, o texto rejeita obstinadamente qualquer ancoragem histórica e social, como que para melhor dobrar-se no murmúrio incessante de sua enunciação e para melhor deixar admirar a sua arquitetura. O texto é construído como um tratado de argumentação: cada personagem expõe proporções abstratas e antitéticas das quais não sabemos se desembocarão numa resolução (*Aufhebung*) de tipo hegeliano, numa mudança verdadeira ou num conflito ("qual arma?")²⁶. Porém existe, no final das

---

22. S. Freud, op. cit., p. 93.
23. *Paysage sous surveillance*, p. 60.
24. J.-F. Lyotard, *Le postmoderne raconté aux enfants*, p. 164.
25. S. Freud, op. cit., p. 45.
26. *Paysage sous surveillance*, p. 61.

contas, um processo de aculturação: uma escuta, um reencontro e, talvez, um diálogo entre dois indivíduos.

O "mal-estar na civilização", quer seja coletivo ou individual, ligado a uma catástrofe exterior ou a um vazio interior a ser preenchido, assume assim, em cada um dos quatro dramaturgos, uma postura tanto original quanto mais forte, visto estar ligada a uma dramaturgia e a uma escritura específicas.

## DRAMATURGIA E ESCRITURA

a) Não obstante a enormidade da catástrofe e a estranheza da língua mutilada, a dramaturgia de *A Jangada da Morte* permanece muito clássica. A fábula é construída segundo o esquema de uma busca pela sobrevivência, de uma progressão dos perigos, um pouco à maneira de um "filme-catástrofe" que deve perpetuamente renovar e intensificar os seus efeitos. O ciclo dramático faz alternar depressão e esperança, degradação e melhoramento. Apesar da violência das relações humanas, há sempre um diálogo e uma troca entre os protagonistas, e isto não se daria senão porque seu destino e sua sobrevivência estão ligados à evolução dessa microssociedade que se reconstitui no casal Checker-Bjuti. Os personagens se parecem com grandes figuras estereotipadas: não se afligem com o detalhe, como se a contaminação, subtraindo-lhes grande parte dos seus meios linguísticos, não tivesse preservado senão traços os mais grosseiros de sua individualidade. Checker é o grande maldoso de coração terno; Bjuti a ingênua contaminada pós-sessenta e oito anos; Ithai representa uma humanidade média e sofredora; Kuckuck o amor romântico e desusado da natureza e dos pássaros. Tais personagens não são intercambiáveis: eles formam um modelo actancial compacto e congelado que controla o conjunto da intriga e dá a impressão de concentração aristotélica e imobilismo. Esse imobilismo apoia-se na perda do desejo e no congelamento do modelo actancial: os personagens não tem mais nenhuma "aspiração à felicidade" individual, nem qualquer "aspiração à união com os outros membros da comunidade"[27], nem, *a fortiori*, de conflitos interiores nos quais estas duas tendências se combateriam. Nessa estrutura dramática clássica, que poderia ser a de uma tragédia clássica, um drama burguês ou uma peça de bulevar, enxerta-se uma língua muito esgalhada, em parte inventada, em plena mutação consonântica, contaminada e atrofiada pelo desastre ecológico; escritura excessiva, enfática, afirmativa e patética, que procura dizer a catástrofe natural e o sofrimento físico e moral dos personagens. Violentada ou desusada, a língua tem necessidade de efeitos miméticos: supõe-se refletir a invasão de expressões americanas ou russas, a linguagem

27. S. Freud, op. cit., p. 101.

dos *punks*, a violência sexual, a língua funcional da alta tecnologia, a formalização química etc. Não obstante as deformações lexicais, resulta compreensível, tanto quanto o simbolismo da fábula, que faz da peça uma parábola bastante transparente sobre o futuro da humanidade. O discurso pretende ainda apreender e descrever o mundo; dar uma imagem possível de sua destruição; propõe implicitamente um remédio para a desgenerescência, reclamando para si um projeto de *Aufklärung* (Iluminismo) tal, que um filósofo como Habermas poderia, hoje, defendê-lo por oposição a projetos pós-modernos como aqueles de Lyotard ou Derrida, ou a obras como aquelas de Heiner Müller, Koltès ou até, sob alguns aspectos, a de Vinaver.

b) Em *O Ordinário*, com efeito, tem-se muito mais dificuldade de pinçar o subtexto ideológico da fábula. A intriga é também simples, como um menu turístico ordinário de classe econômica: os sobreviventes perecem, uns após outros, ao "comer-se" – literalmente – o nariz; qualquer esperança de resgate ou resolução dos conflitos é vã, somente a máquina de discursos continua a funcionar, mas "no vácuo". Neste anti"filme-catástrofe", o problema não é mais o de saber como os socorros irão chegar, porém de evadir-se através do discurso ao fazer-se e desfazer-se o organograma da multinacional Housies. Contam apenas as variações em torno desse esquema da eterna reestruturação e, acessoriamente, do desaparecimento regular dos resgatados. O humor negro e caricato, a frieza diabólica e a ironia mordaz do dramaturgo face aos atos de canibalismo arrastam-nos para bem longe do catastrofismo patético de Harald Mueller. Apesar da definição precisa de seu título, os personagens de *O Ordinário* são intercambiáveis; suas réplicas não ganham sentido senão pelo recorte, não reenviam mais necessariamente a um referente estável nem a um indivíduo ou a uma consciência unificada; à imagem do mundo, os personagens estão em mil pedaços, devem perpetuamente "dar um jeito em si", reenganchados uns nos outros, triturados como matéria verbal indiferenciada.

No lugar da escritura excessiva de Harald Mueller, encontramos em Vinaver uma escritura "negativa" da palavra cortada: é a escritura da divisão, do fragmento e do não-dito, que de início renuncia a uma visão global ou sistemática do mundo. O real não tem nada de extraordinário, mesmo nas circunstâncias as mais difíceis, continua a funcionar: quanto mais as situações possam parecer inabituais e impensáveis, mais são banalizadas pelo tom desdramatizado dos personagens e pelo ritual banalizado da interdevoração. Parece que, para apreender o real, a escritura deve sobrecarregá-lo, enxovalhá-lo com as fórmulas estereotipadas do jargão tecnocrático, tratá-lo com doses homeopáticas. E se o texto que dele resulta é, não obstante, compreensível, o é somente num segundo grau por meio do recorte de diversos pedaços e graças à ironia que, à maneira de Tchékhov, organiza todo o dispositivo das situações e réplicas.

Uma ironia parecida caracteriza *Descrição de Imagem* e *Na Solidão dos Campos de Algodão*, porém, ainda desta vez, a dramaturgia e a escritura são radicalmente diferentes. Elas estão centradas na questão da identidade individual, quer seja de si mesmo em Heiner Müller ou seja a do outro em Koltès.

c) Em Heiner Müller, não há que se falar propriamente de personagem de teatro que pronuncia um monólogo ou diálogo, porém de um texto que é como uma descrição objetiva, na qual o narrador somente emerge no fim do percurso sob a forma hipotética de uma tripla questão: "ist der Mann ICH, [...] ICH die Frau [...] ICH der Vogel"(O homem [...] sou EU [...], EU a mulher [...], EU o pássaro)[28]. Um EU se busca, portanto, naquilo que se compreende retrospectivamente: como numa intriga policial, ele foi este personagem ou esta coisa que "WER ODER WAS fragt nach dem BILD" (se inquieta com a imagem)[29]. A imagem descrita focaliza três actantes, ou antes, tanto o narrador como o texto estouram em três objetos e três pontos de vista. A única frase paratática é a "Explosion einer Erinnerung in einer abgestorbenen dramatischen Struktur" (explosão de uma lembrança numa estrutura dramática morta)[30]. Essa explosão da imagem substitui a fábula e o enunciado; a descrição, gênero estático e supostamente objetivo, acaba por dramatizar-se e subjetivar-se a partir do momento em que o seu autor emerge enquanto sujeito de um monólogo interior, no qual se coloca a si mesmo em cena sob os traços contrastados e intercambiáveis do homem e da mulher ("Der Mord ist ein Geschlechtertausch")[31], sob o olhar e a arbitragem do pássaro e pela "mit der Schrift seines Schnabels" (escritura de seu bico). É a emergência de um eu, porém de um eu separado – *zerstreut*, tal como o olhar do descritor, isto é, relegado a uma atenção ao mesmo tempo flutuante e dispersa na imagem, como corpo fragmentado que é disseminado no espaço e no tempo.

Voltamos, assim, não obstante às aparências, ao conflito, ao diálogo e à dialética de um texto dramático, não mais no plano dos enunciados e dos personagens, mas no da enunciação e do conflito entre sujeito descritor e objeto descrito: torna-se difícil distinguir o que pertence ao sujeito que olha e aquele que faz parte do objeto olhado. Igualmente, a ação cênica que acompanha a recitação desse texto é arbitrária ("die

---

28. *Bildbeschreibung Shakespeare Factory 1*, p. 14; tradução francesa, *Paysage sous surveillance*, p. 33
29. Idem, ibidem.
30. Idem, Ibidem.
31. Idem, ibidem.

Handlung ist beliebig")[32], estamos numa "dramaturgia pós-dramática"[33], porém muito mais também numa dramaturgia "pré-dramática", pois, tal como a tragédia grega nos seus inícios, ela ainda não tem os seus personagens destacados para situar dramaticamente seus conflitos.

Tanto quanto de dramaturgia, seria preciso falar aqui de uma escritura que brinca, desde o começo, para não ser mais do que um exercício escolar de descrição de imagem, que os pequenos alemães conhecem bem. Sempre legível e visível em cada um de seus componentes, o acúmulo de detalhes, imagens e metáforas acaba por tornar o quadro inimaginável na sua totalidade. A fábula metalinguística dessa experiência muito curiosa é que a escritura não cria ou não descreve um referente pré-existente, porém dá a ilusão, em meio aos seus processos alusivos, de que apelam ao fantasma, à *Darstellbarkeit* freudiana (a representabilidade). A escritura falsamente objetiva da descrição nada mais é do que a criação imaginária do sujeito da enunciação, o qual termina sempre por deixar transparecer o seu ponto de vista e a sua identidade. A escritura, tal como o pássaro de bico afiado, trai tanto o artista quanto o leitor, seja na sua visão, seja na sua expressão. Tanto quanto possível, ela culmina no oximoro final em que o eu se identifica com os dois elementos em contradição – "ICH der gefrorene Sturm" (EU, o furacão gelado): ela está impossibilitada de conciliar o movimento e a imobilidade, como no quadro de Friedrich em que a tempestade parece solidificada num mar de gelo.

d) Diferentemente de *Descrição de Imagem* e contrariamente àquilo que indica o seu título, *Na Solidão dos Campos de Algodão* descreve o combate metafísico de um negociante e um cliente: poder-se-ia chamá-lo, com Kafka, *Beschreibung eines Kampfes* (Descrição de um Combate). Esse combate coloca em cena dois indivíduos que se afrontam com armas iguais: eles estão definidos por seu lugar na troca comercial.

Como em Heiner Müller, deve-se sempre considerar o texto naquilo que tem de autorreflexivo, isto é, como metatexto e como busca e percurso de sentido.

Os protagonistas de Koltès não são, com efeito, personagens concretos empenhados em situações dramáticas, mas sim abstrações lógicas encarregadas de marcar a progressão de uma argumentação, são os actantes de uma dramaturgia abstrata de diálogo filosófico, os oradores de um debate quase teológico, os teóricos da comunicação e mesmo da metacomunicação que, não sem ironia, queixam-se de não se entender inteiramente ao manterem longas trocas muito codificadas e de um nível literário.

---

32. Idem, ibidem.
33. H.-T. Lehmann, Theater der Blicke: zu Heiner Müllers Bildbeschreibung, *Dramatik der D. D. R.*, p. 186.

Essas trocas são escritas numa língua neoclássica perfeita; a estrutura das frases muito longas recorda um teto barroco em *trompe l'oeil*: a perfeição e a virtuosidade da forma fazem esquecer o conteúdo bastante inapreensível do texto, de sorte que o combate não tem como objetivo mais do que o duelo de palavras, a perfeição da sintaxe, a regularidade e a plasticidade das imagens e a falsa-aparência de uma troca de palavra. A escritura, nesse caso, desenrola seus artifícios como uma espiral vertiginosa, uma miragem afasta o referente assim que o leitor se aproxima. Os seus jogos de linguagem tornam-se um meio de ir na contracorrente do comércio tradicional, quer seja linguístico, econômico ou psicológico. A sua troca é uma espécie de *potlatch**  de palavras, um presente que obriga o parceiro a escutar e a retomar, portanto, a entrar nessa agonística generalizada de que falam os pragmáticos, a lutar contra aquilo que, segundo Lyotard, caracteriza a época pós-moderna: a "transformação da linguagem em mercadoria produtiva"[34]. Como para *Descrição de Imagem*, a figura retórica final é a do oximoro: não apenas na escolha de fórmulas paradoxais, porém na conclusão da fábula: cada um admite ter compreendido o outro (não ter *dito nada* que o outro não tenha entendido) e a confissão feita, o encontro pode, por sua vez, terminar e começar pela aceitação do combate ("Qual arma?")[35], portanto, do outro e de seus valores de troca.

A resposta à catástrofe assume igualmente, nos nossos quatro autores, formas dramatúrgicas e escriturais extremamente variadas, que vão de um neoclassicismo dramatúrgico "harald-muelleriano" a uma estrutura dramática neomorta "heiner-mülleriana", de uma escritura do pleno em Koltès a uma ascese do vazio e do desamarrado em Vinaver. Efetuemos um último retorno em direção à matéria temática que escolhe essas formas escriturais tão divergentes, em direção à mitologia que é, ao mesmo tempo, o produto e o produtor dessas escrituras contemporâneas.

## MITOS E MITOLOGIA PÓS-MODERNA

As quatro peças situam-se num contexto de *remitologização* da literatura, ao mesmo tempo de retorno a motivos clássicos da mitologia e da negação de sua função ideológica e hermenêutica tradicional.

a) Em *A Jangada da Morte*, Harald Mueller não cria uma mitologia nova (apesar da modernidade da língua e das imagens); ele efetua uma inversão e uma retomada da mitologia germânica clássica: Rhin,

---

* Cf. nota explicativa, página 47. (N. da T.)
34. J.-F. Lyotard, *Tombeau de l'intellectuel et autres papiers*, p. 82.
35. *Dans la solitude des champs de coton*, p. 61.

Checker-Siegfried, Bjuti-Lorelei, Xanten, são igualmente elementos que reenviam a um estado anterior à catástrofe, e mesmo anteriormente à Idade Moderna, na qual a história se torna concreta e ligada ao estado de desenvolvimento socioeconômico. É como se a única saída à catástrofe fosse o retorno a um *statu quo ante*, a uma mitologia da natureza não-contaminada e de heróis salvadores. A mutação dos genes e das consciências não resultou, portanto, no seu caso, numa nova mitologia ou num desejo regenerado, porém num reforço dos estereótipos tradicionais, numa nostalgia do velho modo de vida. O universo dessa jangada da medusa de nossas esperanças é, mais que tudo, o de um fim de mundo (e de século), ao invés daquele de uma nova sociedade que criou a sua própria mitologia e sua própria língua: pois esta língua das vítimas – como toda a parábola da peça – é traduzível sem "resíduo poético", é uma "nov-língua" no sentido de Lyotard[36]; a sua poeticidade (o trabalho de mutação efetuado no significante) não resiste à hermenêutica e à explicação de um mundo às avessas, codificado de maneira muito sistemática. A aparente anarquia da linguagem e das referências mitológicas, a sensibilidade extrema ao ar do tempo e ao *Zeitgeist* (espírito do tempo) de nosso Ocidente não evitam o retorno a uma parábola elegíaca e humanista facilmente decifrável, a um discurso alternativo biodegradável. Estamos em plena neomitologia, porém enfim "lieber grün als tot!"*.

b) Tudo ocorre de maneira contrária em Vinaver. À primeira vista não parece, aliás, haver nele elementos míticos nessa catástrofe aérea: nela fala-se apenas em mutação dos quadros superiores, dos meios de sobreviver e do funcionamento da Housies. As alusões à mitologia clássica são puramente "culturais e irônicas" ("Eu lhes trago o progresso, um engenho prometéico, ele não fabrica o fogo, mas sim a água")[37]. Mas é justamente a realidade prosaica e banal que se presta melhor a uma mitologização. É devido ao fato de o canibalismo se tornar "naturalmente" o meio de sair da crise e do regime normal e ordinário que ele adquire uma dimensão quase mística: a vida nutre-se da morte e o capitalismo organiza uma interdevoração confraternizadora no interesse superior da multinacional e da humanidade global, que em troca recebe o presente de pequenas casas americanas. Não somente os *executivos* não têm qualquer sentimento de culpa em se entredevorar, porém o fazem com o senso do dever cumprido e com o sentimento religioso da transubstanciação crística na Santa

---

36. *Le postmoderne raconté aux enfants*, p. 146.

* Tradução literal: "Melhor ser verde do que estar morto". No caso, "ser verde" significa pertencer ao movimento político do Partido Verde alemão, cujos membros militam em prol de uma atividade "ecologicamente correta". (N da T)

37. *L'ordinaire*, p. 51

Comunhão[38]. A história e a cultura empresarial tornam-se, desde então, o objeto de uma neomitologia e de um rito de passagem para cada um dos *executivos*: trata-se tanto de comer o outro para assimilar os seus poderes e continuar a sua obra, como de se deixar comer para a regeneração e a sobrevivência da empresa-mãe. A mitologia ultrapassa o nível anedótico da continuação da família e da espécie humana, para acessar a da regeneração e sobrevivência de um sistema econômico fundado na concorrência e na eliminação dos mais fracos. Para falar claramente, não se trata da piada clássica dos canibais: "Você ama muito a sua avó? Sim? Então, aceite um pedaço!", porém a sua variante culta: "Você ama muito o capitalismo? Sim? Então, ponha-se de quatro para que nos sirvamos de um pedaço!".

Desse modo, a mensagem mitológica, por mais clara e direta que seja no caso destas piadas, não é jamais redutível a uma lição política, nem mesmo a uma metáfora. Há, como o diz o próprio Vinaver, uma "nave mítica, ou seja, um vai e vem entre a atualidade (esse território indistinto, fragmentado, sem referências) e a ordem do mundo tal como está dito nos mitos antigos. Trata-se de um vai e vem e não de uma relação explicativa, nem mesmo metafórica. Não há ajuda direta para se aguardar esse vai e vem"[39].

O retorno à mitologia cimenta, assim, os achados ambíguos com a linguagem do mito clássico. A opacidade do mito convém a Vinaver, visto que propõe uma narrativa ao mesmo tempo simples e incompreensível. A acumulação anárquica desses discursos em migalhas é igualmente *incompreensível* e *simples,* a partir do momento em que a percepção da ironia escritural recolheu os pedaços e restabeleceu o fio narrativo de um mito sobre a morte e a ressurreição da empresa capitalista. Entre a extrema banalidade do real e discursos abundantes desses personagens e a extrema simplicidade da mensagem política e antropológica, Vinaver cava uma distância máxima. O mito assim reatualizado não tem mais por função explicar metaforicamente o mundo, porém, à maneira barthesiana, dizer sobre a sua ambiguidade e duplicidade: ele permanece ilegível enquanto o leitor não se empenhar e não empenhá-lo numa direção privilegiada. Dessa forma, Vinaver encontra aquilo do qual Lyotard fará a característica principal da condição pós-moderna: a incredulidade em relação às metanarrativas – quer seja "a dialética do Espírito, a hermenêutica do sentido, a emancipação do sujeito razoável ou trabalhador, o desenvolvimento da riqueza"[40]. Pós-moderno, o seu mito devorador o é, enfim, na sua recusa em concluir de maneira positiva; ele mantém um princípio irônico como o que ao mesmo tempo encoraja e desencoraja

---

38. Idem, p. 62.
39. M. Vinaver, *Habilitation*, p. 33.
40. J.-F. Lyotard, *La condition postmoderne*, p. 7.

uma leitura radical – e especialmente política e sociológica – dessa catástrofe institucionalizada.

c) A relação com a mitologia é totalmente ambígua em Heiner Müller, porém o mito não mais descreve, desta vez, a sobrevivência do grupo: ele é a expressão do inconsciente individual e do sentimento de culpa. O mito principal de *Descrição de Imagem* é o da ressurreição do ser amado, porém, é um mito inverso: o narrador recusa-lhe a revelação: "ICH HABE DIR GESAGT DU SOLLST NICHT WIEDERKOMMEN TOT IST TOT" (EU TE DISSE PORTANTO DE NÃO RETORNAR QUANDO SE ESTÁ MORTO SE ESTÁ MORTO)[41]. O mito é, ao mesmo tempo, aceito, retomado, consagrado (especialmente o mito da ressurreição da mulher amada) e rebatido, negado, recoberto de pintura (*Übermalung*) e, portanto, de modo algum eliminado ou destruído. Se a ressurreição é negada, isto se dá porque ela conduz ao retorno do mesmo (*Wiederkehr des Gleichen*)[42], espécie de eterno retorno dos fantasmas e lembranças penosas. Somente o erro poderia desviar este roteiro-catástrofe: ele se torna "gesucht: die Lücke im Ablauf, das Andere in der Wiederkehr des Gleichen, das Stottern im sprachlosen Text, das Loch in der Ewigkeit, der vielleicht erlösende FEHLER" " (o objeto da procura: a falha no desenrolar, o outro no retorno do mesmo, a gagueira no texto sem palavras, o buraco na eternidade, o ERRO talvez salvador)[43]. Somente a pane ainda poderia emperrar o mecanismo recorrente do trágico, somente a *descrição* da cena fantasmal traria a *descrispação*, como se se tratasse de admitir (de tornar consciente) a culpa para desvendar a neurose. Porque, escreve Freud, "quando uma pulsão instintiva sucumbe ao recalque, os seus elementos libidinosos transformam-se em sintomas, os seus elementos agressivos em sentimento de culpa"[44]. A confissão final de culpa do pássaro/descritor que mostra ao assassino o caminho na noite – da mesma forma que o pequeno Müller mostrou à Gestapo o caminho em direção ao seu pai – é a cena fundamentadora do quadro, o ato que dá seu sentido à descrição do assassinato e à recusa da ressurreição.

O desejo de descrição que anima o narrador/narratário (desdobrado em homem e mulher) é que produz a emergência do enunciador e do narrador, o que transforma a ilusão referencial (dada no início sob a forma de um quadro que existiria e que se trataria de simplesmente descrever). O enunciado representado pela imagem altera-se para uma enunciação da representação: trata-se de ver como o olhar percorre (*beschreibt*) o quadro e, em o fazendo, transforma-se num texto. O *visível*

---

41. *Bildbeschreibung Shakespeare Factory 1*, p. 13; tradução francesa, *Paysage sous surveillance*, p. 32.
42. *Bildbeschreibung Shakespeare Factory 1*, p. 13.
43. Idem, p. 13; tradução francesa, p. 32-33.
44. S. Freud, *Malaise dans la civilisation*, p. 99.

não existe a não ser quando percorrido pelo discurso descritivo, daí, se ele é *escrevível*, a seguir é *legível* pelo futuro leitor do poema. As alusões à escritura, à figuração, à representação e ao quadro acentuam a metaficcionalidade do texto: desde o início, é um texto sobre um texto (seja uma pintura ou uma retomada de temas mitológicos). Tudo é citação e reescritura de um discurso precedente. A des-crição do real é ilusória, tanto que não assume a sua escritura e suas referências culturais. *Bildbeschreibung* ("Descrição de Imagem") descreve a impossibilidade de sair do discurso para descrevê-lo do exterior: demonstra a não-figurabilidade – a *Undarstellbarkeit* – do desejo, a não-percepção da imagem quando o "dass der Fehler während des Blinzelns passiert" (erro sobrevém durante o piscar dos olhos)[45].

Este poema é também a chave e a arte poética da obra de Heiner Müller, ao mesmo tempo que uma reflexão teórica da arte de (de)escrever. Está ainda, como o mostrou Hans-Thies Lehmann, muito próximo de uma descrição que Heiner Müller fez da estética de Robert Wilson, de seu teatro da ressurreição, no qual a liberação dos mortos acontece em câmera lenta, "Sein Theater ist die Auferstehung. Die Befreiung der Toten findet in Zeitlupe statt"[46]. Heiner Müller regula suas contas com a figuração e a imagem obcecada da mitologia clássica e da historiografia que lhe correspondem. Recusando inteiramente – como o faz Vinaver – o simbolismo unívoco dos grandes mitos, ele sabe perfeitamente que a única coisa que pode fazer é escrever contra eles, e que a história, coletiva ou individual, não é mais compreensível senão como fantasma de assassinato, como uma série de quadros em que se lê a metáfora do sentido e a metonímia do desejo. É essa remitologização, nessa medida, pós-moderna? Nós nos acautelaremos em afirmá-lo porque, diz Heiner Müller, "o único pós-modernista que conheci foi August Stramm, um modernista que trabalhava no escritório do correio"[47].

d) Porém, tratando-se de conciliar os diplomas do pós-modernismo, a palma cabe a Koltès, que reúne a explosão de criar uma mitologia pós-moderna totalmente sem apoio em qualquer mito clássico. O mito não existe senão na forma de traço cultural, sedimentado na língua (dessa forma, o homem é sempre nomeado com o animal ou modernizado nas mitologias barthesianas) da cidade (a luz elétrica, os barulhos, a zona de tentações). Quanto ao resto, em *Na Solidão dos Campos de Algodão* mantém a preferência pelo *teorema*, no sentido pasoliniano do termo: com o rigor de um tratado de lógica formal, a

---

45. *Bildbeschreibung Shakespeare Factory 1*, p. 14; tradução francesa, p. 33.
46. H.-T. Lehmann, Theater der Blicke: zu Heiner Müllers Bildbeschreibung, op. cit., p. 188.
47. H. Müller, 19 réponses de Heiner Müller, *Dossier de Presse, Théâtre*, 1987.

confrontação verbal demonstra que não há amor[48], não há senão o comércio entre os sentidos e os estupefacientes. O terreno da especulação metafísica não se presta à narrativa mítica, que conserva sempre uma aura poética irredutível ao sentido: ora, a demonstração – como a do negociante e do cliente – é uma sucessão paratática de declarações antitéticas e de oximoros religados por uma lógica retórica de persuasão. Se podemos falar de narrativa mítica, isso seria em termos globais e abstratos, como uma tentativa de formular as contradições e os pontos de vista inconciliáveis pela lógica, função hermenêutica que, com efeito, reaparece muito, como o mostrou Lévi-Strauss, no mito. A apresentação quase hegeliana do conflito, a obsessão do combate e da agonística generalizada, a forma neoclássica dos diálogos, a construção em *trompe l'oeil*, a oscilação entre desejo de representação e representação do desejo; tais são as características formais que conferem a esse texto um *look* pós-moderno.

O que concluir do encontro forçado desses quatro autores franco-alemães? As convergências são ao mesmo tempo temáticas e formais. O diagnóstico geral sobre a cultura não deixa de ser bastante pessimista, apesar disso com nuances no que tange aos meios de resistir à catástrofe e de gerenciar a crise. Seria necessário, aliás, examinar as variações dessa metáfora da catástrofe: é alternadamente a crise, o incidente, o conflito, a resolução trágica, o desequilíbrio etc... Sem mal-estar e sem catástrofe não existe cultura; e a cultura aplica-se precisamente em reabsorver o mal-estar e consertar a catástrofe.

Nesse teatro franco-alemão, a resposta a essa catástrofe não é tanto temática e filosófica quanto formal e teatral: não se pode estar menos do que chocado pela riqueza de soluções de dramaturgias e escrituras. A um sarcasmo de forma e figural em Koltès e Heiner Müller, opõe-se o *understatement* (minimização) irônico de Vinaver e o *overstatement* (exagero) patético de Harald Mueller. Todos parecem ceder a uma escritura excessiva e descontrolada que rejeita qualquer naturalismo e qualquer quantificação comunicacional do discurso. Disso resulta uma palavra ilegível, uma metaforização generalizada que não se resolve jamais a dar a palavra final do enigma, que recusa as soluções prontas: nada é mais estranho a este teatro do que um projeto militante, um brechtianismo de choque ou uma arte de tese. Os políticos da cultura (e os safados da incultura) não deixarão de perguntar: existe uma evolução paralela ou contrastante da dramaturgia franco-alemã? Lá, ainda – e isso é um bom sinal para a Europa –, as oposições não são nacionais, porém formais e escriturais: um parentesco na perfeição formal neoclássica (ou neobarroca) liga, por exemplo, Koltès e Heiner Müller; ao contrário de Vinaver e Harald Mueller, ambos pintores sublimes da catástrofe, que se opõem no tom

---

48. *Dans la solitude des champs de coton*, p. 60.

adotado: e aí não escapamos a um lugar comum cultural: à ironia voltairiana de Vinaver opõe-se o *páthos* schilleriano de Harald Mueller. Sob outro enfoque, a colocação em questão da dramaticidade, da situação e do diálogo em Koltès e em Heiner Müller é contrabalançada pela manutenção do diálogo – diálogo do enfrentamento violento em Harald Mueller, diálogo "no vácuo", abafado e alusivo de fragmentos mais do que de personagens, em Vinaver. Ao neorromantismo de Harald Mueller (cf. o seu hino final ao mar, "Meer, frühestes Gesicht all unserer Träume! Meer, das früher war als mein Lied"[49] [Mar, semblante primeiro de todos nossos sonhos! Mar, primeiro a ser antes de meu cantar]) e ao grito de amor de Koltès[50] responde o ceticismo irônico e cínico dos dois velhos estradeiros da arte dramática, que são Vinaver e Heiner Müller, na sua recusa de fechar a representação com uma mensagem política ou filosófica.

Todos os quatro têm uma visão por assim dizer "construtiva" da catástrofe: leem-se suas peças como o comentário atento do livro fundador de Freud sobre o *Mal-Estar na Civilização*; eles apresentam muito especialmente "o sentimento de culpa como o problema capital do desenvolvimento da civilização"[51]. Que o encontro franco-alemão se faça sob o signo da culpa – porém uma culpa que não tem nada de política –, eis o que não é de mau augúrio para "o futuro de uma ilusão", a ilusão teatral de que é feito o prazer desse teatro que nos reúne hoje.

---

49. *Totenfloss*, p. 125.
50. *Dans la solitude des champs de coton*, p. 60.
51. S. Freud, op. cit., p. 93.

# 6. Da Teoria Considerada como uma das Belas-artes e de sua Influência Limitada na Dramaturgia Contemporânea, Majoritária ou Minoritária*

Em Barcelona, "de qual lugar" – segundo a expressão que fez furor nos anos de 1960, tempo em que a teoria floresceu –, "de qual lugar" poderia eu então falar? Tal é a questão angustiosa que muitas vezes me coloquei no decorrer destes últimos meses. Pois eu não pertenço, ai de mim!, a nenhuma minoria nacional; não sou nem bretão, nem corso, nem basco, nem catalão, nem mesmo parisiense, e a minoria, que eu vagamente me sinto na obrigação de defender – a dos teóricos, na verdade dos semiólogos que está um pouco mergulhada – porém, quem se queixa? – no fluxo de práticas teatrais, espetáculos, questões de política cultural deste Congresso. A subseção n. 9, a última do quinhão, houve por bem afirmar que há um "aporte da pesquisa teórica na evolução do espetáculo": soa aos meus ouvidos como ligeira provocação e uma colocação na parede irônica, com o objetivo de

---

*. Texto de uma conferência pronunciada em Barcelona, em junho de 1985, no *Congrés Internacional de Teatre a Catalunya. Actes* (*Congresso Internacional de Teatro na Catalunha. Anais*), publicado pelo Institut del Teatre, Barcelona, 1987, v. 4, p. 243-260. Este capítulo conduziu-me a um ponto de subjetividade com o qual eu gostaria de ser mais confrontado hoje. Não se tratava mais, pelo menos – refletindo bem sobre isso – de saber se a teoria pode modificar o espetáculo de nossas vidas e abalar as nossas certezas autossuficientes. Falar na primeira pessoa, sem a máscara do cientificismo, não me foi particularmente bem sucedido, e não quis tentar a experiência da extrema subjetividade a não ser porque o clima de Barcelona e de sua subcategoria n. 9 intitulada: "L'apport de la recherche théorique dans l'évolution du spectacle" (O Aporte da Pesquisa Teórica na Evolução do Espetáculo) a isso me convidaram expressamente. Fechemos o doloroso parêntesis.

justificar o direito à existência da teoria pela influência benéfica que não se furtaria de exercer na evolução do espetáculo. Enfim, eu me acho amigavelmente convidado a tomar a defesa não somente da teoria, como também das teorias minoritárias. Assim provocado, como não haveria de me sentir obrigado a responder, pelo menos de início e evidentemente por tática, tanto quanto por prudência, que essa influência é "limitada" e que a teoria deve aspirar ao estado de graça de uma "prática artística"? Tudo se encontra, portanto, para ser (re)construído: situação clássica para o teórico...

Situação também difícil, pois o próprio conceito de "minoria", que os *mass media* empregam com um fervor tanto tocante quanto suspeito, esse conceito aplica-se a objetos muito heterogêneos; a um povo ou a uma cultura, a um grupo social oprimido, a um público limitado ou a um gênero artístico pouco representado. O denominador comum desses objetos minoritários é, sem dúvida, a sua definição pela negativa e a sua relação com uma maioria dominante. Seria isso suficiente para conservar o termo "minoria", aliás julgado ligeiramente condescendente e derrotista e muito ligado a uma longa história de trotes e repressões? Provavelmente não, e observo que a titulação do congresso opõe às "dramaturgias majoritárias" não as dramaturgias "minoritárias", porém as dramaturgias "de alcance limitado", preferindo assim, sem dúvida, neutralizar o termo ao fazer alusão aos seus limites, mais do que à sua inferioridade numérica ou simbólica. O próprio emprego da palavra "minoria" está, como se pode ver, extremamente carregado emocionalmente. Inútil, portanto, rechaçá-la, pois como o natural, ela vem a galope.

Não tendo outra experiência de minorias senão o meu hábito quotidiano em casa, da língua, da cozinha, da cultura eslovaca, e do que o jogo de línguas, que me encanta mais do que me inquieta, tenho uma concepção desapaixonada da noção de minoria. A única coisa que me importa nesse vivenciamento de minoria e maioria é não ser vítima nem da minoria, nem da maioria. Ser vítima da minoria seria, para mim, tanto na sociedade quanto na teoria, não poder dizer ou pensar outra coisa a não ser os seus valores minoritários; ser vítima da maioria seria não poder pensar senão os seus valores majoritários.

Conservarei este conceito fluido de "minoria", visto que me permite metaforizar esta noção (aliás, já muito folclórica), aplicando-o ao meu objetivo favorito: a teoria teatral. A dita teoria teatral é, com efeito, em nosso domínio, necessariamente minoritária, visto que é praticada por um número limitado de pessoas e, na maior parte do tempo, pelo menos ao que parece num primeiro momento, praticada "depois" da realização do espetáculo, num discurso por certo totalizante, porém sempre *a posteriori*, dado como suplemento do objeto artístico descrito.

Teoria minoritária para uma arte que é, ela própria, minoritária: quanto pesa, com efeito, o teatro "vivo" face às mídias, à televisão, ao cinema e, a partir de agora, ao vídeo? E o teatro que nos interessa, teatro de encenação ou de pesquisa, está, ele também, em minoria com relação ao teatro comercial, ao bulevar e ao teatro burguês. Que a teoria – especialmente a semiologia – encolhe novamente o campo de investigação, ao especificar ao máximo as questões colocadas no espetáculo e nos discursos críticos, isso não tem, em suma, pouca consequência tanto para o teatro quanto para a teoria, visto que ambos são, portanto, abordados numa perspectiva marginal e menor, como gênero teatral e como olhar dirigido para esse gênero.

## TEORIA E MINORIA

Esta aproximação objetiva da teoria, necessariamente minoritária, e da "minoria" na qual se deve fazer a teoria, convida-nos a refletir nas suas relações e, antes de mais nada, na sua definição respectiva.

### Sentido de "Teoria"

Uma teoria implica um conjunto relativamente coerente de hipóteses sobre o funcionamento do texto e do espetáculo, hipóteses que possam ser verificadas. Ora, como verificar uma teoria teatral? Ela não produz um resultado límpido e claro, porém permite ao menos dar-se conta de um máximo de propriedades, notadamente em compreender fenômenos naquilo que têm de coerente e combinados. Nada impede, bem entendido, que se estabeleçam teorias parciais: sobre o texto, a ação, a utilização do espaço, o ator, a disposição global da encenação. Muitas teorias (certamente não todas, em qualquer caso, aquelas que são hoje utilizadas, como por exemplo a análise dramatúrgica, semiológica ou antropológica), emprestam seus conceitos e seus métodos das ciências humanas, as quais estabeleceram um conjunto de procedimentos de análise e explicação, formalizaram uma metalinguagem de descrição em um ou em muitos níveis do texto ou da representação. A teoria tende a generalizar e a integrar num todo coerente essas diversas linguagens. Ela constrói, em virtude de hipóteses e tentativas hipotético-dedutivas, modelos modificáveis, criticáveis muitas vezes, porém ao menos coerentes, que procuram tanto uma lógica interna quanto uma ligação com uma teoria do conhecimento. A construção desses modelos comporta um risco calculado, um dispêndio e uma aposta que não seriam "recuperados" a não ser que o discurso produza um sentido coerente e supondo-se que ele não seja transferível para outros textos ou encenações, enfim, que ele se verifique na prática teatral emergente.

A teoria deve ser diferenciada da crítica: esta exige uma reação imediata, empenhada, avaliativa, muitas vezes não-verificada ou inverificada no espetáculo; ela admite o direito de errar, da correção, da polêmica; ela comporta um julgamento não apenas estético, como também ideológico e moral.

## Sentido da Minoria

Exatamente como a teoria, a minoria que implicitamente se coloca em questão neste Congresso pode ser apreendida segundo perspectivas muito diversas: conforme a cultura e o público aos quais se dirige o teatro, a saber, segundo a sua diferença com relação a uma norma, uma língua, uma cultura dominante; conforme a audiência restrita que recebe esse teatro, devido à sua condição de dificuldade ou particularismo. Esses critérios têm em comum apenas uma impossibilidade de alargar ou generalizar a audiência ou a obra produzida.

Se confrontarmos, no presente, as noções de teoria e minoria, se delas fizermos um produto lógico, obteremos a "teoria minoritária", que encontraria um exemplo perfeito na semiologia teatral. Resta, mesmo assim, por compreender de acordo com quais mecanismos se efetua a exclusão da semiologia de uma teoria majoritária (de qual e por quê). A teoria majoritária é a teoria da não-teoria, ou seja, a convicção de que não há necessidade de reflexão global para pensar a prática teatral e que basta apreciar intuitivamente e sem *a priori* o espetáculo para compreendê-lo e fruí-lo. Essa teoria da não-teoria é majoritária na medida em que se apoia num consenso aparente do público, muitas vezes sustentado pelos críticos, e segundo o qual o espetáculo é um bem imediatamente consumível sem preparação preliminar, sem técnica de análise combinada, sem utilização de uma metalinguagem explícita: ela se dá ares de bom senso e inocência e não se priva de zombar do jargão dos teóricos abstratos e verbais. Enfim, ela coloca rapidamente os risonhos do seu lado.

Porém, rirá melhor quem rir por último; pois, no próprio interior dessa maioria antiteórica formam-se bolsões de resistência que, ainda que minoritários, querem saber mais e interrogam a fabricação do texto e do espetáculo, propondo uma teoria, mesmo que rudimentar, da produção de sentido. Estas brechas teóricas, de início minoritárias e dispersas, acabam por formar um sistema cada vez mais adaptado ao tipo de espetáculo estudado e cada vez mais coerente na sua lógica própria. Foi desse modo que se caminhou no estruturalismo em teoria literária e teatral, no decorrer dos anos de 1960: o estruturalismo aprendeu a adaptar um modelo narratológico ao estudo da fábula. Depois, a semiologia, nos anos de 1970, transferiu um pouco mecanicamente a noção de signo e unidade mínima para a análise do espetáculo. Essas teorias nasceram da necessidade de apreender globalmente o espetáculo, ao encontrar algumas de suas leis de composição e funcionamento. As próprias teorias sofreram, aliás, uma evolução comparável à das vanguardas: uma vez conhecidas, codificadas, reduplicadas, elas se tornaram muitas vezes a nova norma, o sistema que permite pensar da mesma maneira uma prática que, ela própria, evolui sem cessar. O risco é grande de que tal minoria teórica se torne também majoritária e normativa, bloqueando por seu turno a reflexão e mesmo a evolução das formas artísticas. Desse modo, a análise estrutural da narrativa teve a tendência de fixar muito pouco a nova semiologia teatral num modelo narratológico da narrativa, mal adaptado à polifonia da representação. Acontece mesmo o caso de que uma noção teórica, anteriormente minoritária e progressiva, perca no decorrer da história a sua força teórica até o ponto de frear a progressão de novas teorias e práticas. É o caso da noção de "encenador": desde o fim do século XIX, o encenador aparece, a justo título, como o organizador central do espetáculo, o autor da encenação, o responsável dramatúrgico de ligação entre o texto e a cena, o coordenador dos artesãos que trabalham juntos para o espetáculo. Hoje, essa mesma noção de encenação concebida como centralização e homogeneização do espetáculo dá conta muito mal das novas experiências do ator ou mesmo das encenações abertas, "descentralizadas", descentradas; ela reconhece a ideia errônea de que o encenador é o autor "homogêneo" e "unificado" do espetáculo, que tem um estilo, uma maneira própria e que ele controla inteiramente. E, por outra parte, a noção de "encenador" oculta outra, muito mais útil, de "encenação" como sistema estrutural e coletivo de enunciação. Uma mesma noção teórica – a da encenação nesta ocorrência – pode, por outro lado, ser apreendida da mesma maneira minoritária e majoritariamente: ela é majoritária – e muito problemática – quando se assimila ao sujeito ou ao gênio de um indivíduo chamado encenador; ela é minoritária quando fazemos uma noção estrutural aberta, como a de coletivo de enunciação, e quando tiramos dela todas as consequências metodológicas para descrever a produção dos enunciados e das enunciações do espetáculo.

## *A Teoria, Arte Minoritária ou Menor?*

Em qualquer discurso sobre as minorias percebe-se, ao mesmo tempo, o eco do lamento diante do imperialismo majoritário e do pressuposto compensatório de que a minoria oprimida é superior ao seu opressor. A mesma ressalva vale para nossa própria valorização da teoria minoritária. Ora, esta é, parece-me, uma atitude muito ideológica e parcial que não compreende quase nada da influência estrutural da minoria na cultura ou na teoria – influência que deve ser, neste caso, a única a estar em causa.

Melhor seria tornar o debate desapaixonado e não partir da ideia de que *small is* (always) *beautiful**, porém partir de que a minoria

---

*. Em inglês no original: "O pequeno é (sempre) belo". (N. da T).

imprime à literatura ou à teoria um conjunto de pressões que não são necessariamente negativas, mas que na realidade conferem à literatura ou à teoria um caráter único e original.

Partamos do notável estudo que Deleuze e Guattari consagraram a Kafka, intitulado: *Kafka: pour une littérature minieure* (Para uma Literatura Menor, 1975). Os autores distinguem "três características da literatura menor: são a desterritorialização da língua, a ramificação do indivíduo no imediato político, o arranjo coletivo da enunciação"[1]. Eles extraem de sua análise de Kafka três características essenciais: 1. o alemão de Praga como língua desterritorializada; 2. a ramificação de qualquer ocupação individual – o Édipo, por exemplo – na política; 3. o arranjo das enunciações de Kafka através das figuras de K. Podemos fazer destas três características de qualquer literatura menor três constituintes de uma teoria menor do teatro, a saber, do mesmo modo, três momentos redutores e três meios de "fazer o sonho contrário (o da língua de Estado e da língua oficial, isto é, 'saber criar um devir-menor'". Este "devir-menor" seria aquilo que fundamenta a teoria menor do teatro a partir justamente de suas pressões livremente aceitas.

1. *Desterritorialização*: Da mesma maneira que, segundo Deleuze e Guattari, "uma literatura menor não é aquela de uma língua menor, mas antes a que uma minoria faz na língua maior"[2]; a teoria teatral não está reservada a um tipo bem preciso de população entre a massa de pessoas que se ocupam de teatro; ela é, antes de tudo, a utilização feita de um grupo, mais metodológica do que quantitativamente reduzido, de ferramentas emprestadas da semiologia e das ciências humanas, tudo se passando na linguagem da crítica: não há utilização de uma metalinguagem nova, de linguagem formalizada ou codificada, por exemplo; porém a utilização da língua comum para apreender o espetáculo sob novo ângulo. Em certo sentido, a teoria em geral, e a semiologia em particular, observam a situação de desterritorialização de qualquer linguagem crítica, do seu isolamento necessário do discurso dominante ou da ideologia da evidência, de sua coerência como discurso sobre teatro no próprio interior dos discursos sobre teatro e do teatro ele próprio. Do mesmo modo, essa desterritorialização não é mais do que uma primeira etapa que – pelo próprio fato da pretensão à universalidade de qualquer teoria – volta-se para o seu contrário: uma "reterritorialização" da teoria no interior de discursos sobre teatro, uma vontade de não isolar o discurso semiológico numa linguagem codificada para iniciados, porém de fazer dele uma linguagem que pensa a globalidade da representação, ao invés de permanecer como linguagem minoritária: teoria "menor" naquilo em

1. G. Deleuze; F. Guattari, *Kafka*, p. 33.
2. Idem, p. 29.

que suscita e recusa igualmente a desterritorialização. Neste sentido, os teóricos são "todos Juízes Alemães" de Praga, ou para dizê-lo com Miró, os "catalães universais".

2. "*A ramificação do individual no imediato político*"[3] vale também para a teoria, pelo menos aquela que se preocupa em ramificar qualquer observação estética, qualquer descrição aparentemente formal do espetáculo na política, a saber, numa reflexão da ideologia das formas[4]. A semiologia interroga (ou deveria, em todo caso, interrogar) a dimensão sociocrítica dos signos, a sua relação com as formações discursivas e ideológicas, ao invés de limitar-se às grandes cosmogonias ou tipologias de signos (à la Peirce[5]).

Como o diz Kafka, "essa consideração que, devido à autonomia interior da literatura, a sua ligação com a política não é perigosa, tudo isso conduz à difusão da literatura no país, onde ela se agarra aos *slogans* políticos"[6]. Lembre-se que, no mesmo espírito que Kafka, a obra de arte tem, segundo Adorno, "um caráter duplo, em matéria social e de autonomia"[7]. Esta convergência da literatura menor, de acordo com Kafka e a teoria estética de Adorno, nos encoraja a ramificar – no interior de uma sociossemiótica teatral – uma teoria de inspiração psicanalítica numa teoria da ideologia e da inscrição política e estética do espetáculo[8].

3. *A enunciação coletiva* de qualquer literatura menor é também, e finalmente, um objeto favorecido da semiologia teatral, pois a encenação não apresenta um tema central desmultiplicado em diversos subtemas, mas sim uma disposição mais ou menos "maquinada" de instâncias de enunciação. Aqui a teoria menor ainda não procura restituir os talentos individuais que se exprimiriam na encenação; ela tenta reconstituir um sistema polifônico de enunciações, recusando a distinção, recolocada ultimamente em consideração pela pragmática ou pela teoria dos atos de linguagem, entre palavras centrais e derivadas do autor *versus* palavras individuais, primitivas de personagens[9]. Ao invés desta cisão simplista, que visa na realidade manter a ilusão de um tema pleno e homogêneo – o do autor dramático, a semiologia,

---

3. Idem, p. 33.
4. P. Pavis, Production et réception au théâtre: la concrétisation du texte dramatique et spectaculaire, *Revue des Sciences Humaines*.
5. Por exemplo: R. Marty, Bases pour une théâtrologie, *Communication à l'Association Internationale de Sémiologie du Spectacle*.
6. *Journal*, p. 182.
7. *Ästhetische Theorie*, p. 334.
8. Production et réception au théâtre, op. cit.
9. P. Pavis, Einige Bemerkungen zur Konkretisation am Beispiel von Cechovs *Die Möve*, *Communication au Wissenschaftskolleg*.

seguindo neste caso a arte menor segundo Kafka e Deleuze, parte de uma enunciação coletiva em que a disposição deve ser reconstituída, sem que uma voz jamais assuma posição de domínio, em qualquer caso a do autor dramático ou do encenador.

Estes critérios da literatura menor podemos, portanto, *mutatis mutandis*, aplicá-los a uma "teoria menor" e, tanto mais facilmente, àquilo que tenhamos feito dessa pesquisa da teoria minoritária, não a partir de um critério de qualidade e superioridade com relação à maioria oprimida, porém de um critério de pesquisa marginal. A teoria menor perde muito em limitar-se, como se novas maiorias aspirassem incessantemente a universalizar-se e a assumir os comandos de uma teoria geral, a passar do modo menor para o modo dominante de uma explicação global, sem para tanto levar em consideração os fundamentos epistemológicos das novas teorias majoritárias. Observaremos três tendências à majoração teórica no caso da pragmática, da antropologia e também, para sermos *fair play* da semiologia ou, em todo caso, de uma "certa semiologia".

## Novas Maiorias na Teoria Contemporânea do Teatro.

1. *A pragmática* desenvolveu-se não apenas no interior da linguística, como também na sua relação com a literatura e para o estudo dos atos de ficção. Para o teatro, é o modelo universal da ação verbal que se impôs, especialmente para a análise de diálogos e ações simbólicas que as completam. O modelo do diálogo teatral, na verdade do dialogismo de estilo bakhtiniano, transformou-se, mesmo num semanticista como Ducrot[10], no fundamento de uma teoria da ironia, da intersubjetividade, do poder das palavras no discurso. Infelizmente, essa teoria pragmática não conseguiu, em troca, esclarecer a organização dos diálogos de teatro, pois o modelo, malgrado sua referência a Bakhtin e a uma linguística da enunciação, não leva em conta a relação com a ideologia e o tema múltiplo da psicanálise. Resta um modelo muito estreitamente articulado numa teoria da argumentação, contenta-se com a metáfora teatral na qual um locutor faz dialogar no seu discurso vários enunciadores[11]. Por meio deste exemplo da pragmática, vê-se justamente a ambição desmesurada de uma teoria de origem linguística e retórica em se transformar num modelo majoritário e absoluto do discurso teatral, sem contudo ser capaz de pensar as relações do texto com o intertexto, seja ele ideológico ou psicanalítico[12].

    10. *Le dire et le dit*
    11. Idem, p. 225.
    12. P. Pavis, Einige Bemerkungen zur Konkretisation am Beispiel von Cechovs *Die Möve*, op. cit.; e La réception du texte dramatique et spetaculaire: les processus de fictionnalisation et d'idéologisation, *Versus*.

2. *A antropologia teatral* aspira, também ela, a universalizar uma observação incontestável, a saber, o engajamento autêntico do espectador no cerimonial do fenômeno teatral. Uma antropologia como a de Grotóvski no seu período parateatral visa, por exemplo, uma hermenêutica em que a cena questiona o sentido da experiência íntima do espectador e do ator, sem se preocupar muito com as formas exteriores da representação, julgadas muito recreativas e exteriores no confronto com o ator e o espectador, muito ligadas a uma classificação verbal e classificadora dos sistemas de signos.

3. E, aliás, a *semiologia* – e este será o meu terceiro exemplo – não está isenta dessa doença universal que faz explodir os limites prudentes de uma teoria menor, porém ao menos coerente e segura nos seus fundamentos epistemológicos. No mínimo, é o tipo de semiologia que se preocupa sobretudo em classificar os signos, de relevá-los ao máximo, de não contestar-lhes as dimensões, nem mesmo a formação ou arranjo dos significados, e acima de tudo evitar cuidadosamente religá-los ao *Contexto Social* (Mukaróvski), especialmente em função de variações da situação de recepção. Pois a esta semiologia específica, infelizmente majoritária no seio da teoria minoritária, poder-se-ia opor o projeto de uma sociossemiótica, que recusa tanto um positivismo de signos realçados sem referência à situação ideológica do público, quanto de um sociologismo preocupado com estatísticas das categorias socioprofissionais do público, ou uma psicologia experimental que qualifica as reações do espectador sem ligá-las a uma reflexão estética na produção de sentido.

Nestas três novas maiorias teóricas – pragmática, antropológica e semiológica –, nota-se um forte retorno ao positivismo, no qual Adorno mostrou, outrora, os efeitos nocivos que exerce na sociologia (1972), a emergência de um cientificismo óbvio, de uma psicologia sem fundamentos seguros; o objetivo de não receber qualquer teoria que se reclame um mínimo de análise da história e do social, e que, sobretudo, procure o social nas formas e não num conteúdo extraível da obra. Estas costas viradas para a história bloqueiam paradoxalmente a formação de teorias, menores ou maiores: efeitos nocivos longínquos do stalinismo, do brechtianismo não irônico e da arte militante não crítica; efeitos nocivos que seria bom qualquer dia consertarmos, caso queiramos ter a esperança de analisar, ao mesmo tempo, as produções teatrais e delas obter um discurso coerente e fundado numa reflexão epistemológica de conjunto.

4. *A ou as teorias*? Posição muito confortável em que uma teoria semiológica tentada alternadamente, ou mesmo simultaneamente, a sair da torre de marfim de uma metateoria e de uma epistemologia geral das ciências do espetáculo, ou bem degenerar em técnica de

notação, ou ainda a espalhar-se em discursos dispersos sobre teatro, parciais e sem relações uns com os outros. Uma posição que reflete a desordem da semiologia acusada simultaneamente de ser muito sistemática e cientificista ou, ao contrário, de ensaística e pouco confiável. Os semiólogos, que segundo o sociólogo Pierre Bourdieu perseguiriam ainda nos anos de 1960 a "velha luta dos literatos e dos ensaístas mundanos contra o 'cientificismo', o 'positivismo' e o 'racionalismo' da 'nova Sorbonne'"[13], ornamentam-se, no presente, com os prestígios da ciência:

> esta luta incessante recomeçada contra o "materialismo redutor" das ciências sociais, desta vez encarnadas numa caricatura idealizada, realiza-se doravante em nome de uma ciência que, com a semiologia, na verdade a antropologia estrutural, afirma-se capaz de reconciliar as exigências do rigor científico e as elegâncias mundanas da crítica de autores[14].

Bourdieu convida-nos salutarmente a não termos muita ilusão acerca da cientificidade da semiologia, que se arrisca sem cessar a cair na tagarelice mundana ou na tecnologia sem fundamento. Eis aí, tudo somado, o drama de uma teoria menor que aspira a uma universalização majoritária que pensaria o conjunto das teorias parciais: nos momentos de fraqueza ou ingenuidade teórica, essa metateoria toma por vezes o título de teoria pós-moderna[15], sem que essa etiqueta mágica seja verdadeiramente capaz de englobar e cobrir um novo conjunto teórico, ao descrever os mecanismos que o regem (no melhor dos casos, percebe-se uma diferença e uma fronteira com o modelo do modernismo ou do classicismo).

É muito, com efeito, a própria identidade da teoria teatral que está em jogo: a teoria é plural? Existe, como o afirma Josette Féral[16], não UMA, porém VÁRIAS teorias? Poderíamos, nesse caso, enxergar a teoria sem nos arriscarmos a parcelar o saber, sem degradá-la em técnicas de investigação sobre aspectos isolados da representação? Nada é menos seguro. Porque o que se ganha em eficácia metodológica para descrever um elemento do espetáculo ou da atividade teatral, perde-se em compreensão global e em rigor epistemológico. A teoria não consegue mais ser uma reflexão que evita divisar o saber ou a coerência, mas que busca, no entanto, pensar em conjunto fenômenos aparentemente sem relação: como, por exemplo, a gestualidade, o ritmo vocal, os *gestus* do texto dramático, o dispositivo de recepção etc. Falar da teoria, mais do que de teorias, manter a unidade da teoria, isso não leva a rejeitar ou a diversificar as abordagens e os métodos de análise;

---

13. *Homo Academicus*, p. 155.
14. Idem, ibidem.
15. P. Pavis, Réflexions sur la crise du théâtre et de la théorie post-modernes, *Communication à la conférence "The Question of the Post-Modern"*.
16. Porquoi la théorie? Lettre ouverte aux praticiens, p. 12.

isso significa manter a ligação entre os resultados, não cindir – por exemplo, uma análise formal de signos e uma pesquisa sociológica na sua relação com a ideologia –, mas sim pensar em conjunto o funcionamento do signo no e para o exterior da representação[17], esforçar-se por compreender em sua auto, inter e ideotextualidade. A dificuldade está em unificar-se, em homogeneizar-se as teorias parciais, sem no entanto estandardizá-las. Ora, isso não é coisa fácil numa época de estandardização de modelos culturais e ideológicos.

5. *Estandardização de modelos culturais e teóricos.* A criação no seio da teoria menor de novas minorias das quais acabamos de ver os efeitos perversos, explica-se também por uma estandardização de modelos culturais e teóricos, tanto no Ocidente quanto no Oriente.

No Ocidente, é paradoxalmente a tecnocracia multinacional, o *fast-food* do espírito e da edição que toleram melhor e até favorecem um regionalismo de cor local, uma cultura minoritária, da mesma maneira como conservamos um canto de jardim sem ingredientes químicos dentro de um campo, em oposição, carregado de pesticidas. O capitalismo compreendeu bem que o fenômeno minoritário pode ser consumido em dois níveis: estandes bretões ou alsacianos dentro dos grandes magazines, festivais folclóricos de música tradicional ou de teatro de culturas regionais etc. As minorias culturais são administradas para fins eleitorais, como se quisesse recuperar mais adequadamente um movimento ecológico que, por si mesmo, não consegue introduzir-se no cenário político. No Oriente, essa tolerância para com o regionalismo, o folclore ou as literaturas nacionais é acompanhada de uma estandardização ideológica sem igual, tendo por acréscimo a boa consciência ecológica de ter protegido minorias em vias de extinção, que aliás não têm outros direitos senão os de ser folclóricas e de segunda extração com relação à cultura dominante (a russa ou a da União Soviética, por exemplo). Nos dois sistemas, manifesta-se uma falsa solicitude para com o fenômeno minoritário, que é ao mesmo tempo marginalizado e mantido sob controle por um sistema centralista que repousa, no Ocidente, sob o domínio do mercado, no Oriente sob o do Estado policial do pseudossocialismo.

Pode-se observar o mesmo fenômeno de folclorização e gadgetização a propósito do papel atribuído à teoria literária e teatral, tanto no Ocidente quanto no Oriente. No Oriente, a referência obrigatória da teoria ao marxismo desgastadíssimo, inclusive no caso de alguns teóricos corajosos com alusões camufladas ao estruturalismo, à semiótica, especialmente ao estruturalismo praguense, não poderia produzir outra coisa senão uma teoria massivamente majoritária e incontornável, que não conseguiria adaptar-se a formas novas (aliás,

---

17. P. Pavis, La réception du texte dramatique et spetaculaire..., op. cit.

rapidamente recuperadas como tais e reprimidas)[18]. O Ocidente sofre, ao contrário, de um excesso de métodos, técnicas, sistemas e teorias, dos quais não fazemos mais do que aplicações parciais e que nunca chegamos a pensar globalmente num quadro epistemológico: entre as pesquisas de público, a descrição de sistemas cênicos, a pragmática da enunciação ou da antropologia, somos mais ou menos capazes de estabelecer um vínculo, e nos refugiamos num culto da eficácia, de resultados pontuais, do ecletismo, do consumismo, em resumo, de *know-how*. Num tal cipoal de teorias em flor, compreende-se que o público se sinta desamparado, não somente na universidade, mas também nos teatros e nas mídias; tomemos então como exemplo a fascinação que a desconstrução de Derrida pode exercer na universidade americana, na qual o impressionismo pragmático encontrou o meio de retomar, a baixo custo, uma feição muito assaltada pelos princípios fundamentais.

Porém, ao dizer tudo isso, e para as necessidades da (boa) causa teórica, simplifico um pouco e, justamente nos casos-limites, é que o trabalho teatral retoma seus direitos e faz mentir as teorias menos simplificadoras. Gostaria de dar dois exemplos encorajantes, visto provarem que, tanto no Oriente quanto no Ocidente, a prática ainda pode tratar da questão das minorias: no Oriente sem cair num discurso condescendente do partido ou do Estado, no Ocidente sem se limitar a uma concepção etnográfica e folclórica das minorias.

Criado em Trnava, numa pequena vila da Eslováquia, em 1983, o espetáculo *Ako sme sa hladati* (Como fomos Procurados), conta numa sequência de quadros as discórdias da nação eslovaca com seus invasores sucessivos, os Habsburgos no século XV, os turcos no século XVII, a Áustria-Hungria durante a segunda metade do século XIX, os tchecos durante a primeira República. As cenas mostram a tomada de consciência nacional, as artimanhas manifestadas para conservar uma língua e uma cultura, a permanência do povo, fossem quais fossem os acontecimentos. Não se fala da história recente dos últimos quarenta anos, mas a modelização da identidade nacional e os mecanismos de defesa e sobrevivência tornam perfeitamente desnecessária qualquer alusão direta aos russos – esses queridos camaradas que vieram liberar os tchecoslovacos.

O espetáculo e o que se pode dizer dele estão na ordem do não-dito e do implícito, a questão da nação minoritária (aliás, mais do que da minoria nacional) é tratada sem concessão e, sobretudo, graças a um trabalho cênico apurado, simples e concreto que economiza discursos longos sobre a opressão – discursos aliás impossíveis.

O segundo exemplo, ocidental no caso, é o da recente encenação de Philippe Adrien, *Rêves de Franz Kafka* (Sonhos de Franz Kafka),

---

18. Alegro-me em constatar, em 1990, que tudo isso pertence ao passado.

a partir dos sonhos relatados no *Journal* (Diário) de Kafka reunidos por Félix Guattari, organizados por Enzo Corman. A questão da minoria nacional está nele presente através das alusões à cultura judaica, ao ídiche, ao alemão falado em Praga e ao tcheco. Porém, está sobretudo na relação do personagem de Kafka com K., nas suas desavenças com seu pai, sua mãe, sua noiva e outras autoridades policiais e burocráticas, que o espetáculo aborda com suporte nos três caracteres da literatura menor evocados anteriormente. Coloca-se em questão a fragmentação do eu do sujeito sonhador, a recorrência de figuras oníricas apresentadas pelos atores, pela música, pelo texto do diário pronunciado ou enunciado em voz *off*. A encenação resiste à tentação de falar do inconsciente com meios outros que não sejam os do inconsciente, de seriar os materiais oníricos tirados do *Diário* ao organizá-los segundo uma lógica racional. O ponto de partida do espetáculo é abordar os materiais do inconsciente constituindo-os conforme as próprias leis do inconsciente, situando o espectador, ser minoritário malgrado seu, numa situação de destituição psicológica, sem que ele saiba, ao deixar o teatro, qual elemento pertinente acabou por escapar-se-lhe e qual é o seu sentido; alguma coisa teve lugar da qual não sou testemunha, a não ser tarde demais. Por meio dessa figuração sempre falha e parcial do sonho, o espectador simboliza essa desterritorialização de um personagem e de uma cultura, desterritorialização devida à impossibilidade de se apropriar de uma única linguagem e de uma linguagem homogênea, de viver numa língua maior sem se sentir, no entanto, à vontade numa língua menor. O sonho torna-se a metáfora cênica dessa expropriação do personagem, do sentido, da enunciação individual. Ele impõe um modo de leitura e, portanto, uma teoria da recepção que não parte de uma escala preliminar, porém que procuram apreender a encenação sob o "modo menor": que Kafka, Deleuze e Guattari sejam os guias teóricos desse percurso iniciático permite pelo menos uma reterritorialização da teoria, uma recuperação crítica do material bruto do sonho e da língua minoritária. Isso reaproxima, ainda, a teoria de uma criação digna de figurar entre as belas-artes.

## A TEORIA COMO UMA DAS BELAS ARTES

### Os Prazeres da Teoria

Porque é este o paradoxo que queremos, no momento, sustentar, não sem provocação. É que a separação dos gêneros passa por adquirida e indiscutível: haveria aí, de início, a prática e a criação que se bastam a si mesmas, pois a seguir somente e de modo acessório a teoria vem enxertar-se, secundária e parasita, na criação. Agradeço-lhes as conotações bem conhecidas que afligem os teóricos, esse ser "sentencioso", "tagarela", "impotente" e "inútil", e os envio, como complemento da informação, à descrição que Barthes fazia antigamente do intelectual visto por Poujade, a de um professor aproveitador, ocioso, seco, vão, estéril e debochado, em resumo, "parisiense" (recordo-lhes que não sou parisiense)[19]. Mais seriamente: se as relações da prática com a teoria são muitas vezes vivenciadas como conflituais, o seu projeto como contraditório, isto é consequência de uma concepção largamente romântica da arte, que favorece o dramaturgo/demiurgo como criador encarado como genial, que faz do ator um monstro sagrado e que venera, no momento, o encenador-tirano que veio para incarnar, ao mesmo tempo, a instituição teatral e a produção monopolística do sentido. Esse reconhecimento igualmente estético e institucional confere-lhe um poder que ele não está disposto a partilhar com quem quer que seja, principalmente o poder de ter, da mesma maneira, uma ideia e uma teoria sobre o texto a ser encenado e os meios de realizar essa concepção. A articulação do saber e do poder, da teoria e da prática, "natural" no caso do encenador, tornou-se problemática para todos os outros níveis, especialmente quando o espetáculo já aconteceu. A sua reconciliação não é, doravante, possível a não ser que se separe mais claramente produção de recepção, particularmente quando da preparação da encenação (com a intervenção do dramaturgo e o trabalho dramatúrgico antes e durante as representações), mas também quando da recepção pública do espetáculo (encorajando, por exemplo, o poder conectador, generalizador do espectador)[20].

Não se trata de misturar teoria e prática numa desconhecida atividade ou escritura prático-teórica de nova confecção, porém de mostrar em que medida cada atividade não passaria de seu complemento. Tentativas existem para embaralhar as pistas, a iniciativa provindo seja ora (e mais frequentemente) de teóricos, ora de práticos. Observa-se, assim, uma tendência da escritura teórica (e mais ainda da escritura crítica) em querer rivalizar pelo texto escrito com a criação teatral, em fazer do texto-comentário um momento de escritura com finalidade estética, na verdade estetizante, na qual os procedimentos procurariam transformar iconicamente o trabalho da encenação. Essa escritura "beletrista" é sempre, em certa medida, um ponto em falso com relação ao seu objeto, pois, não utilizando o mesmo *medium*, ela é necessariamente menos convincente na medida em que, enquanto discurso crítico, pode cortar totalmente o cordão umbilical com a prática de que se supõe dar conta. Não é seguro, portanto, que se possa anular a fronteira entre os dois discursos, muito simplesmente porque a criação e a reflexão são dois desejos de conhecimento

---

19. R. Barthes, *Mythologies*, p. 182-190.
20. La réception du texte dramatique et spetaculaire..., op. cit.

diferentes que podem coincidir num mesmo indivíduo, mas não num mesmo discurso, ou então nos diferentes momentos desse discurso.

## O Lugar da Teoria

É que o lugar – tanto quanto a natureza – da teoria é, no momento, difícil de ser determinado, na medida em que não cessa de deslocar-se no trabalho teatral: não se situa nem apenas "antes" da realização cênica – num trabalho de mesa sobre o texto, por exemplo –, nem somente "depois" numa reflexão-avaliação, porém justamente durante o trabalho teatral: a preparação dramatúrgica, se ainda existe, é imediatamente confrontada no trabalho do ator, para se verificar o que realmente pode acontecer no seu trabalho; a experimentação cenográfica é concretizada ao mesmo tempo que os primeiros ensaios com os atores; o trabalho do ator é interrompido sem cessar pelas avaliações críticas e como uma referência ao conjunto da enunciação cênica. Assim, o afastamento teórico de inúmeros práticos, o abandono da referência a Brecht ou à análise dramatúrgica, por exemplo, não significam uma eliminação da teoria, porém o seu deslocamento e sua ramificação em todos os níveis e em todos os momentos da criação.

A teoria acha-se mais intimamente associada à prática concebida como componente insubstituível do "trabalho teatral", expressão brechtiana que diz perfeitamente da imbricação da reflexão prática e da atividade teórica. Para seguir essa evolução do trabalho teatral é preciso propor um modelo dialético de produção e recepção do texto dramático e do espetáculo, que ultrapassa o esquema clássico da comunicação considerada como emissão-recepção. Tenho me esforçado por mostrar em outro lugar[21] que a produção do espetáculo pressupõe uma teoria da situação de recepção, e que a recepção do espectador passa, por meio de um circuito de sentido, pelo "Contexto Social" de sua recepção e pela reavaliação permanente dos significantes e significados, devido ao fato da sua passagem pelo "Contexto Social" de sua recepção. Desta maneira, a recepção e a teoria não aparecem mais como vistas a reboque da produção e da prática; a encenação apresenta-se de início – tanto na sua vertente produtiva, como na sua vertente receptiva –, como um dispositivo de enunciação prestes a gerar sentidos possíveis, em função da regulagem da relação teoria/prática, produção/recepção. Se a teoria menor – a semiologia, por exemplo – encontra-se desde o princípio "desterritorializada", e portanto isolada num corpo de doutrina que percebe o espetáculo do exterior e "em bloco", ela empreende agora – tanto na teoria quanto na prática – um processo de "reterritorialização" ao se infiltrar e ao se diversificar nos níveis e momentos do espetáculo.

21. Production et réception au théâtre, op. cit.

Esta "reterritorialização" não tem nada de parcelamento do saber em teorias parciais; ao contrário, é uma ramificação do saber em vários níveis da prática. Isto significa que ela pretende afetar a prática ao invés de ser um decalque passivo e *a posteriori*. É o caso de uma nova versão da fábula da rã (teórica) que quer fazer-se maior que o boi (prática)? Realmente! Constatamos simplesmente que a crise da teoria minoritária, a sua desterritorialização, em seguida suas tentativas de reterritorialização, sua infiltração "rizomática" no trabalho teatral indistintamente teórico e prático, nada mais são do que a resposta a uma crise extremamente salutar da teoria semiológica considerada como simples técnica de formalização e descrição um pouco mítica do texto espetacular.

## Crise da Semiologia

A solução diante dessa crise é por vezes radical: Marco de Marinis fala de um "suicídio da semiologia como disciplina autônoma" e de uma "redução a um suporte propedêutico (ou mesmo somente a uma maquilagem terminológica)"[22], uma "liquidação, como desses saldos de fim de série, de uma grande parte do seu patrimônio teórico e da especificidade da disciplina"[23]. É verdade que a tentação é grande, se não de suicidar-se teoricamente, pelo menos de "jogar fora o bebê com a água do banho". É um pouco aquilo que já fizeram, cada um ao seu estilo, Artaud, Derrida, Barthes e Lyotard, na sua crítica do signo[24]. Somos, aliás, encorajados a isso pelos ataques da crítica positivista tradicional (cada vez mais renascente) e pela situação do gueto onde está confinada a pesquisa semiológica (mesmo que seja um gueto de dimensões extensíveis). Tendo-se tornado uma disciplina aceita unicamente no gueto dourado de alguns especialistas, a semiologia procura, para sair dele, negar-se como disciplina e, *a fortiori*, como ciência para melhor definir-se como método. Ela se torna muitas vezes uma atividade pedagógica de sensibilização para a prática do signo: Anne Ubersfeld não faz outra coisa em *L'École du Spectateur* (A Escola do Espectador); a edição e os organismos de subvenção programam, no momento, manuais de semiologia aplicada; eu resolvi, provisoriamente, o meu suicídio teórico ao distribuir aos estudantes um questionário sobre o funcionamento da encenação, sem mencionar o termo signo ou semiologia (cf. anexo). Reação de recuo pedagógico face ao terrorismo da antiteoria? Provavelmente. É certo que esta colocação em questionamento da representação por meio de um discurso pedagógico a partir dos espectadores degenera rapidamente, é preciso sabê-lo, numa *checklist* para analistas apressados.

---

22. Production et réception au théâtre, op. cit., p. 124.
23. Idem, ibidem.
24. Réflexions sur la crise du théâtre et de la théorie post-modernes, op. cit.

Paradoxalmente, a crise da teoria reconduzida à classe de técnica de registro e abdicando de qualquer pretensão epistemológica não é negativa; ela não caiu de moda para todo mundo e, sobretudo, para os práticos, que cansados de uma teoria pesada e elaborada fora do texto e do teatro, numa análise dramatúrgica socioeconômica (de tipo brechtiano, por exemplo), almejam tratar o texto ou o espetáculo como teorização desmultiplicada e minoritária, como pluralidade de significações, como prática significante. São tantos os desbordamentos da teoria na prática que se dará aqui apenas um único exemplo.

## Desbordamentos da Teoria na Prática

a. As práticas significantes substituem a antiga análise dramatúrgica visando determinar os significados do texto e a mostrá-los na representação, através de uma abertura do texto dramático na experimentação cênica, procurando não privilegiar uma interpretação, mas sim manter uma série de pistas que se contradizem, que se afastam novamente e que se recusam à produção de uma significação central ou global. A pluralidade de leituras é assegurada pela multiplicação de enunciadores cênicos (ator, música, ritmo global da apresentação dos sistemas de signos), pela ausência de hierarquia entre os sistemas cênicos (ou a renovação constante desta hierarquia). O estatuto do texto dramático, portanto, mudou radicalmente: não é mais o depositário de um sentido, que a encenação não faria mais do que exprimir, interpretar, transcrever; não é mais absolutamente um "material de construção", que uma leitura brechtiana irá modelar em função de um projeto ideológico específico: ele se tornou esse "obscuro objeto do desejo", que o ritmo da enunciação cênica constitui de acordo com "uma multiplicidade de pontos de vista" (como diz Brook[25]), ou de acordo com as "variações infinitas" que "terão lugar entre elas" (como diz Vitez[26]). Vê-se que é justamente a teoria do ritmo[27] que influencia a prática, que é justamente a decisão "teórica" de partir de um esquema rítmico vocal, entonativo, coreográfico, que dá sequência ao seu sentido "prático" no texto.

b. Este exemplo de desbordamento da teoria na prática, esta vontade de não mais separar nem distinguir o dispositivo da produção-recepção do trabalho hermenêutico do espectador, é característico de uma vanguarda que, ao mesmo tempo, menospreza uma teoria *a priori* e unívoca e que reinveste na teoria e no processo de produção de sentido em todos os momentos da encenação. Tal desbordamento fica, de qual-

---

25. Interview avec P. Brook, *Théâtre/Public*, p. 87.
26. Conversation entre G. Bourdet et A. Vitez, *Journal du théâtre national de Chaillot*, n. 1, p. 4.
27. Réflexions sur la crise du théâtre et de la théorie post-modernes, op. cit.

quer forma, limitado à vanguarda, a uma dramaturgia muito minoritária no conjunto da produção. A influência da teoria sobre os dramaturgos varia consideravelmente de acordo com o gênero dramático e conforme a natureza majoritária ou minoritária do espetáculo. Terminaremos esta exposição com um balanço das influências, visíveis e ocultas, da teoria.

## UMA INFLUÊNCIA LIMITADA, MAS ESSENCIAL

Se a influência é também limitada, trata-se, em primeiro lugar, como se viu, de que a teoria é pensada e pesquisada lá onde não se espera: desde as primeiras reflexões dos práticos sobre seu trabalho, no seu olhar sobre a sua prática, na sua maneira de refletir sobre a sua arte, pelo desejo de sistematização, de eficácia, pela absoluta ou simples curiosidade intelectual. A relação dos criadores com a teoria é sempre indireta: ela passa pela mediação de discursos, debates, de todo um "ar do tempo", ao qual eles não saberiam como escapar. Não vou chegar ao ponto de afirmar que o desejo de criação vem da teoria, pois qualquer desejo se define por seu objeto e não pela sua origem; o desejo criativo, bem como o desejo teórico (é claro, isso existe!) vem da vontade de situar-se no mundo por meio da afirmação de um ponto de vista, de tomar partido nos debates de ideias, mas também e sobremaneira no das formas. Mesmo que a teoria não mude as estruturas institucionais e as formas artísticas – as quais não evoluem senão a longo prazo e sobretudo em função das mudanças ideológicas e políticas de grande alcance –, ela assume o seu lugar entre os fatores estruturadores ou desestruturadores, especialmente pelo que é a definição, sempre em suspenso, de saber o que "faz sentido" no teatro.

Porém, seria necessário, de qualquer forma, precisar finalmente de qual dramaturgia se fala e dizer que o termo – ao menos no uso francês – não se refere somente à produção escrita, porém estende-se às práticas cênicas, não se limitando a cena a um bastidor teatral. A influência da teoria na prática cênica parece mais relevante do que sua escritura, pois o trabalho coletivo do empreendimento teatral é mais exposto a uma reflexão de conjunto na elaboração prática. Na medida em que qualquer escritura dramática não existe verdadeiramente enquanto não for produzida e recebida num palco, a escritura é necessariamente, também ela, influenciada pela reflexão teórica.

*Influências nas Dramaturgias Majoritárias*

Maioria Comercial

Em todo setor do teatro privado, de bulevar ou do teatro dito "burguês", a influência da teoria é quase nula, e até "negativa" na medida em que o teatro comercial detesta qualquer pretensão a teorizar e, sobretudo, para colocar em questão os seus mecanismos ideológicos e econômicos. Isso constitui até, por vezes, o tema de sua sátira (ver *Le tournant* [A Reviravolta], de Françoise Dorin, que aborda a vanguarda e os intelectuais). Pode-se ousar dizer que a influência da teoria em tal teatro é, na mesma medida, tanto mais limitada quanto esse tipo de teatro tem pouco interesse? Observação elitista, sem dúvida alguma! Por que dar-se ao trabalho de teorizar sobre um gênero teatral que não vive senão de receitas aprovadas, que não se interessa pela reflexão sociológica a não ser na medida em que ela ajuda a compreender a evolução dos gostos do público e do mercado?

## Maioria Ideológica

O caso de uma dramaturgia ideologicamente dominante é muito mais delicado. Nós a encontramos – infelizmente! – sobretudo nos países do Oriente, ali onde o controle da censura e do repertório é absoluto. O paradoxo é que as condições técnicas e o nível artístico dos atores são, na maior parte do tempo, excelentes, porém a temática imposta não interessa ao público. Nenhuma inovação teórica pode manifestar-se a não ser na renovação formal, numa perfeição técnica notável; ela não permite que se coloque em crise a instituição, e além dela, a sociedade, de sorte que a teoria tem o efeito perverso seja de isolar-se num discurso exterior não concretizado na encenação, seja de contribuir para uma virtuosidade vazia do trabalho do ator e dos artesãos da cena.

## Maioria Nacional e Encenação de Clássicos

É o setor do teatro subvencionado, tal como o conhecemos na França e na Alemanha: o teatro que está incumbido, dentre outras tarefas, de manter o repertório clássico. A teoria conheceu o seu momento de glória com o brechtianismo e, mais geralmente, com a abordagem crítica de grandes mitos, temas e textos. A teorização brechtiana correspondeu não apenas a um imenso processo de democratização do teatro, como sobretudo ao resultado de uma concepção visual do teatro: tudo – e singularmente as contradições – deveria ser mais "legível" do que "visível", inscrito no corpo do ator, no arranjo do grupo, na cenografia. O real devia ser colocado em signos críticos de si mesmos, "a arte dramática tem, menos do que exprimir o real, significá-lo"[28]. É a conjunção do marxismo (de sua assimilação das estruturas econômicas, sociológicas e afetivas) com uma semiótica do visível tornado legível, que forneceu para a dramaturgia um modelo ao mesmo tempo teórico e prático para analisar a sociedade e "colocá-la em teatro". Avanço considerável e que deveu o seu declínio somente ao progressivo monolitismo da

---

28. R. Barthes, *Essais critiques*, p. 87.

ideologia e dos regimes que continuaram a reclamar do marxismo e da teoria crítica do social, ao todo exercendo uma prática política imperialista e dogmática. Porém, o declínio e o bloqueamento dessa teorização explicam-se também pela chegada e pela concorrência de outras disciplinas – psicanálise, antropologia, linguística, "história nova" etc. –, disciplinas que espalharam o discurso crítico, mas que não chegaram a se entender mais e, *a fortiori*, a coexistir no interior do discurso da encenação. Já vimos a reação da "prática significante", que pretende levar em conta essas novas linguagens, sem no entanto decidir-se a deixá-las ocupar e cercar a interpretação.

Esta reação a uma teorização global, como a da dramaturgia brechtiana, pode parecer uma rejeição da teoria, da explicação diretiva, de uma sociossemiótica, uma outorga de poder aos caixeiros-viajantes do inefável. É verdade, trata-se antes de tudo de uma relocalização da teoria a outros níveis distintos, de uma ironia dolorosa da encenação decidida a privar-se das facilidades da ilustração, do comentário, da explicação. Esta "reterritorialização" da teoria no interior do ritmo, da enunciação, cria um novo paradigma que nada fica a dever à representação, à legibilidade ou à exterioridade do signo e da fábula, mas que se fundamenta numa leitura mais intuitiva, interiorizada, do texto como ação simbólica e desencadeamento temporal.

## *Influência nos Dramaturgos Minoritários*

### Minoria de Vanguarda

É precisamente nesta mudança de paradigma, nesta crise e em suas dúvidas a respeito da semiologia, que a influência da teoria é mais evidente, como tivemos oportunidade longamente de ver. Aí ainda é preciso distinguir uma minoria no sentido cultural e etnológico e uma minoria do público de vanguarda. Deixemos de lado esta última, visto que é a ela que consagramos a maior parte de nossas reflexões e na qual já insistimos muito, não sem malícia e sem delícia, com relação ao conluio entre teoria e criação, a ponto de sugerir que a vanguarda não consegue mais distinguir e, *a fortiori*, separá-las, quer se trate de produzir o espetáculo ou de recebê-lo.

### Minoria Cultural

Para as culturas minoritárias, parece possível tirar vantagem da inferioridade numérica e do reflexo de solidariedade de qualquer grupo ameaçado:

> A memória de uma pequena nação não é mais curta do que a de uma grande, ela trabalha, portanto, mais a fundo o material existente. Certamente, há menos empenho para os especialistas da história literária, porém a literatura é menos o caso da história

literária do que o caso do povo, e isso porque ela se encontra, senão em mãos puras, pelo menos em boas mãos. Pois as exigências que a consciência nacional postula ao indivíduo, num pequeno país, acionam essa consequência de que cada um deve sempre estar pronto a conhecer a parte da literatura que lhe pertence, a sustentá-la e a lutar por ela, a lutar por ela em qualquer caso, mesmo que não a conheça nem que a mantenha[29].

Isto que Kafka descreve magnificamente aqui, este trabalho aprofundado de um material minoritário, nós poderíamos – e talvez deveríamos – fazer dele a figura emblemática de qualquer cultura de alcance limitado e o objetivo de nossa teoria teatral e de nossa responsabilidade como intelectuais. Pois mesmo que minoritárias, mesmo que menores, mal conhecidas e menosprezadas, esta cultura e esta teoria não são menos a nossa razão de ser.

---

29. *Journal*, p. 181.

## ANEXO:
## QUESTIONÁRIO SOBRE OS ESPETÁCULOS

1. Discurso global da encenação:

   a. O que sustenta os elementos do espetáculo (relações de sistemas cênicos)?
   b. Coerência ou incoerência da encenação: no que se fundamenta?
   c. Princípios estéticos da realização.
   d. O que o perturba nesta encenação: quais os momentos fortes, fracos ou aborrecidos? Como ela se situa na produção atual?

2. Cenografia

   a. Formas do espaço urbano, arquitetural, cênico, gestual etc.
   b. Relação entre espaço do público e espaço da representação.
   c. Princípios da estruturação do espaço:

      1. Função dramatúrgica do espaço cênico e de sua ocupação.
      2. Relação do cênico com o extracênico.
      3. Ligação entre o espaço utilizado e a ficção do texto dramático encenado.
      4. Relação entre o mostrado e o oculto.
      5. Como evolui a cenografia? A que correspondem as suas transformações?
   d. Sistemas de cores, formas, materiais: as suas conotações.

3. Sistema de iluminação: natureza, ligação com a ficção, com a representação, com o ator.

4. Objetos
   Natureza, função, material, relação com o espaço e o corpo, sistema de seu emprego.

5. Figurinos: função, sistema, relação com o corpo.

6. Representação dos atores

   a. Descrição física dos atores (gestualidade, mímica, maquilagem); mudanças de sua aparência.
   b. Construção do personagem.
   c. Relação entre ator e grupo: deslocamentos, *blocking* (agrupamento), trajetória.
   d. Relação texto/corpo, ator/papel.
   e. Voz: qualidades, efeitos produzidos, relação com a dicção e o canto.
   f. Estatuto do comediante: o seu passado, sua situação na profissão etc.

7. Função da música, do som, do silêncio.

   a. Natureza e características: relação com a fábula, com a dicção.
   b. Em quais momentos eles intervêm; consequência para o restante da representação.

8. Ritmo do espetáculo

   a. Ritmo de alguns sistemas significantes (troca de diálogos, iluminação, figurinos, gestualidade etc.). Ligação entre a duração real e a duração vivida.
   b. O ritmo global do espetáculo: ritmo contínuo ou descontínuo, mudanças de regime, ligação com a encenação.

9. Leitura da fábula por esta encenação

   a. Que história é contada? Resuma-a. A encenação conta a mesma coisa que o texto?
   b. Quais são as escolhas dramatúrgicas? Coerência ou incoerência da leitura?
   c. Quais são ambiguidades do texto, quais os esclarecimentos feitos na encenação?
   d. Qual é a organização da fábula?
   e. Como a fábula está construída pelo ator e pela cena?
   f. Qual é o gênero do texto dramático de acordo com a encenação?
   g. Outras opções de encenação possíveis.

10. O texto na encenação

    a. Características da tradução (se for o caso). Tradução, adaptação, reescritura ou escritura original?
    b. Qual lugar da encenação é admitido pelo texto dramático?
    c. Relações do texto com a imagem, os ouvidos e com os olhos.

11. O espectador

    a. No interior de qual instituição teatral situa-se esta encenação?
    b. Quais expectativas tinha você deste espetáculo (texto, encenador, atores)?
    c. Quais pressupostos são necessários para apreciar este espetáculo?
    d. Como reagiu o público?
    e. Papel do espectador na produção do sentido. A leitura sugerida é unívoca ou plural?
    f. Quais imagens, cenas e temas o interrogam e permanecem com você?
    g. Como a atenção do espectador é manipulada pela encenação?

12. Como registrar (fotografar ou filmar) este espetáculo? Como conservá-lo na memória?
    O que escapa ao registro?

13. O que não é semiotizável.
    a. O que, na sua leitura da encenação, não adquiriu sentido?
    b. O que não é redutível ao signo e ao sentido (e por quê)?

14. Balanço
    a. Quais são os problemas particulares que devem ser examinados?
    b. Outras observações, outras categorias para esta encenação e para o questionário.

# 7. Para uma Especificidade da Tradução Teatral: A Tradução Intergestual e Intercultural*

Se os problemas da tradução – da tradução literária em particular – começam a ser bem conhecidos, o mesmo não ocorre com os da tradução teatral, particularmente da tradução para a cena efetuada tendo em vista uma encenação[1]. A custo nos damos conta da situação de enunciação

*. Comunicação na conferência de Jerusalém (junho de 1986) organizada por Hannah Scolnicov e Peter Holland, na Universidade Hebraica de Jerusalém. Uma versão diferente deste texto apareceu em inglês em Hanna Scolnicov, Peter Holland (eds.), *The Play out of Context*, com o título de "Problems of translation for the stage: interculturalism and post-modern theatre" (Problemas de tradução para o palco: interculturalismo e teatro pós-moderno). O título não foi escolhido por mim, mas pelos editores do volume.

1. Esta situação, aliás, está a ponto de mudar graças especialmente às pesquisas do Grupo da Universidade de Göttingen, dirigido por Brigitte Schulze, e aos *Assises de la Traduction littéraire en Arles* (Sessões Plenárias da Tradução Literária em Arles), que organizam a cada ano um debate e oficinas sobre questões específicas da tradução literária, especialmente em novembro de 1989, sobre a tradução teatral. Cf. *Actes des Assises* (Atas das Sessões Plenárias) 1987, 1988, 1990. Nós optaremos, portanto, pelo caso em que a tradução é efetuada para uma encenação, quer seja ela comandada pelo encenador ou no caso de a tradução ser publicada à espera de que um encenador se interesse por ela e decida montá-la.

Uma tradução que decidisse de início ter sido feita unicamente para ser lida (e não representada) perderia de um só golpe qualquer especificidade e seria assimilável a uma tradução literária. Compreende-se mal, nesse caso, por que um grupo de pesquisas (como o Sonderfachbereich 309, da Universidade de Göttingen), pode ao mesmo tempo reivindicar um estudo específico da "tradução do drama e do teatro" e preferir uma teoria da tradução do drama, acreditando que "uma maneira de traduzir unicamente em função da realização cênica possa conduzir a importantes reduções da construção literária do sentido" (Apreciação sobre a oficina do SFB 309 de 28 de novembro de 1989, redigida por Brigitte Schulze). O SFB 309 responderia seguramente que parte do princípio de que

própria do teatro: a de um texto proferido pelo ator, num tempo e lugar concretos, dirigido a um público que o recebe no fundo de um texto e de uma encenação. Para pensar o processo da tradução teatral seria preciso interrogar ao mesmo tempo o teórico da tradução e da literatura e o encenador ou o ator, assegurar-se de sua cooperação e integrar o ato da tradução à esta *translação*, muito mais ampla do que a encenação de um texto dramático e a presentificação de uma cultura e um público estranhos um ao outro. No teatro, com efeito, o fenômeno da tradução para a cena (que unicamente nos interessa aqui) ultrapassa de muito aquele, bastante limitado, da tradução *interlingual* do texto dramático. Para tentar aprofundar alguns problemas de tradução específicos da cena e da encenação, levaremos em conta duas evidências: 1. no teatro a tradução passa pelo corpo dos atores e pelos ouvidos dos espectadores; 2. não se traduz simplesmente um texto linguístico para outro: confronta-se, e faz-se comunicar graças ao palco, as situações de enunciação e de cultura heterogêneas, separadas pelo espaço e pelo tempo[2].

## PROBLEMAS ESPECÍFICOS DA TRADUÇÃO DA CENA

### *A Interferência de Situações de Enunciação*

O tradutor e o texto de sua tradução situam-se na intersecção de dois conjuntos aos quais pertencem em graus diversos. O texto traduzido faz parte igualmente tanto do texto e da cultura-fonte quanto do texto e da cultura-alvo: eles têm portanto, necessariamente, uma função de mediação. A transferência concerne, da mesma maneira, tanto ao texto-fonte, na sua dimensão semântica, sintática, rítmica, acústica, conotativa etc., quanto ao texto-alvo, nas suas mesmas dimensões necessariamente adaptadas à língua e à cultura alvos. A este fenômeno "normal" para qualquer tradução linguística acresce-se, no teatro, a relação de situações de enunciação: compreende-se o texto apenas na sua situação de enunciação: esta é, na maioria das vezes, virtual, ou seja: conteúdo no texto dramático (diálogos e didascálias); com efeito, o tradutor trabalha na maior parte

---

o texto dramático possui uma especificidade textual: nós apenas poderíamos repetir que, para nós, a especificidade não é de ordem textual, porém pragmática, isto é, ligada ao uso de um palco. Cf. Do Texto para o Palco: Um Parto Difícil, capítulo 2, deste livro.

2. Não discutimos aqui a noção de tradução como equivalência, noção justamente rejeitada por Loren Kruger e Mary Snell-Hornby. Esta última escreveu de forma muito pertinente: "O conceito de equivalência, qualquer que seja a maneira em que foi interpretado e estruturado, é essencialmente abstrato, estático e unidimensional; ele passa ao lado da dinâmica oscilante da língua e continua ilusório. A sua validade limita-se a alguns domínios da tradução técnica, que repousa numa identidade conceitual independente do contexto e provém de terminologias ligadas a uma criação de normas objetivas", M. Snell-Hornby, Sprechbare Sprache-Spielbarer Text: zur Problematik der Bühnenübersetzung, em R. Watts e U. Weidmann (eds.), *Modes of Interpretation*, p. 113. Mais adiante, substituiremos o conceito de equivalência pelo de *verbo-corpo*.

do tempo a partir de um texto escrito; acontece, entretanto (porém raramente), que ele tomou conhecimento desse texto a ser traduzido numa encenação concreta, isto é, "rodeada" por uma situação de enunciação realizada. Porém, mesmo neste caso (à diferença da dublagem no cinema, em que a situação de enunciação permanece a mesma qualquer que seja a língua), ele sabe bem que sua tradução não poderá conservar a situação de enunciação do ponto de partida, mas que está destinada a uma situação futura de enunciação que ele ainda não conhece, ou melhor: disso decorre a dificuldade e a relatividade de seu trabalho.

Desde que o texto da tradução seja encenado para a cultura e o público-alvo, ele também se cerca de uma situação de enunciação, concretamente realizada desta vez, e que pertence à cultura-alvo: as duas situações de enunciação que "cercam" o texto interferem nele, em diversos graus, ao mesmo tempo virtual e realmente. É preciso levar-se em conta esse choque de situações de enunciação, basicamente privilegiando a situação de enunciação-alvo e distinguindo-se: 1. as franjas da situação de enunciação exclusivamente "fonte" ou "alvo", e 2. a "mistura" das duas situações de enunciação. Colocamo-nos, como se pode ver, no caso de uma encenação concreta do texto traduzido, no qual se percebe perfeitamente a situação de enunciação na língua e na cultura-alvo. Na "contracorrente", no caso do tradutor, a situação é muito mais difícil, visto que ao traduzir ele deve adaptar uma situação de enunciação virtual, mas passada – que ele não conhece, ou não conhece mais (e que, portanto, deve imaginar) –, a uma situação de enunciação que será atual, mas que ele não conhece ou ainda não conhece. Antes mesmo de abordar a questão do texto dramático e de sua tradução, constata-se, assim, que a situação de enunciação real (a do texto traduzido e colocado em situação de enunciação) é uma transação entre as situações de enunciação fonte e alvo, sendo que ela faz, de algum modo, olhar um pouco torto em direção à fonte e muito mais em direção ao alvo. A tradução teatral é um ato hermenêutico como qualquer outro: para saber que o texto-fonte quer dizer, é preciso que eu o bombardeie com questões práticas *a partir* de uma língua e uma cultura-alvo, que eu me aproprie dele perguntando-lhe: situado lá onde estou, nesta derradeira situação de recepção, e transmitido nos termos dessa outra língua que é a língua-alvo, o que você quer dizer para mim e para nós? Ato hermenêutico que consiste, para *interpretar* o texto-fonte, em puxar o texto estrangeiro para si – para a língua e para a cultura-alvo –, para fazer toda a diferença com sua origem e sua fonte. A tradução, como bem o mostrou Loren Kruger (1986), não é uma pesquisa de equivalência semântica de dois textos, mas sim a apropriação de um texto-fonte por um texto-alvo:

> O fato de que se possa considerar uma tradução como apropriada depende da possibilidade de considerar que a situação de enunciação do texto-fonte, o tradutor e o discurso-alvo correspondam: esse caráter apropriado é, então, refletido na aparente in-

visibilidade da apropriação. A significação do texto traduzido provém não tanto daquilo que se pode recuperar do original, mas sim daquilo que se possa fazê-lo suportar[3].

No entanto, para descrever esse processo de *apropriação*, é preciso acompanhar as etapas do seu caminhar desde o texto e a cultura-fonte até a recepção concreta do público.

*A Série de Concretizações*

A fim de compreender as transformações do texto dramático sucessivamente escrito, traduzido, analisado dramaturgicamente, enunciado cenicamente e recebido pelo público, reconstituir-se-á o seu périplo e as suas transformações no decorrer de suas concretizações sucessivas. Fica bem entendido que essas diversas concretizações são distinguidas apenas para clarificar a teoria e o processo de aproximações sucessivas, que é a tradução.

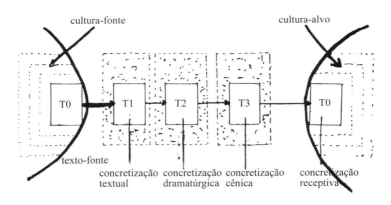

*Esquema n. 1*
*A série de esquematizações*

O texto de partida (T0) é a resultante das escolhas e da formulação pelo seu autor: "Não é", observa Jiří Levý, "a realidade objetiva que penetra na obra de arte, mas a interpretação da realidade pelo autor"[4]. Deixemos de lado a questão dessa textualização da obra, observando apenas que o texto T0 é escrito e descrito em função de suas dimensões auto, inter- e ideotextuais[5]. Esse texto não é propriamente legível a não ser no contexto de sua situação de enunciação, notadamente de sua dimensão inter- e ideotextual, ou seja, de sua relação com a cultura ambiente.

3 L. Kruger, *Questions of Theatre Translation*, p. 54.
4. *Theorie einer Kunstgattung*, p. 35.
5. P. Pavis, Production et réception au théâtre, *Voix et images de la scène*, p. 288-293.

1. O texto da tradução escrita (T1) depende, portanto, como acabamos de expor, tanto da situação de enunciação virtual e passada de T0, quanto do público futuro, que receberá o texto em T3 e T4. Esse texto T1 da tradução constitui uma primeira concretização, no sentido que demos a este termo, seguindo os trabalhos de Ingarden (1931) e de Vodicka (1975)[6]. Ela é imediatamente seguida pela concretização dramatúrgica ou T2. Com efeito, o tradutor está na posição de um leitor e de um dramaturgo (no sentido técnico da palavra): ele faz a sua escolha nas virtualidades e nos percursos possíveis do texto a ser traduzido. Ele "ficcionaliza" e "ideologiza" o texto ao imaginar em qual situação de enunciação está enunciado: quem fala a quem e para quais fins? O tradutor é um dramaturgo que deve, em primeiro lugar, efetuar uma tradução *macrotextual*, isto é, uma análise dramatúrgica da ficção veiculada pelo texto. Ele estabelece a fábula de acordo com a lógica actancial que lhe parecer conveniente; reconstitui a "totalidade artística"[7], o sistema de personagens, o espaço e o tempo em que evoluem os actantes, o ponto de vista ideológico do autor ou da época que transparecem no texto; faz a parte dos traços individuais específicos de cada personagem e os traços suprassegmentados do autor, que tende a homogeinizar todos os discursos; esboça o sistema de ecos, repetições, reprises, correspondências, que asseguram a coerência do texto-fonte. Porém, a tradução macrotextual, caso não seja possível senão na leitura do texto – portanto, na leitura de microestruturas textuais e linguísticas –, implica, em troca, a tradução dessas mesmas microestruturas. Neste sentido, a tradução teatral (como qualquer tradução literária ou tradução de ficção) não é uma simples operação translinguística; ela empenha muito uma estilística, uma cultura, uma ficção, para não passar por essas macroestruturas. Georges Mounin tem razão de frisá-lo:

> Uma tradução teatral representável é produto de uma atividade não linguística, mas dramatúrgica; de outra forma, como o fez notar Mérimée a propósito da tradução do *Revizor*, "teremos traduzido inutilmente a língua, teremos traduzido inutilmente a peça"[8].

Esta primeira tradução (que poderíamos chamar de *concretização dramatúrgica*) é fundamental, pois ela *modeliza* (no sentido de Lotman[9]) e constitui o texto. Longe de ser formalização exterior e "expressiva/ expressionista" de um sentido que seria conhecido antecipadamente, a tradução insufla vida no texto, o constitui em texto e em ficção, desenha-lhe a dramaturgia. Em resumo, traduzir é uma das maneiras de ler e interpretar um texto, ao se socorrer de outra língua: e traduzir para o palco é também socorrer-se das "linguagens da cena".

---

6. Cf. Idem, p. 244-252.
7. J. Levý, *Theorie einer Kunstgattung*, p. 44.
8. G. Mounin. *Problèmes théoriques de la traduction*, p. 14.
9. J. Lotman, *Kunst als Sprache*.

A análise dramatúrgica e a etapa T2 do processo de tradução devem levar em conta particularmente a leitura coerente da fábula, das indicações espaço-temporais contidas no texto, da transferência das indicações cênicas, estejam elas na tradução linguística ou na sua realização nos elementos extralinguísticos da encenação. A análise dramatúrgica e a concretização dramatúrgica que se seguem são, dessa forma, ainda mais necessárias quando o texto-fonte é antigo e clássico. Em semelhante caso, a tradução será até mais legível para o público-alvo do que o foi o texto-fonte para o mesmo público na língua de origem. Disso decorre o paradoxo seguinte (que faz berrar os anglófonos): Shakespeare é mais compreensível em tradução alemã ou francesa do que no original, pois o trabalho de adaptação à situação de enunciação atual tem sido feito necessariamente pela tradução. A análise dramatúrgica consiste em mobilizar e apropriar-se do texto para torná-lo *legível* a um leitor/espectador de hoje. Torná-lo legível é desde logo, igualmente, torná-lo *visível*, ou seja, pronto ou próprio para uma concretização cênica (T3) e receptiva T4).

2. O texto da dramaturgia (T2) é, assim, sempre legível na tradução de T0. Acontece, inclusive, que um dramaturgo (no sentido técnico do termo) se interpõe entre tradutor e encenador (em T2, portanto) e que ele prepara o terreno para a futura encenação ao sistematizar as escolhas dramatúrgicas, igualmente da leitura da tradução T1 – a qual está, como acabamos de ver, infiltrada pela análise dramatúrgica – e, eventualmente, reportando-se ao original T0. Pouco importa, de um ponto de vista teórico, que esta função dramatúrgica seja ou não especificada e distinta do trabalho em T1: o que conta é o processo de concretização (ficcionalização e ideologização) que a tradução dramatúrgica efetua no texto[10]. Neste nexo, a tradução dramatúrgica é necessariamente uma adaptação e um comentário. O tradutor, enquanto dramaturgo, deve fornecer, cada vez mais, no seu texto (ou mais tarde na encenação), uma série de informações das quais o público-alvo tenha necessidade para compreender uma situação ou um personagem. Se o comentário é muito longo ou incompreensível, o tradutor-dramaturgo tem sempre a possibilidade de fazer cortes na sua versão para o público-alvo, se possível de acordo com o encenador, pois este pode, por seu lado, encontrar meios cênicos para fazer os seus comentários. Este procedimento, que pode parecer uma solução de facilidade ou uma renúncia, é muitas vezes preferível do que manter alusões incompreensíveis que desconcertariam o público-alvo. Qualquer tradução – e sobretudo aquela para o teatro, que deve ser compreendida imediata e claramente pelo público – é uma adaptação e uma "apropriação ao nosso presente":

10. Cf. Production et réception au théâtre, op. cit., p. 286-294.

Assim sendo, escutemos a música de Bach, e do mesmo modo leiamos Cervantes e Shakespeare: nós atualizamos as suas obras do passado, nós as apropriamos para o nosso presente; ao fazê-lo, suprimimos parcialmente as suas intenções originais e as substituímos pelas nossas. Nós adaptamos continuamente[11].

3. A etapa seguinte, em T3, é a da colocação à prova do texto, preliminarmente traduzido em T1 e T2, no contato com o palco: é a concretização da *enunciação cênica*. Por certo, na maior parte do tempo ela não é realizada – o tradutor "detendo-se" antes da colocação à prova do seu texto no palco. Porém, por vezes, ele pode tanto trabalhar concretamente com o encenador, quanto, unicamente, imaginando como o seu texto será encenado: a situação de enunciação cênica está então concretamente realizada: ela deságua no público e na cultura-alvo, os quais verificam imediatamente se o texto passa ou não! A encenação, enquanto confrontação de situações de enunciações, virtual em T0 e atual em T3, convida a que se examinem todas as relações possíveis entre signos textuais e signos cênicos.

4. Porém, a série ainda não está terminada, pois é preciso que o espectador receba esta concretização cênica T3 e que ele, por seu turno, se aproprie dela: poderíamos chamar esta última etapa (T4) de *concretização receptiva* ou *enunciação receptiva*. É o momento em que o texto-fonte chegou finalmente aos seus objetivos: tocar um espectador no decurso de uma encenação concreta. Desse modo, esse espectador não se apropria do texto a não ser no final de uma cascata de concretizações, de traduções intermediárias e incompletas que, elas próprias, em cada etapa, reduzem ou ampliam o texto-fonte, fazem dele sempre um texto a ser encontrado, sempre a se constituir. Não é exagerado dizer que a tradução para o palco é, ao mesmo tempo, uma análise dramatúrgica (T1-T2) e um endereçamento ao público (T4), que *se ignoram*. Tentaremos, mais adiante, estabelecer a ligação dessas diversas situações de enunciação com o corpo individual do ator e com o *corpo social* de uma cultura. É evidente, desde já, que a enunciação (e por contragolpe o sentido dos enunciados) depende da maneira pela qual a cultura ambiente organiza a escuta e faz exprimir-se os personagens (enquanto portadores da ficção) e os atores (enquanto comediantes que pertencem a esta ou àquela tradição teatral). Na mesma proporção, fatores organizam e facilitam a recepção da tradução teatral – e os quais passaremos rapidamente em revista, ao distinguir a competência hermenêutica e a competência rítmica do espectador.

---

11. M. Vinaver, De l'adaptation, *Bref, Journal du TNP*, mar. 1959, retomado em *Écrits sur le théâtre*, p. 84.

## As Condições de Recepção da Tradução Teatral

### A Capacidade Hermenêutica do Público Futuro

Vimos que a tradução resulta, no fim do percurso, na concretização receptiva que decide, em última instância, sobre o uso e o sentido do texto-fonte T0. É, portanto, uma tradução que foi colocada à prova de uma montagem possível e que leva em conta, para sua versão escrita, essa prova de recepção. Trata-se de falar da importância das condições de chegada do enunciado traduzido, condições aliás muito específicas no caso do público de teatro, que deve *entender* o texto e, em particular, compreender aquilo que estimulou o tradutor a fazer tal escolha, a imaginar, no caso do público, tal "horizonte de expectativa" (Jauss), a apostar na sua competência hermenêutica ou narrativa (A competência narrativa – ou maneira de compreender e de contar histórias – sendo um dos componentes da competência hermenêutica). O tradutor, escreve René Poupart, faz de si mesmo e dos demais companheiros discursivos uma representação que "pode corresponder à resposta que dá a diversas questões que se supõem tenham se colocado: 'Quem sou eu para traduzir desta forma?'; 'Quem é ele para que eu traduza assim para ele?'"[12].

É na evolução de si mesmo e do outro que o tradutor se fará uma ideia do caráter mais ou menos *apropriado* de sua tradução. Porém, esta depende de muitos outros fatores, e especialmente da capacidade do público.

### A Competência Rítmica, Psicológica, Auditiva do Público Futuro

A equivalência ou pelo menos a transposição rítmica e prosódica do texto-fonte (T0) e do texto da concretização cênica (T3) é frequentemente considerada como indispensável para a "boa" tradução[13]. É preciso, com efeito, levar em conta a forma da mensagem traduzida, especialmente de sua duração e seu ritmo, pois a "duração, em si, da enunciação cênica é uma parte de sua mensagem"[14]. Entretanto, o critério do que é um texto representável ou falável é igualmente *válido* para controlar o modo de recepção do texto proferido e *problemático*, desde que degenere numa norma de bem representar ou do verossímil. É óbvio que o ator deve ser

---

12. R. Poupart, *Traduire le théâtre*, p. 5.

13. A tradução deve restituir a qualidade acústica e rítmica do texto-fonte, ficando entendido, todavia, que cada cultura aprecia e valoriza diferentemente um ritmo, um tipo de sonoridade, uma construção sintática e, portanto, que a transferência da qualidade acústica e rítmica não tem que ser mecânica e calcada naquela do texto e da cultura-fonte. Cf. Z. Gorjan, Über das akustische Element beim Ubersetzen von Bühnenwerken, em Rolf Italiaander (ed.), *Ubersetzen*; e M. Frajnd, The Translation of Dramatic Works as a Means of Cultural Communication, *Proceedings of the International Comparative Literature Association*.

14. R. Corrigan, Translating for Actors, em W. Arrowsmith; R. Shattuck (eds.), *The Craft and Context of Translations*, p. 106.

fisicamente capaz de pronunciar e representar o seu texto. A tradução evitará, portanto, as eufonias, os jogos gratuitos de significante, a multiplicação de detalhes a reboque de uma compreensão rápida do conjunto. Esta exigência de um texto *representável* ou *falável* pode, igualmente, conduzir a uma norma de bem falar, a uma simplificação fácil da retórica da frase ou da performance propriamente respiratória e articulatória do ator[15]. Um perigo de banalização sob a aparência de texto "bom de boca" espreita o trabalho da encenação. Alguns estéticos, aliás (Vitez, Régy, Mesguich, por exemplo), não reconhecem mais esse critério e consideram que qualquer texto é falável, mesmo textos e suas traduções que levem mais para o discurso-rio do poema dramático ou do exercício de estilo do que para o diálogo rápido e vivo como numa cena de bulevar. Muito mais importante que o simples critério de bem falar seria o da adequação convincente do gesto e do discurso, aquilo que chamaremos mais adiante a *língua-corpo* ou *verbo-corpo*.

Quanto à noção correlativa de texto *audível* ou *recebível*, ela depende também do público e da faculdade de medir o impacto emocional de um texto e de uma ficção nos espectadores. Também nesse caso observar-se-á que a encenação contemporânea não reconhece mais essas normas de correção fônica, de clareza do discurso e do ritmo prazeroso, de "língua falável e de texto representável"[16]. Outros critérios substituem-se, como cedo se verá, àqueles, muito normativos, de um texto bom de boca ou agradável aos ouvidos. E isso tanto mais que o interculturalismo já nos habituou a uma maior tolerância *vis-à-vis* daquilo que é *recebível* (falável e audível).

Ao examinar as condições de recepção da tradução teatral, já abordamos a questão da encenação, particularmente na sua função de intermediário do texto linguístico através dos meios do palco.

*A Tradução e a Encenação*

A Intermediação da Situação de Enunciação

A tradução na sua forma em T3, já está inserida numa encenação concreta; está "ramificada" na situação de enunciação cênica de dêiticos. A partir do momento em que está assim ramificado, o texto traduzido pode ser aliviado de termos que são compreensíveis apenas no contexto de sua enunciação. O texto dramático já o conhece bem: é o texto que joga muito com dêiticos, pronomes pessoais, silêncios ou que despeja nas indicações cênicas a descrição de seres e coisas, esperando pacientemente que uma encenação substitua o texto. A tradução destinada ao palco conhece ainda

---

15. Cf. as traduções de Shakespeare.
16. M. Snell-Hornby, Sprechbare Sprache-Spielbarer Text: zur Problematik der Bühnenübersetzung, em R. Watts e U. Weidmann (eds.), op. cit.

melhor o que "alivia" frequentemente o texto-fonte: traduzirá, por exemplo, "Eu quero que você ponha o chapéu na mesa" por "Coloque isso aí", ao acompanhar por um olhar ou por um gesto a frase reduzida aos seus dêiticos. Uma tradução puramente cênica (e, portanto, extralinguística) consistiria em indicar a direção do olhar e a relação com o objeto.

Essa propriedade do texto dramático, e *a fortiori* de sua tradução para o palco, permite ao autor completar ou modalizar o texto para dizer toda sorte de meios acústicos, entonativos, gestuais, mímicos, posturais. Entram em jogo, dessa forma, toda intervenção rítmica do ator no texto dramático, a sua entonação que fala mais do que no decorrer do discurso, o seu fraseado que encurta ou prolonga à vontade suas tiradas, que estrutura ou desestrutura o texto: na mesma proporção que os procedimentos gestuais, que asseguram uma circulação entre a palavra e o corpo (e que vamos descrever adiante). Resta a ser enfrentado, antes, um debate – talvez um falso debate – mais normativo do que teórico sobre a inscrição – ou a não-inscrição – da encenação na tradução.

A Tradução e sua Relação com a Encenação

Duas escolas de pensamento opõem-se, entre tradutores e encenadores, quanto ao estatuto da tradução frente à encenação. As posições não são, talvez, tão opostas quanto possam parecer inicialmente. Encontra-se, para além desta clivagem, o debate sobre o texto dramático e sua encenação: trata-se de saber em que o texto influi na encenação.

1. Para os tradutores ciosos de sua autonomia e que muitas vezes consideram que o seu trabalho é publicável tal qual, que não está ligada a uma encenação em particular, presente ou futura, a tradução não determina e não se compromete com uma futura encenação; ela deixa as mãos livres aos futuros encenadores. Para Danièle Sallenave, "traduzir", ou encenar, não é comentar um texto – não se comenta a não ser com palavras da mesma língua: é transpor para outra língua ou para algum outro sistema de expressão[17]. Não seria o caso, portanto, de interpretação *stricto sensu* do texto, e "uma das regras da tradução teatral – e da tradução em geral – é nunca parecer uma interpretação do texto, porém manter-se sempre na retaguarda para manter-lhe o enigma"[18]. Claro que é um crime defender uma ambiguidade ou resolver um enigma que o texto tenha nomeadamente inscrito no texto. Não obstante, qualquer leitura e qualquer tradução podem evitar que se interprete o texto ao olhar para todas as ambiguidades? Eis aí uma posição dificilmente defensável, no nosso ponto de vista, e que Sallenave não defende, aliás, ela própria, por muito tempo, visto que sugere que ouvir vozes ou ver corpos não é, ainda, pensar numa encenação: "Traduzir para o palco não é adiantar, prever ou propor uma

17. Traduire et mettre en scène, *Acteurs*, n. 1, p. 20.
18. Idem, ibidem.

encenação, é torná-la possível, é já ouvir as vozes que falam, é já ver por antecipação corpos que se movem"[19]. Por um lado, ver por antecipação corpos que se movem não seria já imaginar a encenação? Porém, por outro lado, Sallenave tem razão em considerar o texto da tradução como a base de inumeráveis interpretações para a encenação, de não se limitar a uma única opção de encenação. O texto dramático, original ou traduzido, presta-se a muitas opções. Portanto, é verdade também que as escolhas hermenêuticas que qualquer tradução implica podem contribuir para contar com determinada interpretação cênica e que é, assim, uma preparação para a encenação dessa tradução. A este respeito, Jean-Michel Déprats tem, de todo modo, razão ao fazer da tradução não a futura encenação sugerida "textualmente", porém uma preparação a essa encenação:

> A tradução deve permanecer aberta, permitir o jogo, não porém ditar *um*, ser animada por um ritmo, porém não impor *um*. Traduzir para o palco não é torcer o texto com vistas àquilo que se deseja mostrar, de como se representará ou quem representará. Não é antecipar, prever ou propor uma encenação, é torná-la possível[20].

Sallenave e Déprats mostram-se, em resumo, cuidadosos de não usurpar o trabalho do encenador e de deixar-lhe a liberdade de produzir, ele também, uma concretização, essa concretização que chamamos de concretização da enunciação cênica (T3), o que está muito de acordo com nosso esquema n. 1, uma ultrapassagem e uma reescritura com relação ao texto-fonte (T0). Ao contrário, parece difícil resolver o impasse sobre T1 e T2, pelas razões aludidas anteriormente. O próprio fato de se deixar de lado algumas zonas de ambiguidade, de não se resolver o enigma, é em si uma tomada de posição sobre o texto e induz a algum tipo de concretização *dramatúrgica* e, indiretamente, *cênica* e *receptiva*: a partir do momento em que é enunciado no palco, "emitido no palco", o texto precisa, no mínimo, não tomar partido sobre o seu sentido possível. Isso não significa, contudo, dizer que a encenação está "contida" no texto da tradução e que ela é pré-determinada pelo texto como uma espécie de "pré-encenação"[21].

2. De outro lado – e eis aí a segunda escola de pensamento –, os encenadores tendem – não nos espantaremos, evidentemente – a ver a tradução como uma operação que comporta fortemente uma encenação, na verdade (não sem exagero metafórico), como uma espécie de encenação. Segundo Vitez, "uma grande tradução, visto ser uma obra real, já contém a sua encenação. Idealmente, a tradução deveria comandar a encenação, e não o inverso". "Tradução ou encenação é o mesmo trabalho, é a arte

---

19. Idem, ibidem.
20. *Théâtre/Public*, n. 44, p. 48; Le verbe, instrument du jeu shakespearien, *Théâtre en Europe*, n. 7, p. 72.
21. P. Pavis, Du texte à la scène: un enfantement difficile, *Théâtre/Public*, n. 79. Retomado no capítulo 2 deste livro.

da escolha na hierarquia dos signos"²². François Regnault, dramaturgo e tradutor, vai igualmente tão longe quanto possível na subordinação da encenação ao texto: "A tradução que precede (a de *Peer Gynt,* que ele fez para Patrice Chéreau) está destinada a ser representada numa encenação em particular e está ligada a um espetáculo em particular". "A tradução supõe, assim, de início uma subordinação da encenação ao texto para que o texto, no momento da encenação, se subordine, por seu lado, ao teatro"²³. Para Jacques Lassalle, a tradução é sobretudo a enunciação cênica (T4) que preenche os buracos do texto-fonte, pois "em qualquer texto do passado há pontos obscuros que reenviam a uma realidade perdida. Algumas vezes, é unicamente o trabalho cênico que pode ajudar a preencher os buracos"²⁴. O grupo de tradutores "neutros" e o dos encenadores "engajados" têm ambos argumentos convincentes, pelo que propomos a seguinte síntese: um texto, original ou traduzido, está sempre suficientemente aberto para prestar-se a encenações distintas; porém, a sua reescritura através de uma tradução impõe escolhas – ao mesmo tempo restrições e aberturas – que o tradutor efetua, necessariamente, e que são tanto análises dramatúrgicas quanto opções de encenação.

Tomemos alguns exemplos para indicar a estratégia cênica de uma dessas escolhas de tradução. Na versão francesa de *Der Park* (O Parque), de Botho Strauss, por Claude Porcell, para a encenação de Claude Régy (1986), a tradução de um termo também "simples", como *Tüchtig* em "tüchtige Gesellschaft" por "sociedade eficaz"²⁵, tem pesadas consequências para a futura encenação. Com efeito, poderíamos nos ater – sendo conhecidas nossas concepções estereotipadas da Alemanha – àquilo que Porcell traduz como "sociedade trabalhadora". A escolha de Porcell e Régy contribui para a encenação de uma sociedade hiper ou pós-moderna, dedicada à eletrônica, à frieza e à eficácia burocráticas. Em Peter Stein, o encenador alemão da mesma peça na Schaubühne, foi antes de tudo a Alemanha concreta de mitos pequeno-burgueses e trabalhadores que foi sugerida. A tradução de *tüchtig* por eficaz manobra, dessa forma, a concretização francesa numa pista que orienta a encenação num sentido muito unívoco. Da mesma maneira, o fato de traduzir a isotopia *Streit, streiten* aos desafiar os termos ("problemas", "disputas eternas", "disputar-se") arrasta a versão francesa numa isotopia contrária e rejeita uma coerência temática que o alemão sugeria, senão impunha. Também neste caso a tradução predeterminou, ou pelo menos influenciou, a análise dramatúrgica e a encenação. Como poderia ser diferente desde que a tradução, como qualquer leitura, interpreta o texto-fonte e, como qualquer tradução, não pode *senão* pronunciar-se sobre esse texto-fonte?

22. Le devoir de traduire, *Théâtre/Public*, n. 44, p. 9.
23. F. Regnault, Postface à Peer Gynt, *TNP*, p. 184.
24. Du bon usage de la perte, *Théâtre/Public*, n. 44, p. 13.
25. B. Strauss, *Le parc*, p. 11.

Tais são, portanto, alguns dos problemas específicos da tradução para o palco. Falta ver como esta série de determinações e filtros que amarram, cada vez mais pesadamente, o sentido do texto finalmente recebido em T4, estão situados em função de uma troca entre enunciados e enunciações, entre *texto enunciado* e *corpo enunciante* (Do Texto ao Corpo, do Corpo ao Texto) e, definitivamente, em função de uma circulação de culturas colocadas em contato no ato hermenêutico da troca intercultural (A Tradução Intercultural).

## DO TEXTO AO CORPO, DO CORPO AO TEXTO

Descrevemos as fases sucessivas da concretização de T0 a T4, trazendo à luz a série de enunciações. Ao fazê-lo, consideramos muito pouco a maneira pela qual essas enunciações confrontam o ator e seu texto, o gesto e o verbo. Para compreender esse confronto, é preciso reconstruir a passagem do texto-fonte para o texto-alvo, examinando os processos de tradução intersemiótica entre sistema pré-verbal (1) e sistema verbal (ou seja, linguístico) de textos-fonte (2) e alvo (3).

*A Tradução como Colocação em Jogo*

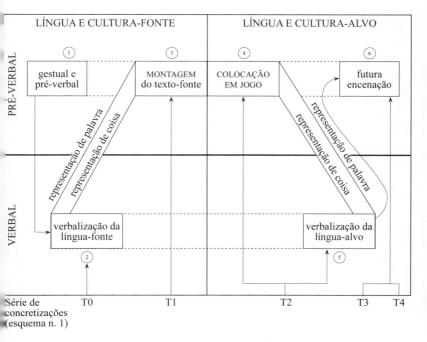

*Esquema n. 2*
*A tradução como colocação em jogo*

Em (1) temos a situação, muito mal conhecida, de *antes* da escritura do texto dramático. É a situação global, ainda não estruturada em sistema semiótico, a realidade ainda não foi apropriada num sistema cultural e semiótico, numa visão geral no interior da qual uma situação e as migalhas do texto seriam confrontadas e articuladas; neste amálgama do antetexto, gesto e texto coexistem; porém, de maneira ainda indiferenciada. Este pré-verbal não exclui, portanto, a palavra, e até a pressupõe e a contém: no entanto, é uma palavra em situação de enunciação, uma palavra que não é mais do que um dos elementos dessa situação global de antes do texto ser escrito. Assim, portanto, este pré-verbal não se limita ao gesto: engloba todos os elementos de uma situação cênica anterior à escritura do texto: além dos gestos, igualmente objetos, figurinos, aspecto dos atores, palavras imaginariamente pronunciadas; resumindo, todos os sistemas de signos fazem parte de uma situação de enunciação no teatro e são o "outro palco" do autor dramático, aquele que ele, finalmente, reduzirá a palavras quando se decidir a escrever.

Em (2), isto é, no texto dramático-fonte, não temos mais do que o traço linguístico dos processos gestuais e pré-verbais precedentes. O sistema de enunciação é doravante inteiramente carregado pela linguagem. A nossa hipótese é que, para passar deste texto-fonte (2) para o texto-alvo (5), é preciso transitar por (3) e (4), desse modo, para um retorno a um texto colocado em situação linguística e gestual, na ordem do oral e do gestual e por uma colocação em jogo (4), certamente imaginária, porém indispensável, do texto-fonte numa situação de enunciação, no interior da qual o texto seria confrontado com o gesto e o corpo do ator. Texto-fonte (2) e texto-alvo (5) são, dessa forma, compreendidos na sua verbalização, que assumiu a forma de um traço linguístico escrito. A colocação em jogo-fonte (3) procura em (4) uma equivalência ou, mais exatamente, uma apropriação ao mesmo tempo para a situação da enunciação gestual e para os enunciados linguísticos.

Logo a seguir veremos que a troca entre (3) e (4) se faz comparando e testando as representações de palavra e coisa nas duas línguas e culturas, ao comparar e adaptar o "verbo-corpo" dos dois sistemas. O tradutor, tanto quanto o ator, incorpora o texto e a cultura a traduzir antes de as "descorporizar". A colocação em jogo do texto-alvo (4), uma vez efetuada, é transcrita num sistema puramente verbal, o do texto-alvo (5), ao procurar, a partir de representações de palavra e coisa, reduzir a colocação em jogo (4) para um sistema puramente linguístico.

Trata-se de encontrar equivalências entre o sistema de enunciação tanto verbal quanto gestual nos dois textos e nas duas culturas. Nesse estágio da troca entre (3) e (4) situamo-nos, de alguma forma, no nível da *pós-tradução*, com relação a (2), e da *pré-tradução* com relação a (5); entre a leitura e a escritura; estamos entre duas línguas e duas culturas, em pleno significante: vale conhecer melhor a música, o ritmo, as entonações. O texto de teatro é feito *para ser dito*, não para ser simplesmente *lido*, e é preciso, então, de (3) a (4) para reintroduzir um gestual, fazer soar o texto, encontrar o segundo sopro, respeitar a oralidade, mesmo que seja para apagá-lo, imediatamente após, no texto de chegada (5), a enunciação verbo-gestual de (3) e (4).

Se sobrepusermos os esquemas (1) e (2), podemos situar:
T0 em 2;
T1 e T2 em (3), (4) e (5), sem que seja possível distinguir onde têm lugar exatamente as operações de concretização textual e dramática;
T3 e T4 em (6), ou seja, numa encenação concreta.

Quando o texto traduzido for encenado, isto é, colocado em situação de enunciação cênica e receptiva [(T3) e (T4) do esquema n.1], ele reencontrará uma situação de enunciação global e terá verdadeiramente chegado à destinação [em (6) no esquema n. 2].

A situação teatral situa-se, assim, *stricto sensu*, no ponto nevrálgico da troca entre colocação em jogo-fonte (3) e colocação em jogo-alvo (4). Trata-se, particularmente, de trazer algumas precisões sobre vários termos deste esquema:

Representação de palavra (*Wortvorstellung*) e representação de coisa (*Objektvorstellung*) designam, em Freud (1891), duas dimensões do signo linguístico: a *Wortvorstellung* (representação da palavra), ou *Klangbild* (imagem acústica) é a representação acústica da palavra, a sua dimensão auditiva, a forma da expressão do significante auditivo. O *Objektvorstellung* (ou *Dingvorstellung* ou ainda *Sachvorstellung*: representação de coisa) é a representação visual, decorrente da coisa (na atualidade diríamos: do referente), que associamos à representação da coisa: "A representação do objeto, precisa Freud, é um conjunto de associações feitas das mais diversas representações visuais, acústicas, táteis, cinestésicas e outras"[26]. Estas duas representações jogam um papel capital e complementar na percepção de um texto linguístico oral, especialmente de seus substantivos. Elas concernem, por um lado, ao referente/ao significado da palavra, e de outro à sua dimensão significante auditiva. A partir da palavra pode-se, assim, evocar representações visuais que se lhe associam e à sua fatura acústica, rítmica, prosódica.

*Adaptação da Teoria Freudiana à Teoria da Tradução*

Na troca e no "teste" das duas colocações em jogo entre (3) e (4), deve-se levar em consideração, igualmente, representações de palavra e representações de coisa nos dois sistemas linguísticos e culturais. É preciso transferir do texto-fonte para o texto-alvo, ao mesmo tempo, o significante rítmico e fônico e algumas associações significadas

26. S. Freud, Zur Auffassung der Aphasien, *Studienausgabe*, v. 3, p. 172.

e veiculadas pelo texto-fonte. Esta dupla transferência efetua-se em condições e proporções bastante diferentes, pois como o faz notar Freud, "a representação de objeto não nos parece ser uma representação acabada, apenas uma representação acabável, enquanto que a representação da palavra parece-nos alguma coisa acabada, mesmo que possa ser alargada"[27]. Aplicado à tradução para o teatro, isto quer dizer que a transferência em (3) e (4) efetua-se de maneira inegável: as representações de palavra da língua-alvo não são em número infinito e encontrarão um número limitado de correspondências em (4) e (5), de sorte que a dimensão fonética e rítmica do texto é relativamente controlável e transferível. Ao contrário, a representação de coisa do texto-alvo, e portanto a sua dimensão semântica (que dizem respeito ao significado e ao referente), é dificilmente previsível: a tradução de significados e de seus significantes linguísticos nas duas línguas é muito aleatória e dificilmente previsível ou descritível. É preciso lembrar-se que a distinção freudiana da palavra e da coisa permite pensar o processo de verbalização como tomada de consciência e de rechaço, como representação não expressa em palavras. É, com efeito, ao se associar à imagem verbal da palavra que a imagem mnésica se torna consciente. "A representação consciente engloba a representação de coisa mais a representação de palavra correspondente, enquanto que a representação inconsciente é a representação de coisa única"[28]. "O sistema *ics* (inconsciente) contém o bloqueio de objetos (*Sachbesetzungen der Objekte*), os primeiros e verdadeiros bloqueios; o sistema *pcs* (pré-consciente) aparece quando esta representação de coisa é preenchida graças à ligação com as representações de palavra que lhe correspondem"[29].

No que se transforma a teoria freudiana quando aplicada ao nosso esquema de tradução, e particularmente, à relação entre verbalização-fonte (2) e verbalização-alvo (5) por meio da dupla colocação em jogo nos níveis (3) e (4)?

Inspiremo-nos na analogia freudiana para distinguir o pré-verbal e o verbal, e a tópica do consciente, do pré-consciente e do inconsciente:

– (1), (3), (4), (6) situam-se no plano do pré-verbal, lá onde gesto e língua são ainda indistintos. Esse nível é o da representação de coisa, cuja representação de coisa única é a do inconsciente. E, com efeito, poder-se-ia dizer, na verdade metaforicamente, que os compartimentos do gestual/pré-verbal (1), da colocação em jogo dos textos-fonte e alvo (3) e (4) e da futura encenação (6) são a parte desconhecida

---

27. Idem, p. 170.
28. S. Freud, Das Unbewusste, *Studienausgabe*, v. 3, p. 160.
29. Idem, p. 160; tradução francesa, *Métapsychologie*, p. 156.

e "rejeitada" dos textos-alvo e fonte (2) (5), que são o inconsciente gestual e cênico dos textos dramáticos fonte e alvo, aquilo que vem antes do texto e antes da tradução. Esses compartimentos dão uma imagem mais ou menos precisa da situação de enunciação, dentro da qual pode ou não haver o texto linguístico, este texto sendo então submetido a uma enunciação específica, portanto, limitado nas suas potencialidades e adaptado a uma situação concreta.

– (2) e (5) situam-se no nível do verbal, da representação de palavra, cuja representação de palavra é uma representação do pré-consciente. Há uma evidente relação de equivalência semântica entre (2) e (5), porém não é possível ir "diretamente" de (2) a (5); com efeito, é preciso antes mergulhar novamente em (1), (3), (4) e (6), isto é, na sua relação com o antetexto e com o pós-texto, ou seja, à situação de enunciações fonte e alvo.

– A relação entre esses dois níveis, especialmente entre (2) e (3), por um lado, e entre (4) e (5), por outro, é a da representação consciente: é a tentativa para tornar consciente e conhecido o texto e a cena, o verbo e o gesto, tentativa para religar os enunciados linguísticos a uma enunciação gestual e situacional que os explicitem, tentativa também para elucidar a aliança do gesto e da palavra, aliança que chamamos *língua-corpo* ou, melhor (?) *verbo-corpo*[30].

## Teoria do Verbo-Corpo

Propomos, com efeito, chamar de *verbo-corpo* a aliança da representação de coisa e da representação de palavra, aquilo que, aplicado à enunciação teatral, é portanto a *aliança do texto pronunciado e gestos (vocais ou físicos) que acompanham a sua enunciação*, a ligação específica que o texto mantém com o gesto. A translação da colocação em jogo-fonte (3) com a colocação em jogo-alvo (4) obriga a transferir também, e antes de tudo, o *verbo-corpo* de um sistema ao outro; a encontrar representações de palavras equivalentes (nível do significante verbal) e representações de objetos que apropriam o texto-fonte "adequadamente" (nível do significado e do referente da língua).

O *verbo-corpo* é uma regulação, específica de uma língua e uma cultura, do ritmo (gestual e vocal) e do texto. É, ao mesmo tempo, uma *ação falada* e uma *palavra em ação*. Noção próxima daquela "de unidade dramática da ação e da língua"[31], que substitui a noção de *equivalência*. Trata-se de compreender a maneira pela qual o texto-fonte,

---

30. Nós "transcrevemos" *verbo-corpo* ainda que a expressão oral possa ser escrita também como *verbo-no-corpo,* o que sugere outra característica fundamental, a saber, que no teatro o verbo está "atarrachado" no corpo do ator, que este último tem o "verbo no corpo" (como se diz de alguém que tem "o diabo no corpo").

31. M. Snell-Hornby, Sprechbare Sprache-Spielbarer Text: zur Problematik der Bühnenübersetzung, em R. Watts e U. Weidmann (eds.), op. cit., p. 113-114.

depois da colocação em jogo-fonte, associa um tipo de enunciação gestual e rítmica a um texto; na sequência procura-se um *verbo-corpo* equivalente e apropriado para a língua-alvo. É necessário, portanto, para efetuar a tradução do texto dramático, fazer-se uma imagem visual e gestual desse *verbo-corpo* da língua e *cultura-fonte* para tentar apropriar-se a partir do *verbo-corpo* da língua e cultura-alvo... Impossível fazer economia deste *verbo-corpo*, que chamamos de Wortbewegung (movimento da palavra) como Freud[32], "império de significantes"[33], *gestus* (Brecht), "pantomima do texto"[34], "rítmico" (Jaques-Dalcroze), "físico de uma língua"[35], "tempo-ritmo"[36], *Wortbewegung* e *Fortbewegung* (Morein)[37], "ritmo"[38], "inscrição de palavras num espaço"[39], "transposição, harmonização, interpretação"[40].

32. S. Freud, Zur Auffassung der Aphasien, p. 170.
33. R. Barthes, *L'empire des signes*, p. 18.
34. "A distância (entre o texto raciniano e o texto cênico) não provém de uma diferença instituída entre duas séries, a série textual e a série cênica (não o deslocamento 'chapado' no texto), porém se constitui por deslocamentos sucessivos (movimento que a dicção detalhada de cada alexandrino acentua), que com o mesmo direito que o gesto corporal do ator, no seu deslocamento (e numa relação dialética/lúdica com ele), contribui para escrever esse novo texto que é o espetáculo", Jean-Loup Rivière, La pantomime du texte, *L'autre scène*, n. 3, 1971, p. 5.
35. Le devoir de traduire, op. cit., p. 46.
36. C. Stanislavski, 1968, p. 213.
37. Andrea Morein, "Der Text-Körper als Körper-Text". Eine praktische Einführung in die "konkrete Interpretation der Ver-körperung", documento datilografado, Universität Giessen, 1985. A. Morein chama de "Wort-und Forbewegung" ("movimento da palavra e deslocamento") o movimento e a linguagem corporal no interior do texto, quer seja na língua, na voz ou os verbos de movimento nos diversos exemplos de textos.
38. Vinaver: "Dizer que o ritmo é o início numa obra teatral é postular que a ação acontece no plano da própria constituição da matéria verbal [...] O teatro em que acontece alguma coisa é aquele em que a palavra atua. Como ela atua? Do que deve ela ser dotada para que tenha esse poder? Chamo a isso ritmo, sabendo bem que o termo não tem definição possível [...]. O ritmo num texto dramático é aquilo que advém quando o sentido das palavras se torna indissociável da forma pela qual eles se inserem, quando qualquer distinção entre conteúdo e contingente é abolida", Traduire, écrire, *Comédie Française*, 1984, n. 129-130.
39. M. Nemer, Traduire l'espace, *Théâtre/Public*, n. 44, p. 58.
40. M. Perrin, Improviser comme les jazzmen, *Actes des assises de la traduction littéraire*. Nemer: "Se é uma especificidade do teatro inscrever a sua retórica no espaço, é-o também, sem dúvida, inscrever o espaço na sua retórica. Sem aumentar de modo excessivo as diferenças cênicas, pode-se perguntar se o imaginário poético de Shakespeare não está em parte estruturado pelas representações espaciais que, aliás, metaforizam propriamente uma visão do mundo [...] Traduzir o teatro é uma operação pluridimensional visto que, tanto quanto os corpos, as palavras inscrevem-se num espaço", M. Nemer, Traduire l'espace, op. cit., p. 58.
Perrin: "Pessoalmente, antes de abordar qualquer tradução, e tanto mais quando se trata essencialmente de diálogos (aqui relatados nas cartas de Celie), tenho necessidade de projetar 'no quadro negro de minhas noites brancas', um filme no qual imagino os cenários, os personagens e suas vestimentas, os gestos, a *voz*. Depois começa o trabalho de

## Exemplos de Verbo-Corpo: Algumas Teorias

Cada uma dessas teorias, ou antes, dessas instituições teóricas, procura mais ou menos conscientemente definir esse *verbo-corpo*. Assim, esboçaremos algumas, realçando a sua potencialidade para uma teoria do gesto traduzido.

a. Barthes, em *L'empire des signes* (O Impérios de Signos, 1970), evoca como, para o viajante ocidental no Japão, a "conversação", tendo em vista fixar um encontro, passa não pela linguagem e pela voz, mas por

todo corpo (os olhos, o sorriso, a mecha, o gesto, a vestimenta), que mantém com você uma espécie de tagarelice para a qual o perfeito domínio de códigos retira qualquer caráter regressivo, infantil. Fixar um encontro (por gestos, desenhos, nomes próprios), leva, sem dúvida, uma hora, porém durante essa hora, para uma mensagem que foi abolida por um instante, caso tenha sido falada (igualmente essencial e insignificante), é todo o corpo do outro que foi conhecido, experimentado, recebido e que ostentou (sem um fim verdadeiro) a sua própria narrativa, o seu próprio texto[41].

A mensagem japonesa transita muito pelo corpo do locutor e procura ser, antes de mais nada, "traduzido" numa linguagem gestual, que por sua vez poderá ser transcrita numa informação linguística em língua francesa.

b. Brecht, na sua teoria do *gestus*, não esteve muito longe dessa prática gestual da tradução. A sua tarefa de tradutor (e até de autotradutor) com o ator americano Charles Laughton, deu-lhe a oportunidade para pôr em prática essa teoria e fazer do "jogo teatral um método de tradução": "Fomos constrangidos a fazer aquilo que os melhores tradutores em matéria de língua deveriam fazer eles também: traduzir os gestos. Pois a língua é teatral, lá onde ela exprime melhor a conduta de locutores entre si"[42].

Todavia, essa teoria desborda, em Brecht, numa prática ideológica, visto que o aspecto gestual da língua deve não apenas devolver o movimento ou o ritmo dos discursos, mas também, e sobretudo, situar as cadências e a atitude (*Haltung*) do autor: "Os poemas, quando os traduzimos para outra língua, são muitas vezes tão mais destruídos na medida em que se queira dizer coisas demais. Deveríamos, talvez, nos contentarmos com a tradução de pensamentos e da atitude do poeta"[43].

A partir de então, o *verbo-corpo*, em Brecht, não é mais uma história do sentido a ser constituído, mas uma norma ideológica que concerne mais ao discurso ideológico a ser reconstituído e a ser ins-

transposição (de uma língua para outra/de uma tonalidade para outra), de harmonização e interpretação (no *feeling*), na mesma proporção que um músico bem conhece".
41. *L'empire des signes*, p. 18.
42. B. Brecht, *Gesammelte Werke*, v. 17, p. 1120.
43. Idem, v. 19, p. 404.

crito imperativamente na encenação do que a regulação específica e única de um texto e um gesto, de um enunciado e de sua enunciação. Da mesma maneira, as noções de "tempo-ritmo" de Stanislávski[44] ou de representabilidade (*playability*) de Susan Bassnett-Mcguire[45] ou, ainda, de Mary Snell-Hornby[46], correm o risco de degenerar numa norma do bem representar (do bem ritmar), como se houvesse um ritmo de representação, na verdade uma encenação inscrita no texto-fonte a ser colocada em evidência e a ser restituída no texto-alvo.

c) Outras aproximações:

O que é comum a todas estas abordagens é a hipótese de uma regulação texto/corpo que é própria de uma língua e dada cultura, e que se deveria não imitar, ao transferi-la para a língua-alvo, porém adaptá-la ao manter a relação do *verbo-corpo*. Muitos tradutores querem preservar esse verbo-corpo nas suas adaptações. Jean-Michel Déprats, tradutor de Shakespeare, esforça-se para "aprofundar o sentido, conservar o ritmo, preservar as sonoridades, as metáforas, a prosódia, não distender a mola poética". Ele escuta "uma voz interior da qual ele procura reencontrar a inflexão", "a impulsão rítmica, ampla ou nervosa, fluida ou batida, que constitui o canto de cada tradução, a sua poética interna". Ele se desespera com "o caráter insubstituível da física de uma língua, das propriedades dos sons, da cor e do movimento das palavras"[47]. Carlson interessa-se pela relação entre a duração da enunciação e o sentido dos enunciados[48]. Corrigan vê no gesto uma indicação dupla no movimento do discurso e nos sentimentos então induzidos no espectador: "Gesture is that meaningfulness which is moving, in every sense of the word: what moves the words and what moves us" (O gesto é essa significação que é movediça em todos os sentidos da palavra: o que move as palavras e o que nos move)[49].

44. C. Stanislavski, op. cit., p. 213.
45. *Translation Studies*, p. 122.
46. Sprechbare Sprache-Spielbarer Text: Zur Problematik der Bühnenübersetzung, em R. Watts e U. Weidmann (eds.), op. cit., p. 104.4
47. Le devoir de traduire, op. cit., n. 44, p. 45-46.
48. Harry Carlson, Problems in Play Translation, *Educational Theatre Journal*, v. XVI, p. 55.
49. Translating for Actors, em William Arrowsmith; Roger Shattuck (eds.), op. cit., p. 98. Tomaremos cuidado, portanto, na medida do possível, de fazer do *verbo-corpo* uma noção normativa. O *verbo-corpo* não é uma tradução que flui bem, que o ator tem na boca, que o ouvinte apreende imediatamente: isso seria um ressurgimento do conceito de tradução "representável" e rápida, e sabe-se que tanto tradutores quanto encenadores preferem hoje, muitas vezes, uma insistência na forma, um efeito de estranhamento do texto traduzido, uma pesadez significante (Vitez, Régy, entre outros). E caso se encontre uma boa ocasião para complicar a vida do ator, por que, com efeito, privar-se disso? Não, o *verbo-corpo* é a aliança específica da palavra e do gesto, que o tradutor observa na língua-fonte e que tenta mimar iconicamente no seu texto-alvo.

d) Um exemplo de *verbo-corpo*: a rapidez do jogo:

Poderíamos multiplicar as citações de tradutores, sobretudo contemporâneos, preocupados com a "géstica" e com a rítmica da língua e que todos designam até como o inominável: o *verbo-corpo* do texto dramático. A dificuldade no uso desta noção de *verbo-corpo* é seguramente aprofundá-la e medi-la em exemplos de tradução. Um dos parâmetros mais facilmente perceptíveis é a rapidez da representação, que participa ao mesmo tempo do escoar do texto e da gestualidade do ator. A rapidez da representação depende estritamente da cultura no interior da qual o texto dramático está enunciado. Conhece-se a polêmica de Meierhold e Stanislávski a propósito da "boa" rapidez de execução do teatro de Tchékhov, o primeiro reprovando ao segundo o ter diminuído exageradamente o ritmo do texto para criar uma atmosfera nostálgica e um teatro do inexprimível, ao preencher as pausas e silêncios com toda espécie de barulhos e ações cênicas. Transpostas para a França, as peças devem adaptar-se ao tipo de lentidão dos atores e do público franceses. A isto se acrescenta, segundo Jean-Louis Barrault, o fato de que "o ator francês, para estruturar a sua interpretação, tem o hábito de apoiar-se no texto, pois no teatro francês a ação está, na maioria das vezes, contida no texto"[50]. A relação do verbo com o corpo encontra-se desregulada num teatro que, na tradição stanislavskiana de interpretação dos atores russos, apoia-se mais nos silêncios e nos jogos de cena do que no desenrolar do texto. O ator francês tenderá a buscar seus apoios e a ancorar o *verbo-corpo* no texto francês, desequilibrando o *verbo-corpo* do texto-fonte que foi fundado mais nos silêncios e nas ações mudas do que no desenrolar do texto, sobrecarregando de um só golpe o texto-alvo com um peso e uma gestualidade que deveriam repartir-se mais harmoniosamente no conjunto do texto e nos signos cênicos.

Este exemplo mostra, igualmente, a necessidade de coordenar a tradução, e especialmente o *verbo-corpo*, com o conjunto da representação ou, caso se prefira, de alargar a noção do *verbo-corpo* ao fazê-lo passar da réplica ou da microssequência, nas quais verbo e corpo estão manifestamente correlacionados, ao conjunto da representação. Com efeito, é no plano global da representação, particularmente da construção retórica e dramatúrgica do texto, que se torna necessário confrontar o verbo com o gesto, pois a regulação do gesto e do texto – ou em termos freudianos, da representação de palavra e da representação de coisa – se faz o ponto de apoio da encenação inteira (em (6) e não termina senão em T4, com a recepção final). Uma nova tradução pode, por certo, existir independentemente de uma encenação, porém não adquire seu sentido, não se verifica a não ser com relação a todos os signos da encenação: interpretação do ator, cenografia, ruídos, iluminação etc. O *verbo-corpo* encontra-se,

50. J.-L. Barrault, Porquoi *la Cerisaie?*, *Théâtre en Europe*, n. 2, p. 58.

portanto, reforçado, confirmado e definitivamente constituído pela função e pela estrutura de sistemas cênicos. Trata-se, para o tradutor, de se assegurar de que qualquer elemento de sua tradução – no plano rítmico ou semântico – "cola" com o resto da macroestrutura, provoca um eco com o resto do texto-alvo e, em parte, na futura encenação. Krejča, um dos mais interessantes tradutores e encenadores de Tchékhov, insiste muito sobre a importância de se saber conciliar uma réplica separada (poderíamos acrescentar: o *verbo-corpo* de uma réplica separada) com a construção formal do conjunto do texto e da representação: "O tradutor [de Tchékhov] deve procurar uma solução que responda o mais justamente possível não apenas ao sentido da réplica, mas a todos os elementos formais da construção, a todos os aspectos formais. Tchékhov não aparece a não ser na sua própria estrutura"[51].

Daremos um último exemplo da ligação entre a tradução e a rede do texto: as "palavras radiantes" que, de acordo com Jean-Claude Carrière, estrelam o texto shakespeariano, reagrupam em si imagens e vibração, representação de coisa e representação de palavra:

A frase longa de Shakespeare, no seu livre curso está pontilhada por palavras radiantes que estouram subitamente, ricas de sentidos diversos, de imagens, de perfumes diferentes. Parece que cada uma de suas palavras seja uma encruzilhada num turbilhão. A palavra explode, Shakespeare aprehende um dos estouros que ela projeta, segue-o até outra palavra radiante a qual vibra e brilha, por seu lado, e assim sucessivamente[52].

Descrição certamente metafórica, porém que nos parece perfeitamente entender, graças a estas "palavras radiantes", o *verbo-corpo* que preside o texto shakespeariano e que é necessário, absolutamente, fazer passar para a tradução.

Manter, transferir e adaptar o *verbo-corpo* de uma língua para outra, tal é, atualmente, a tarefa de tradutores preocupados com a representação cênica. Em suas traduções de Shakespeare (*Timão de Atenas, Medida por Medida*), J.-C. Carrière tem o cuidado de não explicitar o texto inglês; não hesita em cortá-lo e em fragmentá-lo para torná-lo mais inteligível. Tratando-se de um autor clássico às vezes dificilmente compreensível hoje, esse tratamento moderniza e atualiza o texto, restitui-lhe uma face direta e simples que provavelmente tinha há quatro séculos. Esta simplificação e esta modernização, mesmo que possam chocar os filólogos, permitem-lhes pelo menos propor um *verbo-corpo* que dá uma imagem e uma aproximação do *verbo-corpo* do texto original. A insistência de Carrière na matéria rítmica restitui ao texto uma representatividade e uma vitalidade perdidas: a simplificação filológica é necessária para encontrar um *verbo-corpo*

---

51. O. Krejča, L'infini tchékhovien est impitoyable, *Théâtre en Europe*, n. 2, p. 67.
52. J.-C. Carrière, Introduction du traducteur, em *Timon d'Athènes*, p. 9-10.

adequado: "A concisão, o estilo sucinto da tradução visam evitar o desperdício de energia compacta da frase shakespeariana"[53].

Em todos estes exemplos de tradução do texto dramático pela intermediação de uma colocação em jogo do texto e de uma identificação do seu *verbo-corpo*, a hipótese subjacente é que a palavra e o gesto formam, no teatro, uma unidade dialética que não teríamos como desunir, a menos que nos arrisquemos a desfazer o texto dramático e tornar-lhe impossível sua tradução. Esta hipótese repousa sobre outra hipótese: a de que se traduz não somente os signos linguísticos, mas também as gestualidades. Neste sentido, o gesto e o corpo são traduzíveis de uma cultura para outra e o ator é parcialmente um tradutor: graças aos seus gestos, ele está em condições de fazer comunicar culturas. Uma tal hipótese – que iremos examinar logo mais adiante – não está muito afastada daquela de Barba[54], que vê no pré-expressivo um terreno de encontros entre comportamentos que pertencem a culturas diferentes. Porém, *fazer comunicar culturas*, isso ainda não quer necessariamente dizer *garantir a tradução* de uma para outra. Pelo menos, deve-se saber de que maneira a língua e a cultura-alvo se apropriam da língua e da cultura-fonte, e a que preço.

## A TRADUÇÃO INTERCULTURAL

### Definição Semiótica da Cultura

Sem entrar no interminável debate sobre a definição de cultura pelas diversas ciências humanas, partiremos de uma concepção semiótica de cultura, a de Lotman e Uspênski, no caso, que a definem como "a memória não-hereditária da comunidade"[55]. Lotman insiste no fenômeno da tradução de um texto ou de uma realidade semiótica.

A tradução de um, ou dos mesmos textos, dentro de outros diversos sistemas semióticos, a identificação de textos diferentes, os limites moventes entre os textos que se apresentam a uma cultura, e aqueles que se situam para além de suas fronteiras – esses processos formam o mecanismo de apropriação cultural da realidade[56].

Se a cultura é assim definida como apropriação semiótica da realidade social, a sua tradução é outro sistema semiótico que não apresentará problemas desde que uma relação de interpretância tenha sido proposta[57]. A dificuldade para estabelecer essa relação de interpretância é a de avaliar a distância entre cultura-fonte e cultura-alvo e de

---

53. M. Millon, Mesure pour Mesure: les options de la traduction, *Les voies de la création théâtrale*, n. 13, p. 114.
54. E. Barba; N. Savarese (eds.), *Anatomie de l'acteur*.
55. On the Semiotic Mechanism of Culture, *New Literary History*, IX, 2, p. 213.
56. *Kunst als Sprache*, p. 30.
57. E. Benveniste, *Problèmes de linguistique générale*, v. 2, p. 61.

decidir sobre a atitude a ser adotada em face da cultura-fonte. Porém, tal escolha não é de ordem técnica: envolve toda uma visão sociopolítica da cultura. Temos sempre sabido adaptar um texto proveniente de uma cultura estrangeira para outra cultura. Por muito tempo, essa adaptação não foi, contudo, concebida a não ser em termos históricos, políticos, ideológicos, e não no seu conjunto de uma cultura e uma transferência cultural.

*Atitudes Frente à Cultura*

a. Pode-se escolher cuidar o máximo possível, na tradução, das alusões à cultura-fonte, não adaptando-lhe os ideologemas e os conceitos filosóficos na cultura-alvo, na verdade acentuando-lhe as diferenças com os nossos. Corre-se, então, o risco de incompreensão ou rejeição por parte da cultura-alvo: ao querer restituir muito da cultura-fonte acaba-se por torná-la ilegível[58].

b. Pode-se escolher, ao contrário, adaptar a cultura-fonte para a cultura-alvo aplainando-lhe as diferenças, eliminando-lhe os aspectos exóticos, "normalizando-lhe" a situação cultural, ao ponto de que não se compreenda mais de qual lugar estranho nos vem esse texto que parece tão familiar.

c. Ao se escolher a primeira das duas soluções, a da restituição da cultura-fonte – mantendo-lhe sua terminologia que se rejeita traduzir, por exemplo –, isolamo-nos frequentemente do público por não nos dirigirmos a não ser aos especialistas, e por nada mais fazer do que passar de uma margem para outra. Perigo que espreita Jean-Claude Carrière na sua adaptação do *Mahabharata* e que ele descreve nestes termos:

Recusando-me a traduzir algumas palavras indianas (como *dharma* ou *kshatrya*), quis reconhecer que o pensamento francês e a sua língua não podem abarcar tudo. No entanto, por outro lado, uma tal recusa diminui o risco da linguagem esotérica, linguagem de iniciado visto que, quantas vezes não escutamos especialistas falarem do teatro oriental, por exemplo, que se utilizam de palavras japonesas, indianas e que, dessa forma, distanciam excessivamente o objeto teatral de nós[59].

A segunda solução – a adaptação total à cultura-alvo – pode trair uma atitude condescendente com relação ao texto e à cultura-fonte:

Há, [prossegue Carrière], com relação ao *Mahabharata*, uma possibilidade de colonização inconsciente através do vocabulário, pois o fato de traduzir ou não as palavras

---

58. Esta vontade de preservar a qualquer preço a cultura-fonte está, aliás, de início fadada ao fracasso, visto que o texto francês faz afluir, imediatamente, uma série de conotações ligadas à cultura francesa. Ou é preciso, quando isto for possível, adaptar as conotações culturais do texto-fonte, conhecer, por exemplo, os códigos de alguns gestos estereotipados nas duas culturas ou o sistema de cores que é, por exemplo, muito diferente na cultura chinesa e na cultura francesa etc.
59. Chercher le coeur profond, *Alternatives théâtrales*, n. 24, p. 14.

indianas traduz a nossa relação com qualquer civilização. Dizer que se pode encontrar equivalentes de todas as palavras indianas quer dizer que a cultura francesa pode apropriar-se, graças a uma palavra, de noções as mais profundas e as mais reflexivas do pensamento indiano[60].

Uma terceira solução, um caminho intermediário, por outro lado o mais frequentemente empregado, consiste em transigir entre as duas culturas, em produzir uma tradução que seja como um "corpo condutor" entre as duas culturas e que respeite a proximidade e o afastamento, a familiaridade e a estranheza.

Esta última solução torna necessário que nos detenhamos nela e que se observe graças a quais procedimentos as duas culturas são colocadas em comunicação (no sentido de "vasos comunicantes"). Na encenação do *Mahabharata*, Peter Brook e Jean-Claude Carrière tiveram que levar em conta a dificuldade do público francês de penetrar em um universo totalmente estranho: "Para que o *Mahabharata* esteja igualmente próximo do nosso público e a uma certa distância, não foi preciso partir do alto, mas do baixo"[61]. A tradução e a encenação foram levadas a introduzir o que se poderia chamar de um "adaptador de recepção", no presente caso um narrador de língua e tradição de representação francesas que permita a ligação entre a narrativa indiana e o público, "um contador que esteja do nosso lado, isto é, um francês próximo dos franceses"[62]. Colocar, dessa forma, em comunicação cultura-fonte e cultura-símbolo através dos meios teatrais é assegurar-se de que o contato está estabelecido entre elas, que a função fáctica da comunicação está mantida. Da mesma maneira, a criança a quem o narrador narra esta história reproduz a escuta do espectador, obrigando-o a traduzir a história nos termos e por parte da criança que está nele. O "adaptador de recepção" coloca em comunicação tradições diferentes, sempre na perspectiva última do público-alvo. A adaptação de Carrière para a encenação de Brook foi feita de modo a que o público ocidental (francês, especialmente, porém não unicamente, visto que o espetáculo circulou na Europa e nos Estados Unidos), não se perca pela maneira de se narrar essa história. A consequência é que a estrutura narrativa é certamente simples e compreensível, porém também aborrecida (suportamos mal a repetição incessante de cenas de combates, de morte e destruição!). A competência cultural do espectador foi pouco solicitada, ela se encontrava gadgetizada: não é uma *tradução* da Índia, mas uma *significação* da Índia: aquilo "parece" indiano, de acordo com a ideia estereotipada muito ideológica que um francês se faz da Índia: é a Índia em três lições pelo método Assimil. A cultura indiana não é mais do que

---

60. Idem, ibidem.
61. Idem, p. 8.
62. Idem, ibidem.

uma cultura *citada*, significada por alguns estereótipos ou, no melhor dos casos, selecionada nas suas melhores escolhas: tem-se a impressão de que a encenação está semeada de alusões culturais, de ilhotas culturais "originais" no tecido médio de uma "atmosfera que se faz indiana", com os seus fragmentos fortemente ressaltados, num molho muito insípido. Em alguns momentos, os atores inspiram-se, por exemplo, no Kathakali ao indicar algumas atitudes de busto e mãos. Como para a tradução linguística, trata-se sempre de alusões isoladas, de fragmentos perdidos no tecido muito mediano e ocidentalizado da representação (estilo de representação bastante naturalista).

Todo o conteúdo filosófico ou moral é em parte perdido muito simplesmente porque não é facilmente teatralizável. A força do teatro é contribuir para fazer comunicar duas culturas mostrando nada mais do que alguns signos de uma para outra; a sua fraqueza é limitar a transferência a elementos visíveis ou auditivos, ou seja, transmissíveis como signo.

Muitas vezes, a colocação em comunicação de duas culturas consiste menos em simplificar as condições de chegada do texto do que em reexaminar a relação do particular e do universal[63], em distinguir o que pertence a uma tradição muito diversificada e particular e o que é resultado de uma estandardização e uma ocidentalização da civilização mundial[64].

O fato de não querer perturbar o espectador ocidental ao lhe apresentar uma civilização indiana muito específica e particularizante

63. Problemática que Goethe anunciou assim: "Em cada particularidade, seja ela histórica, mitológica ou proveniente de uma fábula, quer seja inventada de maneira mais ou menos arbitrária, ver-se-á cada vez mais a universalidade brilhar e transparecer por meio do caráter nacional e individual". Citado por T. Todorov, Le croisement des cultures, *Communication*, n. 43, p. 16.

64. Fenômeno que Lévi-Strauss analisou perfeitamente: "Há simultaneamente na obra, nas sociedades humanas, forças que trabalham em direções opostas: umas tendem à manutenção, e até à acentuação de particularismos; outras atuam no sentido da convergência e da afinidade", *Anthropologie structurale deux*, p. 381. "É extremamente difícil, para a etnologia, aportar uma exata avaliação de um fenômeno como a universalização da cultura ocidental, e isto por várias razões. De início, a existência de uma civilização mundial é um fato provavelmente único na história, ou em que os precedentes deveriam ser buscados numa pré-história longínqua, sobre a qual não sabemos quase nada. Em seguida, uma grande incerteza reina na consistência do fenômeno em questão. O fato é que, após um século e meio, a civilização ocidental tende, seja na totalidade, seja por alguns de seus elementos-chave, como a industrialização, a espalhar-se pelo mundo: e que, na medida em que as outras culturas procuram preservar alguma coisa de sua herança tradicional, esta tentativa reduz-se geralmente às superestruturas, ou seja, aos aspectos os mais frágeis e dos quais pode-se supor que serão varridos pelas transformações profundas que se realizam" (idem, p. 402). "Não há, não pode haver uma civilização mundial no sentido absoluto que se dá comumente a este termo, visto que a civilização implica a coexistência de culturas que oferecem, entre si, o máximo de diversidade, e que até consiste nesta coexistência. A civilização mundial não poderia ser outra coisa senão a coalização, em escala mundial, de culturas que preservam cada qual a sua originalidade" (idem, p. 417).

conduz a uma universalização desse mito indiano: ela se dirige a todos os homens. Que seja! Porém, nesse caso, tudo é universal e os discursos universalizantes perdem de sua prenhez política, sociocultural, em proveito de uma grande-missa celebrada ecumenicamente para toda a humanidade. A estandardização e a indústria cultural amam muito fazer-se fluir para uma universalização um humanismo transcendental, quando elas nada mais são do que uma chamada ideológica e tecnocrática, um empobrecimento que de humanismo não tem mais que o nome e que gera a estandardização informacional. O recurso à humanidade torna-se uma tática para resolver os problemas insolúveis de uma tradução muito particularizante e para reduzir as arestas entre as culturas. Esta solução é pouco satisfatória, quaisquer que sejam os grandes discursos sobre o interculturalismo e a compreensão entre os povos[65].

Na realidade, a teoria da cultura não saberia constituir-se sem a ajuda de uma teoria do social e da ideologia, portanto, da relação das superestruturas e da infraestrutura: com efeito, a cultura é "o resultado de negociações contínuas entre o mundo exterior, negociações por meio das quais afirma-se, como um horizonte, uma identidade que não se pode definir a não ser como criação contínua. A cultura não pode ser concebida senão como condição e consequência da ação social e de interações com a sociedade global"[66]. Ainda uma vez, vemos a necessidade de não separar sociologia e antropologia.

*Reapropriações e Transcodificações Culturais*

Para o tradutor a dificuldade não é, portanto, localizar no texto-fonte a identidade de culturas, nem mesmo encontrar "adaptadores de recepção" apropriados, porém analisar as reinterpretações culturais e as transcodificações entre subgrupos no interior de uma cultura que não tem mais nada de homogênea, pois uma infinidade de linguagens, empréstimos e reinterpretações nelas trabalham sem trégua.

Tomemos o exemplo de *O Parque*, de Botho Strauss (1986), traduzido em francês por Claude Porcell. A dificuldade desse tipo de tradução é trazer, de um lado, a estandardização cultural e linguística[67] da sociedade de que fala essa peça; por outro lado, a proliferação

---

65. Notar-se-á na passagem que se a pesquisa em ciências humanas se reorienta muitas vezes em torno da questão dos "cultural studies" (estudos culturais), de uma reflexão sobre a cultura, é seguramente porque a teoria marxista de ideologia fracassou, lamentavelmente, na forma mecanicista de uma teoria do reflexo e porque sente-se muito que estiveram em jogo outros fatores além da simples infraestrutura socioeconômica. Seria preciso, talvez: 1. retornar a uma teoria *flexível* de ideologia; 2. integrá-la a uma teoria da cultura e da arte que saiba do que fala; 3. reavaliar as relações entre a abordagem dita sociológica e abordagem antropológica.

66. D. Schnapper, Modernité et acculturations, *Communications*, n. 43, p. 151.

67. "Encontramos assim, por exemplo, na chinesa e na japonesa, se posso considerar um instante estas duas linguagens como protótipos de línguas extremamente

de alusões às microculturas, quer seja o jargão de intelectuais berlinenses, o dos *punks* ou de pequeno-burgueses liberais e trabalhadores. A estandardização convida a que se leia e se traduza esta peça como arquetipal da sociedade ocidental, liberal, informatizada e estandardizada, e, em consequência, não se prender fortemente à sociedade berlinense ou alemã-ocidental. Ao contrário, as alusões aos particularismos históricos ou socioculturais conseguem minimamente, na tradução francesa, encontrar seja uma transposição direta, seja uma equivalência adaptada e apropriada ao contexto francês. Contudo, o que é quase intransferível é a mixagem infinita de microculturas e microlinguagens do texto de Strauss. Tudo acontece como se a tradução de linguagens e microculturas se efetuasse no próprio interior do texto-fonte, como se ela fosse tematizada e constituísse o próprio tema da peça. A partir disso, a tradução para o francês dessa mixagem cultural é problemática, visto que seria preciso, antes de tudo, compreender o sistema de sua intertextualidade no interior do texto-fonte e desenovelar os fios de culturas, discursos, ideologias. A transcodificação interna de diversos subgrupos da peça (em função de sua idade, sexo, meio socioprofissional, tipo de desejo etc.) é tão ramificada que o texto parece um apanhado de elementos culturais heterogêneos, à imagem da bricolagem étnica, ideológica e discursiva de nossa sociedade ocidental. É necessário, para o tradutor, não tanto a faculdade de detectar e transpor esta bricolagem, quanto a coragem de escolher uma estratégia de tradução, uma visão, mesmo que esquemática, dessa mixagem de discursos culturais. Ele não conseguirá executar o seu trabalho a não ser quando secundado pelo encenador, que lhe dará a conhecer essas vozes misturadas pelas escolhas cênicas e lúdicas claras e sistemáticas.

*Tradução Intergestual: O Exemplo do Mahabharata:*

A dificuldade que existe para determinar uma estratégia de tradução é motivo, por certo, para desencorajar o teórico, porém ela pode também estimular a inventividade do encenador e obrigá-lo a encontrar outros meios diferentes daqueles puramente linguísticos e filológicos para transmitir, apesar de tudo, o mito. É o que fazem encenadores como Wilson ou Brook, cujo espetáculo – a sequência de imagens – constitui uma narrativa visual que intermedeia e ultrapassa rapidamente a narrativa do texto e que não pode mais ser interrogada a não ser como mito. Tomemos novamente o exemplo do *Mahabharata*: Brook e Carrière narram nele uma história que ultrapassa rapidamente o texto e a ane-

---

estranhas para os europeus, um número considerável de empréstimos; e entre eles um número crescente de internacionalismos [...] Não existe, hoje em dia, uma língua complemente estrangeira". H. Weinrich, Petite xénologie des langues étrangères, *Communications*, n. 43, p. 198.

dota para constituir-se em mito, por meio do discurso gestual – uma "linguagem do corpo", como diz Brook – e da linguagem cênica, ou seja, o acontecimento desses corpos que se agitam e falam. O mito é, assim, completado e traduzido por esse discurso do teatro:

> Uma coisa que é rapidamente esquecida, [declara Brook], não é mais do que uma história, a própria história, é uma linguagem. Quero dizer que temos a tendência a tomar uma história como um fim em si. Conta-se uma história e acredita-se que é simplesmente para se escutar a história, sem nos darmos conta de que o próprio princípio do mito é, ao narrar uma história e ao atingir o encanto no primeiro grau, simplesmente seguir a história perguntando-se quem é essa gente, o que é que vão fazer, o que é que vai acontecer [...] Ao mesmo tempo, recebem-se impressões cuja totalidade torna-se a expressão de alguma coisa que não poderia ser expressa de maneira tão profunda pela linguagem falada ou escrita[68].

O mito criado pela cena não passa pelo texto (onde, aliás, ele seria intraduzível), porém pelo palco e pelo gesto no desenrolar de imagens que se constituem numa linguagem. Para a tradução, isso implica que é preciso considerar como sendo a verdadeira tradução do *Mahabharata* a dinâmica intergestual e intercultural, dinâmica que é a única em condições de transmitir teatralmente o mito contido no poema indiano.

Esta dinâmica intergestual não estará, ela mesma, realizada a não ser quando os atores tiverem sido escolhidos, de maneira a mostrar, através da sua gestualidade e de sua interpretação, uma harmonização real de gestualidades – e isso malgrado a diversidade de sua origem nacional e étnica. O paradoxo desta harmonia é o seguinte: os comediantes são escolhidos em função de suas diferenças, porém o ator deve, por sua vez, aprofundar e assumir sua diferença justamente ao se despojar dos traços superficiais, que são aqueles que se cultivam em cada país para difundir a cultura nacional (...), pois "é ao ligar indissoluvelmente o ato teatral à necessidade de estabelecer novas relações com os diferentes seres que surgiu a necessidade de tecer novas ligações culturais"[69]. A cultura, nesta acepção, transformou-se numa noção mais antropológica e etnológica do que histórica e ideológica. É ela que une os homens e suas tradições, inclinando-se para a universalidade, para a *civilização* no sentido de Lévi-Strauss[70].

Por isso, a comunicação intercultural serve-se antes de mais nada do corpo e do gesto para evocar as ligações e as diferenças. Porém, o gesto não tem mais nada de um *gestus* social, estritamente limitado a uma função sociopolítica, a um "corpo que foi verdadeiramente apreen-

---

68. Le *Mahabharata* ou les pouvoirs d'une histoire, *Alternatives Théâtrales*, n. 24, p. 5.
69. P. Brook, *The Shifting Point*, p. 239.
70. *Anthropologie structurale deux*, p. 417.

dido e moldado pela história, pelas sociedades, pelos regimes, pelas ideologias"[71]. É, antes, o gesto na sua dimensão etnológica e simbólica, a diferença de gestualidades e grupos servindo para acentuar a sua universalidade. O gesto não está mais limitado a um grupo ou a uma atividade social, a um *gestus* no sentido brechtiano. Vê-se, neste caso, toda a diferença entre um Vitez e um Brook, entre uma estética pósbrechtiana e semiológica – a de Vitez – e uma estética "antropológica" e "cosmopolita", como a de Brook. No caso de Brook, não se saberia dizer mais, doravante, com Vitez, que "é na ocasião da escolha entre um gesto e outro que a ideologia, a história, a política, podem engolir-se"[72]. O gesto é, para Brook, não a chave-de-manobra das ideologias, mas o terreno de encontro universal entre atores de culturas diferentes.

A tradução/adaptação propriamente linguística de Carrière vai no sentido desta universalização do gesto. Ela tenta evitar os ecos de uma cultura que seria a de nosso cristianismo e de nossa Idade Média (para os conceitos religiosos ou sociais) e da tradição clássica ou neoclássica para a descrição de *tormentos* da alma "aflita", ou parnasiana para os efeitos fáceis da cor local[73]. "Quanto a essas alusões culturais, uma vez eliminadas, encontramo-nos", observa Carrière, "diante de um vocabulário muito simples. Encontramos palavras que não perderam absolutamente a sua força. A palavra coração, a palavra sangue, a palavra morte: três palavras muito simples que estão na base da peça"[74]. Portanto, o *training* de atores, a harmonização *relativa* de gestualidades e estilos de interpretação (apesar da diversidade do investimento psíquico e corporal dos atores) coincidem com uma universalização do mito e da língua que o diz. O texto da tradução faz o efeito, devido a sua simplificação e universalização, de um enigma que se quis manter, de um refrão musical que se grava na memória, mesmo quando impossível memorizar o detalhe da intriga. A encenação trabalha o espectador num nível que não é mais controlado pelo consciente e pela codificação imediata, porém através de um ritmo que é o do cerimonial e que faz com que se prolongue a encenação para muito além da representação. Disso decorre uma espécie de fascinação e de sua compreensão quase pueril dessa história: parece que a tradução está sendo passada por todos os signos extraverbais, como se, no nosso esquema de concretizações sucessivas, ela tivesse queimado todas as etapas, particularmente a da análise dramatúrgica, como se recolocasse em questão um esquema linear e não obstante qualquer filológica de concretizações dramatúrgica, cênica e receptiva.

---

71. R. Barthes, Encore le corps, *Critique*, n. 423-424, p. 647.
72. Le devoir de traduire, op. cit. p. 130.
73. Cf. J.-C. Carrière, Chercher le coeur profond, op. cit., p. 13.
74. Idem, p. 14.

## CONCLUSÕES GERAIS

1. O exemplo de Brook ou Régy prova suficientemente que a tradução para o palco empresta muito de outras vias que não as de uma tradução puramente linguística, e que a verdadeira *translação* efetua-se no plano da encenação total. Inútil insistir por mais tempo na complexidade das operações hermenêuticas engajadas nesses processo. Frisamos que a teoria da tradução em geral, e da tradução teatral em particular, mudou de paradigma: não está mais assimilada a um mecanismo de *produção* de equivalências semânticas calcadas mecanicamente no texto-fonte: ela se concebe como *apropriação*[75] de um texto para outro, em função da recepção concreta do público teatral. A teoria da tradução, em suma, nada faz senão seguir o movimento geral da semiologia teatral que reorienta os seus objetivos em função de uma teoria da recepção[76]. Decorre disso a insistência no processo da *apropriação* cultural e de concretizações e filtros sucessivos que balizam a caminhada da obra *traduzida diante* da cultura-alvo.

2. A reflexão sobre a tradução confirma um fato conhecido dos semiólogos: no teatro, o texto é apenas um dos componentes da representação, e aqui, neste caso, da atividade translatora; um texto é muito mais do que uma sequência de palavras: nele se enxertam as dimensões ideológicas, etnológicas, culturais etc. A cultura está de tal modo onipresente que não se sabe mais onde é necessário começar a pesquisar, particularmente quando o palco oferece uma multiplicidade de sistemas, de signos, dispondo todos eles de uma certa autonomia. Limitamo-nos aqui a expulsar esses dados culturais da série de concretizações e que não termina senão quando um dado público acaba por apropriar-se do texto-fonte e de sua cultura. O exemplo da gestualidade e das variações do *verbo-corpo* foi inserido somente para mostrar como a tradução comporta a transferência de uma cultura, a qual se inscreve tanto nos gestos quanto nas palavras. Seria preciso poder abordar o estudo do ator como modelizador e como intérprete último do seu texto e do seu corpo, pois o ator pode recuperar a mais miserável das traduções, porém pode igualmente, é verdade, massacrar a mais sublime. Nenhum estudo ainda, que o saibamos, examinou a influência pragmática do trabalho do ator na produção do sentido, especialmente do sentido do texto, e mais particularmente do texto traduzido.

3. O fenômeno da tradução intergestual e intercultural vem relembrar oportunamente que a cultura intervém em todos os níveis e em todos os momentos da vida social e em todos os recônditos do

---

75. M. Vinaver, De l'adaptation, op. cit.; M. Snell-Hornby, Sprechbare Sprache-Spielbarer Text: zur Problematik der Bühnenübersetzung, em R. Watts e U. Weidmann (eds.), op. cit.; L. Kruger, *Questions of Theatre Translation*.
76. P. Pavis, Production et réception au théâtre, op. cit.

texto e da representação. É preciso ainda compreender o duplo movimento que agita a teoria da cultura. De um lado, assiste-se – isso é muito sensível no exemplo do *Mahabharata* – à universalização da noção de cultura, a uma busca da essência comum a toda humanidade, o que não ocorre sem que se acione um retorno do religioso, do místico e, no teatro, do ritual e do cerimonial. No entanto, por outro lado, a época vive o reconhecimento *das* culturas, particularismos, minorias, subculturas, grupos de pressões e *lobbies*, e, portanto, do refinamento de métodos socioculturais para avaliar a extensão e os efeitos das culturas, o que por vezes leva a não se pensar mais globalmente o funcionamento da sociedade, a buscar apenas soluções fragmentárias, separadas e tecnocráticas. Não obstante essa própria contradição da noção de *cultura*, que evidentemente não data de hoje, mesmo que se exacerbe a propósito da questão da tradução, ela desborda numa concepção *mítica* da cultura e da tradução. A cultura, com efeito, transforma-se nessa noção fluida, da qual não se conhece verdadeiramente nem a identidade, nem os determinismos e nem o lugar exato frente à infraestrutura e à superestrutura. A cultura, assim como a tradução, está sempre entre os dois. A tradução é esse texto inencontrável que deseja dar conta do texto-fonte, justamente sabendo que não tem sentido, de valor e existência, a não ser em função de um público-alvo. A esta circularidade perturbadora acrescenta-se o fato de que a tradução teatral não está jamais ali onde se espera: não está nas palavras, mas nos gestos, nos corpos, nas entonações: não na letra, porém no espírito de uma cultura, inapreensível porém omnipresente.

# 8. "Dançar com Fausto": Reflexões sobre uma Encenação Intercultural de Barba

A primeira semana do Ista (International School of Theatre Anthropology) 1987, em Salerno, desenrolou-se sob o signo do *Fausto*. Tratava-se, para Eugenio Barba, de associar artistas orientais (dançarinos e músicos japoneses e indianos) e os participantes-espectadores num trabalho comum a partir do *Fausto*, essencialmente o de Goethe, mas também o de Marlowe e de toda a tradição ocidental do personagem popular e do mito. O trabalho se estende por cinco matinês, das 6 às 10 horas; não se tem a pretensão de atingir um espetáculo acabado, muito menos ainda apresentá-lo a um público exterior ao grupo. Trata-se, então, de um exercício que visa testar o trabalho de um encenador ocidental confrontado com duas dançarinas, a japonesa e a indiana? Ou se trata, ao contrário, de uma encenação ocidental a qual, mesmo que inacabada, apresenta as características de uma encenação? Pendemos para esta segunda hipótese, se bem que Barba tenha mantido cuidadosamente a ambiguidade e tenha, acima de tudo, sugerido que apresentava um *work in progress*, um trabalho que testa a possibilidade de um teatro eurasiano.

Seja como for, é precisamente este rápido esboço que permite observar melhor a gestação e a fixação progressiva do sentido na localização gestual, vocal, textual, musical e cênica das dançarinas[1] e

---

1. Não abordamos aqui o problema da denominação dos artistas: atores ou dançarinos? A distinção está longe de ser resolvida tanto no Japão ou na Índia, quanto na Europa: de preferência, empregaremos o termo *dançarino*, a não ser para insistir na

dos músicos. Partiremos, igualmente, do princípio de que estamos na presença de um encenador e de uma encenação ocidentais e descreveremos as etapas desse trabalho.

Naquilo que se segue, um dos participantes – ao mesmo tempo juiz e parte (contratada), portanto contaminado para sempre pelo Ista e privado de sua almejada neutralidade – se propôs, na mesa-redonda de Bari[2], não tanto a descrever o "B.A.BA" do método BA(r)BA, mas sim a imaginar como seu trabalho sobre o *Fausto* poderia ser descrito e explicado com a ajuda de ferramentas semiológicas. A circunstância anedótica desta *relazione* foi, uma vez mais, o desafio lançado à semiologia – desta vez pela antropologia teatral – de dar conta, nesse terreno, do trabalho dos atores e da encenação. A resposta (tática) a este gênero de desafio consiste, mais uma vez, em dizer: a semiologia não *serve* para nada, é o criador que *se serve* da semiologia; limitemo-nos a descrever este uso examinando a *reelaboração* de tradições gestuais indiana e japonesa na encenação de Barba.

Se, como já postulamos em outra ocasião[3], qualquer tradução (particularmente linguística) é uma *apropriação* da cultura de origem para a cultura de chegada, diríamos de bom grado, por analogia, que o trabalho de Barba consiste em se apropriar de tradições de atuação orientais ao transformá-las e "recriá-las" cenicamente para o público ocidental. Poderíamos, então, distinguir uma série de *apropriações*: 1. *semiológica* (no sentido estrito); 2. *ideológica*; 3. *narratológica* (no sentido amplo). Todavia, o termo *apropriação* corre o risco de prestar-se a um lamentável mal-entendido se entendermos, com isso, que o encenador ocidental comporta-se como um imperialista cultural ao efetuar uma expropriação (portanto, uma destruição) de tradições orientais, ao transformar as mesmas em subproduto ocidentalizado que nada mais tem a ver com suas origens. Ou se trata, neste caso, exatamente do contrário: de uma *reelaboração* de materiais gestuais e coreográficos no interior de um quadro novo (a fábula mais ou menos adaptada do *Fausto*) por um "autor cênico" – noção inteiramente ocidental de diretor e encenador – em proveito de um público habituado com um discurso cênico no qual o sentido é produzido especialmente para ele. O termo neutralizado, mas bastante insípido, de *reelabora-*

---

codificação gestual muito desenvolvida pelos artistas. Saber se se trata de uma dança que se teatraliza, usando-se especialmente a palavra, ou de um teatro que é codificado como coreografia, não nos parece de importância fundamental.

2. Mesa-redonda "Primo Incontro Internazionale fra Semiologia e Antropologia Teatrale" (Primeiro Encontro entre Semiologia e Antropolgia Teatral), Bari, 12 de setembro de 1987. Um vídeo dos ensaios foi exibido pela televisão italiana e encontra-se no Odin.

3. P. Pavis, Vers une spécificité de la traduction théâtrale: la traduction intergestuelle et interculturelle, policopiado, curso de mestrado 1985-1986, Université de Paris 3, p. 46. Retomado, em parte, neste livro, capítulo 8.

ção indica apenas que a tradição cultural e teatral da cultura-fonte é transformada para as necessidades da tradição cultural e teatral da cultura-alvo, a de Barba e do seu público ocidental – no caso presente, o de atores, encenadores, teóricos do Ista[4]. Seguiremos, assim, a cadeia de reelaborações e reinterpretações gestuais e culturais que pontuam esta reescritura cênica do *Fausto*, na esperança de compreender melhor tanto a relação de culturas, práticas e tradições teatrais, quanto a sua confrontação no cadinho da encenação.

Essa série de reelaborações corresponde a alguns "filtros" de nossa ampulheta cultural (cf. capítulos 1 e 9): (3) reelaboração ideológica; (4), (6), (7): reelaboração semiótica; (8), (9): reelaboração narratológica. A reelaboração cultural, em suma, é resultante dessas diversas operações.

## PREPARAÇÃO DOS MATERIAIS

A escolha das propostas de jogo foi confiada aos participantes do Ista, que constituem, além do mais, o público exclusivo deste *Fausto*. Cinco ou seis equipes de cinco ou seis pessoas são encarregadas de reler a peça de Goethe, de fazer-lhe um resumo das ações por escrito, depois escolher algumas cenas, centradas em núcleos de ações e, por fim, propor um roteiro que parta de situações simples, em que o diálogo desempenha um papel acessório a serviço de ações cênicas claramente definidas. Estas propostas coletivas, consignadas por escrito, são a seguir selecionadas por Barba, sem que o critério de sua escolha seja enunciado, explícita ou implicitamente. Pode-se observar apenas que Barba retém propostas de ações e situações concretas e rejeita, ao contrário, reflexões filosóficas, psicológicas ou comentários literários. Ele parece não estar interessado numa análise dramatúrgica global e *a priori* do texto; não procura adaptar o conjunto da obra, nem ser fiel à letra ou ao espírito do mito, ou ainda a dar-lhe uma leitura totalizante, coerente ou combinada. Considera o texto, de preferência, assim como as propostas de roteiro, como geradoras de situações e ações cênicas ligadas tematicamente à fábula do *Fausto*.

---

4. Barba fala com prazer de "nova elaboração", emprestando o termo de Schechner e de sua noção de "restauração do comportamento": "Comportamento restaurado é um comportamento vivo tratado da maneira como o cineasta trata uma sequência cinematográfica na película. Cada sequência deve ser remontada, reconstruída. Ela é independente do conjunto das causas (sociais, psicológicas, tecnológicas) que lhe deram nascimento: tem um comportamento próprio. A verdade original ou a intenção desse comportamento podem estar perdidos, ser ignorados ou estar escondidos, engendrados ou deformados pelo mito constituinte dos materiais no início do processo, isto é, utilizadas no decorrer dos ensaios com o fim de se obter uma nova elaboração, ou seja, o espetáculo propriamente dito – essas sequências visuais do comportamento não são mais, propriamente, processos e sim objetos, materiais". E. Barba, Montage, em E. Barba; N. Savarese (eds.), *Anatomie de l'acteur*, p. 179.

Esta fábula do *Fausto* parece-nos, por outro lado – e esta será a nossa hipótese principal –, um mito profunda e tipicamente ocidental, na medida em que, como bem o demonstrou André Dabezies[5], cristaliza, após a lenda do século XV até Goethe, e daí por diante, o nascimento do individualismo e da liberdade individual. Dabezies distingue três etapas e variantes do mito: 1. o "mito cristão do pecado, ou seja, os riscos da liberdade"[6]; 2. o dos "riscos da grandeza e da liberdade", da "aspiração quase-metafísica ao infinito e ao ideal"[7]; 3. o da "liberdade triunfal", tendência que culmina na concepção de um Spengler que, em *Le déclin de l'Occident* (O Declínio do Ocidente), faz do homem faustiano "a figura mítica de todo o Ocidente"[8]. Essa evolução do mito faustiano indica a emergência do indivíduo a partir do grupo familiar, social ou nacional, o nascimento de um individualismo e a aspiração à liberdade e ao conhecimento. O que *Fausto* representa de mais "ocidental" é, talvez, não tanto a divisão do ser quanto a busca ativa do conhecimento por um indivíduo que se sente bastante forte e separado do grupo para tratar de igual para igual com o diabo (e não mais com um deus à sua imagem), para partir sozinho à procura da verdade. Face a esta força do individualismo, é difícil imaginar como as dançarinas japonesa (dança buyo) e indiana (odissi), ambas originárias de uma tradição coreográfica nacional muito codificada e estática, poderiam singularizar e individualizar a sua atuação, a ponto de romper com sua própria tradição, de entrar em "diálogo gestual e cultural" com sua companheira, e acima de tudo, de restituir formalmente esta individualização do mito faustiano. Elas devem começar por seguir as senhas e temas de improvisação dados por Barba, partindo de sua própria tradição, tudo isso ao *incorporar* à sua atuação elementos que lhes são impostos pelo tema faustiano. Portanto, essas dançarinas conhecem-se bem, já que estão trabalhando há oito anos com Barba no quadro do Ista. As suas improvisações sobre o *Fausto* inscrevem-se, dessa forma, nesse contexto intercultural e são a continuação de uma experiência que as ocupa desde o primeiro Ista de Bonn. Desse modo, tudo não foi inventado no decorrer desta sessão do Ista. Somente o tema do *Fausto* é novo.

## INCORPORAÇÃO PELAS DANÇARINAS

A dançarina japonesa Katsuko Azuma e a dançarina indiana Sanjukta Panigrahi pertencem a dois universos culturais e teatrais/coreográficos totalmente distintos. A sua arte é dificilmente comparável, sendo

---

5. A. Dabezies, *Le mythe de Faust*.
6. Idem, p. 312.
7. Idem, p. 314.
8. Idem, p. 316.

uma simplificação muito ocidental tentar aproximá-las pela magia fácil do termo "oriental"[9]. Fazê-las trabalhar juntas vai contra a sua natureza, pois o contraste de sua presença, de sua dinâmica, de sua figuração gestual é surpreendente. Igualmente o projeto faustiano, que consiste em confrontá-las impondo-lhes a fábula do *Fausto*, é ao mesmo tempo perfeitamente arbitrário e totalmente legítimo, pelo fato de que força as dançarinas e o seu encenador/coreógrafo a adaptar-se a um terceiro termo, a juntar os seus esforços na construção de uma fábula a ser inventada.

É difícil perceber a maneira como cada dançarina organiza a sua improvisação a partir da senha muito geral que recebe de Barba. Essa senha, dada em inglês, limita-se a propor uma ação/improvisação a partir de uma ação concreta, a fornecer um quadro narrativo dentro do qual as intérpretes podem improvisar livremente. Por exemplo, Barba sugere a Sanjukta (que "interpreta" Mefisto) que se aproxime progressivamente de Katsuko Azuma, chegando de bastante longe, escondendo-se atrás das árvores e elaborando, com os braços, uma série de molinetes como se quisesse chamar a atenção de Fausto. A assimilação de materiais tirados do *Fausto* passa, portanto, pelo corpo e pela dança, e não por uma abordagem psicológica do personagem ou textual da peça. A coreografia que se segue não tem como finalidade elucidar o personagem ou ilustrar as diversas situações da fábula. A linguagem articulada usada não tem por função explicar os caracteres e nem mesmo ser perfeitamente compreensível[10].

Não é fácil medir a distância entre a dança odissi ou a dança buyo "canônica" e as improvisações criadas pelas dançarinas. A distância e o desvio com relação ao gesto codificado da tradição não parecem ser mais uma ameaça, porém acima de tudo um risco conscientemente assumido[11]. O papel do encenador – mais próximo, nisso, de Mefisto

---

9. "Os *slogans* populares do gênero individualismo e realismo do Ocidente, opostos à mentalidade de massa e misticismo orientais, revelam-se absurdos a partir do momento em que se os analise seriamente", observa Herman Goetz em *Inde:* cinq millénaires d'art (Índia: cinco milênios de arte). Do mesmo modo, falar de "teatro oriental" (como Artaud no seu ensaio: "Théâtre oriental et théâtre occidental" [Teatro Oriental e Teatro Ocidental]) é fonte de complicações. É preciso saber utilizar Antonin...

10. Cf. A. Artaud: "Sei bem, aliás, que a linguagem dos gestos e atitudes, a dança e a música são menos capazes de elucidar um caráter, de narrar os pensamentos humanos de um personagem, de expor estados de consciência claros e precisos do que a linguagem verbal, no entanto, quem disse que o teatro foi feito para elucidar um caráter, para a solução de conflitos de ordem humana e passional, de ordem atual e psicológica como o nosso teatro contemporâneo tem feito?", La mise en scène et la métaphysique, *Le théâtre et son double*, p. 59-60.

11. Sanjukta Panigrahi criou danças sobre canções escritas em outra língua de sua região, a *orissi*. O seu trabalho no Ista dá-lhe a oportunidade de ampliar o seu repertório. "Pedi a Barba para trabalhar um pouco com ele para descobrir novas possibilidades. Não me parece que esse trabalho possa ameaçar as minhas tradições. Se assim fosse, eu daria imediatamente marcha a ré", em *Bouffonneries*, n. 4, p. 68.

do que de Fausto – é, em suma, o de fazer "cair" o anjo oriental, de desestabilizá-lo, de desequilibrá-lo no sentido próprio ao impor-lhe um gesto, uma atitude, uma série gestual estranhos à sua codificação de origem. Barba desliza, por exemplo, entre as mãos das dançarinas uma garrafa de vidro e pede a Sanjukta que faça *mudras** bêbados – e portanto deformados e desritmados – para significar a embriaguez do personagem. Esse processo de deformação voluntária é seguido por uma *re-formação* imediata, pela passagem a outro tipo de codificação: a dança dos *mudras* bêbados torna-se uma paródia de dança popular em que uma imita os movimentos da outra, uma dança alegre de dois beberrões que acabam por sincronizar a sua bebedeira. A *de-formação* não é uma eliminação da forma codificada tradicional, porém a *re-formação* de uma gestualidade que se inspira na gestualidade tradicional e que prepara as etapas seguintes da reelaboração.

A dançarina incorpora à sua atuação e à sua codificação tradicional "corpos estranhos", gestos e ritmos que ela começa primeiro, por instinto, a rejeitar antes de assimilá-los. A apropriação passa por uma espécie de "enxerto gestual" que ela deve procurar tolerar sem o fenômeno da rejeição. Como no vilarejo "eurasiano" evocado por Barba[12], acontece então que "os atores (ou apenas um ator, uma só atriz) não apenas analisam um conflito, deixando-se guiar pela objetividade do *lógos*, narrando uma história, como também dançam *nela* e com *ela* na vontade da *bios*"[13]. A apropriação/incorporação da história do *Fausto* pelas duas dançarinas é a primeira etapa do processo de aculturação das dançarinas, a passagem de uma codificação oriental para uma decodificação ocidental[14], a qual revela ser, como se verá, uma recodificação pela encenação. A improvisação das dançarinas constitui a primeira formalização do material corporal, a partir do qual a encenação efetua uma reelaboração tanto semiológica, ideológica, narratológica, quanto cultural.

Concretamente, o que fazem as duas dançarinas? Sanjukta sustenta uma garrafa em suas mãos; bebe vários goles, torna-se logo bêbada; caminha vacilando, joga a garrafa, tenta alguns *mudras* que

---

* Mudra: gesto simbólico com as mãos ou dedos, geralmente de caráter ritualístico e com significado religioso. (N. da T.)

12. Le théâtre eurasien, *Jeu*, n. 49, e em *Bouffonneries*, n. 22-23. Versão italiana no programa de *Judith*, com Roberta Carreri.

13. Le théâtre eurasien, *Bouffoneries*, p. 21.

14. Barba assim descreve os "bons conselhos" dados ao ator ocidental e oriental: "O ator ocidental contemporâneo não possui um repertório orgânico de conselhos nos quais possa apoiar-se e a partir dos quais orientar-se. Em geral, ele tem como ponto de partida um texto ou as indicações de um encenador. Faltam-lhe essas regras de ação que, sem restringir, para tanto, a sua liberdade artística, ajudem-no em seu trabalho. O ator tradicional oriental baseia-se, ao contrário, num corpo orgânico e provado de 'conselhos absolutos', isto é, de regras que às vezes assemelham-se a um código. Elas codificam um estilo de ações fechado em si mesmo e ao qual todos os atores do gênero devem adaptar-se", *Anatomie de l'acteur*, p. 4.

parecem imediatamente imprecisos e como que deformados pelo álcool. Katsuko imita-lhe o passo, quer imitá-la, segue-a procurando, sem grande sucesso, sincronizar seus gestos com os de Sanjukta. Elas improvisam uma espécie de "pas de deux".

## REELABORAÇÃO SEMIOLÓGICA: O EXEMPLO DA GESTUALIDADE

A reelaboração semiológica, no sentido estrito, concerne à manipulação de signos pela encenação, manipulação esta que é não apenas descritível pela semiologia, como também constitui propriamente um conjunto de puras operações semiológicas. Verificá-lo-emos aqui, brevemente, tomando como exemplo específico a gestualidade.

### Montagem

Barba justapõe as duas tradições coreográficas na pessoa das duas dançarinas. Ele não impõe (pelo menos no início e no detalhe de cada sequência gestual) uma continuidade nas "réplicas gestuais", não procura dar a ilusão de uma transição, de uma sucessão ou mesmo de uma interação "dialógica" (pergunta/resposta). Como na montagem alternada de um filme, a sequência gestual de cada dançarina guarda sua autonomia, ela se desenrola e é percebida simultaneamente com a de sua companheira, sem a continuidade, a coesão e a ordem de um "percurso de palavra" (de um "percurso de gesto"), que produziria a fábula no modo da continuidade. Segundo Barba, a gestualidade de um ator já é comparável a uma montagem cinematográfica, que constitui um "material para uma montagem ulterior". O encenador monta, a seguir, esses materiais já compósitos que lhe fornecem os atores: "é geralmente o trabalho do encenador que pode combinar as ações de vários atores, seja numa sucessão e como que respondendo um ao outro, seja num desenvolvimento simultâneo em que o sentido de um e outro decorre diretamente de sua justaposição"[15]. A aproximação entre as duas gestualidades e o estabelecimento de uma certa coerência e contiguidade são tarefa do espectador, o qual é evidentemente guiado pelo sistema e ritmo da montagem proposta pela encenação.

Esta técnica de montagem é evidente, por exemplo, quando se observa a sequência em que Katsuko (Fausto) resume, numa sequência rápida, toda a problemática faustiana das origens ("no começo era..."): 1. Ela desenterra o livro; 2. folheia-o sem compreender; 3. lê mecanicamente o título e o autor; 4. joga-o e encadeia uma ação distinta. Estas ações são "montadas" umas com as outras, de modo a dar a impressão de um filme acelerado.

15. Montage, em E. Borba; N. Savarese (eds.), op. cit., p. 179.

## Justaposição de Tonalidades Emotivas

Não somente as dançarinas e as sequências gestuais são justapostas numa montagem paralela, como também as suas tonalidades gestuais e emocionais são tratadas de maneira contrapontística: trata-se de aprofundar a distância, de diferenciar claramente os seus universos emocionais, de exibir-lhes a não-comunicação. Numa cena muito forte vê-se, por exemplo, num primeiro plano, Fausto (Katsuko) e Mefisto (Santjukta) agachados, face a face, desenterrar os restos de uma criança, enquanto que, atrás deles, Margarida (interpretada por Onnagata kabuki Kan-Ichi Hanayaghi) passa por toda uma série de emoções e estados dos quais ela/ele faz demonstração, retomando todas as atitudes e sua expressão sequencial. Três chaves gestuais, correspondentes a três tonalidades emocionais claramente distintas, são assim entregues, "num mesmo plano", para o olhar comparativo do espectador. Elas ilustram bem, a partir de então, uma improvisação sobre a loucura, esta justaposição espacial, temporal e emocional. Percebe-se aí a solidão de cada personagem, a diferença e a originalidade de cada um, mas também as similaridades na diferença: a atriz dinamarquesa, Iben Nagel Rasmussen, interpreta uma Margarida que simula a loucura homicida pela devoração, Katsuko e Sanjukta retomam os mesmos gestos (carregar e observar a criança, talvez) com atitudes e tensões dos dedos comparáveis e diferentes a cada vez. A improvisação individual desborda, em certos momentos, nas interações e correlações: Margarida vira, por exemplo, as costas para Fausto, porém permanece a ouvir, enquanto Fausto dirige o seu olhar em direção à criança que Mefisto carrega. A justaposição nutre-se, portanto, às vezes, de momentos particularmente significativos, do seu contrário: a interação e a sincronização das emoções e dos gestos. As duas dançarinas utilizam muito pouco a palavra, memorizam sobretudo a partir das sequências dos gestos. O verbo-corpo de cada dançarina e de cada língua-cultura é muito diferente: o verbo-corpo japonês faz o efeito de pequenos pontos e pequenos gritos muito disfarçados, muito corporalizados, enquanto que o verbo-corpo indiano é muito exteriorizado: "lábios audíveis", gesto que sublinha a palavra, grande importância dos signos paralinguísticos faciais[16].

## Focalização

Justaposição e coordenação de gestualidades revelam bem a mobilidade e a fragilidade da relação entre as comediantes. Além disso, o corpo não é jamais entregue por inteiro como o de um indivíduo (de uma substância indivisível, portanto), porém como uma montagem móvel

---

16. Sobre a noção de "verbo-corpo", ver capítulo 7, p. 139-140.

de suas diferentes partes. Cada uma das dançarinas tem o poder de concentrar o olhar do espectador na parte do corpo julgada pertinente no momento. Esta técnica, cara aos formalistas russos, de evidenciar um sentido ou uma parte da obra, conduz à uma focalização, ao aumento de um detalhe, ao esticamento de certos momentos temporais, à manutenção de algumas poses. As mudanças contínuas de focalização instauram uma narrativa do corpo e guiam a recepção ao criar uma continuidade narrativa, não obstante o esfacelamento de planos "focalizados" isolados do conjunto cênico. A focalização engrandece ou sublinha um detalhe, elimina todos os signos julgados secundários ou não pertinentes a um dado momento, estende ou concentra à vontade a temporalidade, "dilata" ou "encolhe" o corpo da atriz, assegura uma hierarquização de signos da representação. A montagem de microações gestuais tem como único sentido prever de que forma o espectador *receberá* a sequência (no sentido em que se *recebe* golpes... ou carícias).

A focalização, por exemplo, é visível no trabalho de mãos de Sanjukta. O seu olhar, tanto quanto o de sua companheira, está fixado nelas; as mãos concentram as variações gestuais as mais evidentes e incitam o espectador a tentar dar sentido às sequências gestuais.

## Confrontação de Gestualidades

A hierarquização se faz sobretudo pela polarização dos papéis de Fausto e Mefisto e pelo sistema de oposições que se dão claramente a ler. A distribuição de papéis (Katsuko como Fausto, Sanjukta como Mefisto) não foi certamente feita ao azar, porém Barba, que eu saiba, não se explicou a respeito, considerando talvez que a escolha era evidente. Ela instaura um paradigma duplo, inscreve as oposições que podemos, nós espectadores, estabelecer em vários níveis:

| *Mefisto* | *Fausto* |
|---|---|
| (Sanjukta) | (Katsuko) |
| Grandeza | Pequenez |
| Mobilidade | Hieratismo |
| Vem do exterior | Já está lá |
| Facilidade | Bloqueio |
| Abertura | Fechamento |
| Expressividade das faces e dos braços | Expressividade do busto, de poses |
| Atividade | Passividade |
| Princípio ocidental masculino | Princípio ocidental feminino |

Comparar dois tipos de gestualidade e codificação não pode ser feito senão em função de um *tertium comparationis*, um olhar e um sistema semântico que não empresta nem de uma, nem de outra, um sistema de referência que procura uma certa universalidade, universalidade essa que é, aliás, uma das obsessões do olhar ocidental. Situamo-nos, para essa pesquisa de categorias transculturais, naquilo que Barba chamaria do pré-expressivo? Diríamos, de preferência, num modelo narrativo que é muito influenciado por um modelo ideológico e cultural ocidental. A oposição e a heterogeneidade de gestualidades ganha um significado dramatúrgico que corresponde, *grosso modo*, à visão ocidental tradicional do mito de *Fausto* (de Marlowe e Goethe a Murnau e Valéry). Mefisto aparece como o elemento estranho, tentador e perturbador, dominante e sedutor, enquanto Fausto está ligado à imobilidade e à lareira, à passividade de uma vítima seduzida: oposição (muito estereotipada) ocidental da masculinidade e da feminilidade, que faz desta dupla de homens (no *Fausto* ocidental) ou mulheres (nesta colocação em jogo), um casal seja homossexual, seja assexual e/ou pansexual (em que a sexualidade é colocada entre parêntesis ou, pelo contrário, elevada à classificação de princípio universal). Dessa forma, é possível "narrar" esta dicotomia de gestualidades e este diálogo de gestualidades devolvendo-os a uma fábula ou a uma anedota, ao projetar no eixo da fábula as oposições percebidas no eixo das formas e dos ritmos gestuais. Porém, não é esta uma visão ocidental? Evidentemente! Porém, "como nos desembaraçarmos dela?". Julgamos esse esboço em função de nossos hábitos narrativos, que nos incitam a "traduzir" as atrizes/dançarinas para personagens dramáticos, depois comparar e opor esses personagens de acordo com seu sexo, idade, atividade, seus traços individuais. A codificação teatral e coreográfica engrena aqui diretamente noutra codificação, muito mais sutil e implícita, qual seja a da cultura, em que a ideologia é apenas um dos componentes.

Certamente é artificial opor Ocidente e Oriente e querer diferenciar a tradição indiana da tradição japonesa. Notemos simplesmente que, na dança de Sanjukta, graças à sua expressividade mímica e postural, à sua exteriorização emocional, a tradição indiana parece muito mais próxima da tradição ocidental do que o teatro japonês e, portanto, mais "legível" para um público ocidental. Mefisto é, por assim dizer, o ocidental de Fausto, é aquele que interroga, provoca e agride a interioridade toda oriental de sua vítima consentida[17].

---

17. O encenador japonês Moriaki Watanabe observa, a esse respeito, que a dança de Sanjukta parece-lhe próxima da arte ocidental: "Se as demonstrações de Sanjukta parecem estranhas a vocês, ocidentais, para nós, japoneses, há muitas coisas na interpretação de Sanjukta que estão mais próximas da arte ocidental, a partir do modo de codificar a atuação, para nós mais próxima do balé de vocês. Nas quatro tradições do teatro oriental indiano, japonês, balinês e chinês há elementos comuns, porém da mesma forma, naturalmente, grandes diferenças. Que a dança indiana esteja mais próxima da dança ocidental foi demonstrado, por exemplo, por alguns balés de Béjart, como *Le*

## Dicotomia Cultural das Gestualidades

Esta diferenciação entre os universos culturais japonês e indiano atenua-se, portanto, desde que se lhe oponha a tradição de Fausto, personagem arquetípico do Ocidente cristão. Fausto é a figura fundamental do *streben*, da "aspiração para", da elevação e da busca torturante, o princípio original do diálogo e do conflito, da divisão da alma. Ora, este conflito do personagem Fausto, induzido pelo diabo em pessoa, é difícil de ser transposto para uma tradição teatral japonesa, que não conhece as categorias ocidentais da psicologia e do conflito interior, conflito em que a figura coreográfica por excelência é a elevação, o movimento ascensional do homem e da alma em direção a Deus. A tradição japonesa, ao contrário, caracteriza-se, como o observa M. Watanabe, diferentemente da dança ocidental, que é "aspiração rumo ao alto" e "salto", por "uma espécie de enraizamento no solo, na terra; é uma espécie de poder celeste que desce sobre a terra e lá fica por um instante, e da qual os homens querem captar a energia"[18]. Encontramos neste *Fausto* uma perfeita ilustração desse princípio enunciado por Watanabe. Katsuko, a dançarina japonesa, "interpreta" um Fausto que é pouco móvel, que não salta, que se move mal e cujas únicas "saídas gestuais" são revoltas rapidamente reprimidas. Sanjukta, ao contrário, não cessa de mudar de apoio, de avançar e recuar, de dirigir o seu olhar em direção à outra, como que para vará-la. Neste sentido, se ocorre a inversão de signos produzida por Katsuko, pregada no solo por poderosas forças ctônicas e por um Mefisto acima de tudo aéreo e ascensional, é também digno de nota que a inversão global do mito ocidental de *Fausto* é uma coreografia enraizada na terra pela tradição japonesa do buyo. Paradoxalmente, a tradição indiana e a encenação de Barba aliam suas forças para restituir ao *Fausto* uma parte da sua ocidentalidade.

## Qual Semiologia?

A semiologia encontra algumas dificuldades para descrever este fragmento do *Fausto*, pois realmente não decidiu se é preciso julgar os resultados da aculturação-recodificação que as dançarinas e Barba propõem, ou o processo dinâmico de desaparecimento/aparecimento dessas mesmas codificações. Em outros termos, é-lhe necessário decidir a ser, ou exatamente uma semiologia ocidental à la São Tomás, que não crê naquilo que vê, ou exatamente uma semiologia "energé-

---

*sacre du printemps* (A Sagração da Primavera), no qual se fez bom uso de algumas técnicas indianas (o *tribangi*, por exemplo); porém, quando Béjart imita a dança japonesa, é catastrófico", Entre Orient et Occident: entretien avec Moriaki Watanabe et Franco Ruffini, *Bouffoneries*, n. 4.

18. Idem, p. 57.

tica" (como diria Lyotard[19]), que trabalha para "produzir a mais alta intensidade (por excesso ou por falta) do que está lá, sem intenção"[20], ou seja, imaginar a direção da reinterpretação cultural e coreográfica que atravessa os signos, os quais são apenas traços superficiais, a pele morta da serpente que espreitou alhures. Seria preciso imaginar esta semiologia energética, com a qual sonham Lyotard e Barba, como uma semiologia que seria cuidadosa não com resultados e signos visíveis, mas sim com reinterpretações culturais nas quais ainda se adivinha o antigo sob o novo, como "esses rascunhos que ainda guardam, em torno do personagem acabado, os traços de outros movimentos e outros traços esboçados pelo artista"[21], como esses traços em que se veem ao mesmo tempo o que chega a ser expropriado e o que é apropriado, a desculturação tanto quanto a aculturação. Tratar-se-ia, para ler tal semiologia, de ser esse espectador (ideal?) evocado por Barba, capaz de seguir ou acompanhar o ator na dança do "pensamento-em--ação"[22]. Sujeito móvel por excelência, que deve descrever precisamente um objeto em evolução. Tal é, quem sabe, o novo desafio lançado à semiologia: substituir os pontos de vista sobre um objeto em movimento preciso, sem renunciar à noção de signo e pertinência, porém introduzindo nele uma atuação e uma flutuação suficientes.

A semiologia "ocidental" está "naturalmente" atenta ao princípio da concatenação, à organização sintagmática e metonímica dos signos. Porém, ela deveria fazer-se um pouquinho "oriental" e fixar-se em compreender a simultaneidade das ações, a sua organização paradigmática e metafórica, portanto, seguir o "pensamento-em-ação".

Seria preciso – idealmente –, para que a semiologia siga este "pensamento-em-ação"[23], que o teórico seja, tal como o espectador ideal de Barba, "capaz de seguir ou acompanhar o ator na dança do pensamento em ação", que ela fixe não apenas o sentido já percebido, mas também antecipe a sua *direção*, que imagine aquilo que a teoria teatral indiana chama de NRITYA do espectador, ou seja, "a combinação da dança e da expressão emocional que acompanham os gestos significantes, os modos de linguagem ou um poema lírico. Ele é cuidadoso a tal ponto, é tão perfeito que isso basta para manter os espectadores alertas e lhes permite seguir todos os pensamentos não expressos e a concepção de um personagem"[24].

Essa "semiologia energética" não teria mais (ou não mais somente), como é ainda o caso na encenação e na semiologia ocidentais, que reconhecer e descrever os traços pertinentes de um signo,

19. J.-F. Lyotard, La paume, la dent, *Des dispositifs pulsionnels*, p. 104.
20. Idem, ibidem.
21. B. Brecht, *Petit organon pour le théâtre*, § 39, p. 53.
22. Théâtre eurasien, op. cit., p. 22.
23. Idem, ibidem.
24. Sanjukta Panigrahi, La danse Odissi, *Bouffonneries*, n. 9, p. 87.

porém mostrar e esconder os signos no mesmo momento e no mesmo movimento de denegação.

## REELABORAÇÃO IDEOLÓGICA

O controle e a reelaboração semiológicos da gestualidade pela encenação não estão igualmente evidentes, a não ser na medida em que são acompanhados de uma adaptação a algumas categorias ideológicas e emocionais familiares ao público ocidental. As ações humanas, suas motivações e sua compreensão devem ser facilmente compreensíveis, identificáveis e aceitáveis; elas devem adaptar-se ao horizonte de expectativa dos espectadores. Isto obriga, frequentemente, a uma universalização de valores e ações, que se traduz ora por uma universalização humanista de diversas culturas, ora por uma uniformização sob o efeito conjugado da simplificação e da influência de tecnologias e dos meios de comunicação de massa[25].

### O Patético

Algumas situações são particularmente próprias para desencadear a piedade e o terror, estas boas e velhas categorias da tragédia grega: este é o caso da exumação da criança, de que resta apenas a língua que Mefisto se põe com um maligno prazer a desenterrar lentamente. Barba faz esta cena demorar, diminuindo o ritmo, acompanha-a com uma música muito melodramática, composta por Jan Ferlev (guitarra, flauta e canto) e interpretada por uma orquestra e coro de quatro cantoras atrás da zona de representação. No segundo plano, percebem-se todas as reações emotivas de Margarida; ela cria um *páthos* que não

---

25. Marcel Mauss, na sua exposição na Première Semaine International de Syntèse, *Civilisation, le mot et l'idée*, distingue um progresso e uma "experiência geral das sociedades e das civilizações", p. 478, e uma "uniformização das civilizações", p. 481.

"Da mesma forma que no interior das nações, a ciência, as indústrias, as artes, a própria 'distinção' cessam de ser os patrimônios das classes pouco numerosas em homens para se tornar, nas grandes nações, uma espécie de privilégio comum – da mesma maneira, os melhores traços dessas civilizações tornar-se-ão a propriedade comum de grupos sociais cada vez mais numerosos", p. 478.

"Parece claro que caminharemos para uma uniformização da civilização. Um de seus instrumentos é, por exemplo, o cinema. De um lado ao outro, a mímica e as cenas de cinema exercem sua força de sugestão, suscitando imitações".

Mauss escreveu este texto em 1929, no tempo do cinema mudo, que tendia a acentuar as mímicas e que não tinha ainda invadido e "ocidentalizado" o mundo. De todo modo, ele constata que o trabalho de uniformização não tinha ainda alcançado o Japão:

"Entretanto, o Japão mostra-se impermeável aos nossos filmes ocidentais e reciprocamente. Pois os japoneses riem diante de um espetáculo que nos faz chorar, e inversamente", p. 481.

Citações extraídas de M. Mauss, *Oeuvres*, v. 2: Représentations collectives et diversité des civilisations.

pode deixar de tocar cada espectador no mais profundo de si próprio. No mesmo espírito, a cena com a faca joga no registro muito catártico de uma espécie de teatro da crueldade, na qual se vê bem como também, no caso, até na revolta de Artaud, ela é o resultado de toda a tradição ocidental.

## O Melodramático

A expressão sistemática e apoiada por grandes sentimentos (medo, desespero, sofrimento, sentimento de injustiça etc.), remete à técnica de manipulação emocional própria do melodrama. Sonha-se com o magnífico *Fausto* do cineasta Murnau, que fazia, ele também, um uso abundante de grandes sentimentos, de pausas e atitudes de alegria ou desespero, atuando em todas as nuances do melodrama. Barba sublinha a atmosfera melodramática do texto graças à música ocidental (guitarra e coro), que confere uma iluminação distinta para um texto igualmente cru e grotesco, como no caso da balada de Margarida ("Meine Mutter, die Hur, die mich umgebracht hat!" [Minha mãe, a prostituta, que me assassinou]). Na medida em que o melodrama é uma das formas mais típicas e mais bem sucedidas do teatro ocidental (nos séculos XVIII e XIX), não é de espantar que sirva particularmente bem para a re-ocidentalização do mito faustiano.

## O Burlesco

Várias cenas jogam, ao contrário, no cômico do burlesco; é o caso da embriaguez de Fausto e Mefisto. O pacto diabólico parece festejado de maneira pouco convencional e mais simpático: por uma boa fritura dos signatários. Este número do ator embriagado, titubeante e exuberante, temos a impressão de tê-lo visto centenas de vezes nas comédias populares ou nos filmes mudos. Nele se propicia um prazer imediato (reconhecimento de um *tópos* dramático) e sensual: é um prazer, quase uma entrega, o ver-se o corpo bêbado e logo frenético das dançarinas, liberto de seus constrangimentos, de suas codificações e interdições, um corpo muito próximo daquele do espectador ocidental ordinário, um corpo entregue, provisoriamente, à fisiologia da embriaguez, visto que o álcool não tem fronteiras, e tanto mais ainda embebido pela cultura, pois, da mesma maneira, não cambaleamos completamente na medida em que recebemos uma educação gestual *odissi* ou *buyo*!

A adaptação ideológica não passa, neste *Fausto*, por uma neutralização de opções formais e filosóficas das tradições teatrais, nem por um hino a virtudes desconhecidas da alma ocidental, mas sim pela colocação em diapasão de alguns grandes sentimentos universais, pela lembrança de categorias fundamentais da recepção (terror, piedade, cômico, melodramático). Esta adaptação tem igualmente por função erodir as formas muito específicas e "pontuais" de uma codificação teatral, coreográfica ou de uma técnica do corpo ligada a uma cultura e a uma tradição de interpretação, para melhor adaptá-las ao público e às suas exigências universalizantes. A partir disso, a situação dramática e humana torna-se imediatamente compreensível, sem o truncamento de um código artístico e de formas teatrais específicos. Este achatamento é o preço a pagar para que o espectador sinta-se em posição de recepção confortável, que ele reencontre o que Barba chama o pré-expressivo, aquilo que chamaríamos com prazer de uma ideologia ocidental do universal.

A reinterpretação semiológica e ideológica do *Fausto* improvisado pelas dançarinas japonesa e indiana é particularmente observável na maneira pela qual ele escolhe *narrar* a fábula, a ponto de se estar no direito de fazer da narrativa gestual, rítmica e incidental a espinha dorsal de sua encenação e, nesse caso, de falar de uma completa reestruturação narratológica.

## REELABORAÇÃO NARRATOLÓGICA

Porém, essa reestruturação narratológica se faz, por assim dizer, às escondidas, visto que há duas grandes ausências no Ista: o corpo erótico e a narratologia estrutural (e se os senhores tivessem visto o nosso dormitório único, teriam compreendido que não tínhamos a mínima vontade de nos entregar à narratologia estrutural). Barba não parece, nos seus escritos, colocar-se a questão da narratividade: há uma maneira universal, transcultural, de contar as histórias, ou então, ao contrário, há técnicas narrativas próprias a cada tradição cultural? Existe, por outro lado, um perigo, ao qual não escapam nem Barba, nem Grotóvski, que consiste em limitar a narração ao *lógos*, ao invés de reconhecer a narração como um princípio estrutural que pode manifestar-se em várias substâncias (linguagem verbal, gestualidade, pintura, cinema etc.). Grotóvski opõe, por exemplo, *lógos* e *bios*, em vez de considerar maneiras de contar (ou léxis), sejam verbais ou gestuais:

> Há *lógos* e *bios*, e o *lógos* está ligado ao discurso descritivo e analítico. De um modo diferente, o problema do *lógos* se coloca mesmo no caso do ator oriental. Através de seu corpo, o ator oriental, na sua tradição, exprime palavras, frases, discursos, portanto, o *lógos*. Porém, é como se, por causa dessa tradição, a tal ponto forte, o seu *lógos* tenha guardado alguns princípios da *bios*, e é por isso que o ator oriental nos surge como animado[26].

26. J. Grotowski, Lois pragmatiques. Entretien avec Jerzy Grotowski: par Franco Ruffini, *Bouffonneries*, n. 4, p. 56. Para uma discussão aprofundada da relação entre corpo e linguagem em Grotóvski, ver M. Bernard, *L'expressivité du corps*, p. 297-312.

Parece-nos inexato afirmar, com Grotóvski, que o corpo do ator oriental exprime palavras, portanto, o *lógos*, mesmo se, com efeito, o ator, especialmente do *kathakali*, dispõe de um repertório de signos que se referem aos objetos do mundo real e que narram igualmente, em função da frase implícita, aquilo que os especialistas podem quase "entender" seguindo as evoluções das mãos. O ator exprime uma narração gestual, uma história narrada não com palavras e com *lógos*, porém com unidades narrativas gestuais, as quais podem ser identificadas ou descritas por palavras, porém que *não são* propriamente palavras e nem *lógos*:

> Neste "vilarejo" [profissional eurasiano] acontece muitas vezes que os atores (ou um único ator, uma única atriz) não somente analisam um conflito, deixando-se guiar pela objetividade do *lógos*, contam uma história, mas dançam nela e com ela no solo da bios. Não é uma metáfora: isso significa concretamente que o ator não permanece atrelado à carruagem da trama, não interpreta um texto, porém cria um contexto, situa-se ao redor e no interior dos acontecimentos[27].

Barba retoma, também ele, a oposição de *lógos* e *bios*, ele limita abusivamente a história contada à linguagem verbal (ou *lógos*), porém ao mesmo tempo parece buscar ultrapassar essa oposição. A dança *na* e *com* a história redefine as relações do ator "físico" e do texto pronunciado: não há mais redução de um ao outro, mas sim "dança", interação entre o que o ator faz gestualmente e o que diz o texto. O ator não tem que reduzir, interpretar o texto, mas sim inventar (com o encenador e o conjunto da encenação) uma situação de enunciação dentro da qual o texto ganhará o seu sentido.

Uma vez este modelo situado, torna-se mais fácil compreender como Barba se reapropria do mito (ocidental) do *Fausto* através dos materiais improvisados que lhe fornecem as dançarinas: ele transpõe para uma macroestrutura gestual e narrativa as microestruturas originais do buyo e do odissi. Esta retotalização narratológica não é, todavia, uma adaptação no sentido ocidental: Barba não se sente obrigado a restituir as proporções e a complexidade do texto de Goethe. Ele não parte de um esquema global da peça, de uma ideia preconcebida e de uma análise dramatúrgica de tipo brechtiano. Ele toma o *Fausto*, antes de tudo, como argumento de balé, como fábula *imaginável*.

## Das Microestruturas à Macroestrutura

Tanto a dança japonesa buyo, quanto a dança indiana odissi, em cujas fontes as duas intérpretes se inspiram, contam gestualmente uma história. A narração gestual decompõe-se num número muito elevado de microssequências que correspondem, cada uma, a um episódio ou a um detalhe da fábula. Somente os especialistas são capazes de analisar,

---

27. E. Barba, Théâtre eurasien, op. cit., p. 21.

identificar e parafrasear essas microssequências codificadas. Entretanto, não é necessário reconhecê-las para apreciar a dança. Barba, enquanto encenador e reorganizador dessas microssequências, não pode deixar de levar em conta a ignorância do seu público ocidental.

Inversamente, por outro lado, o sentido não se constrói, na tradição ocidental, de maneira analítica, a partir de uma miríade de gestos e episódios codificados, porém a partir de uma macrossequência narrativa que resume uma cena inteira, na verdade toda a peça. Brecht propõe, por exemplo, para encenar um texto, procurar-se antes de tudo o *gestus* fundamental das cenas principais, resgatar a fábula da peça, essa "composição global de todos os processos gestuais que contêm todas as informações e impulsos de que será feito, doravante, o prazer do espectador"[28]. O *gestus* é uma macroestrutura narrativa sintética que compreende uma longa série de episódios, o qual, porém, só é divisível *a posteriori*, quando se entra no detalhe das ações.

Na reelaboração do *Fausto*, Barba parte, certamente, de materiais que lhe trazem as improvisações, porém ele os "monta" e os integra imediatamente a uma estrutura mais ampla, comparável a uma situação, uma cena ou a um *gestus*. Aos "roteiristas", ele deu como recomendação não se sentirem escravos da letra do texto goetheano, de propor situações actanciais e narrativas globais, quadros amplos nos quais ação e situações sejam claramente legíveis. Com o quadro narrativo uma vez definido e proposto por Barba, as dançarinas poderão preocupar-se em inventar e fixar o detalhe da intriga e do texto. Tendo procedido sinteticamente, tanto na adaptação como nas propostas de atuação, é normal que as dançarinas, e depois os espectadores, identifiquem facilmente as grandes situações e o desenrolar da narração, que inscrevem o detalhe de suas improvisações no quadro amplo e estrito das microssequências narrativas. A apropriação narratológica de Barba consistiu, portanto, em reestruturar a codificação gestual analítica numa macroestrutura narrativa de unidades amplas, em dissociar, tanto na encenação como no espírito do espectador, a leitura analítica e codificada de gestos e palavras da leitura global da fábula. Isto porque a adaptação e a encenação cuidam de amplas unidades de situações e ações que o espectador consegue perceber e *ligar* (tanto quanto *ler*) os episódios da fábula do *Fausto*. Isso não se dá, evidentemente, sem uma certa simplificação, visto que cada tradição deve adaptar-se à outra e não pode entrar em diálogo com a outra a não ser às custas de uma simplificação de seus argumentos narrativos.

## Uma Narratologia Clássica

Esta dissociação entre macroestrutura narrativa e microssequências gestuais é reforçada pelo modelo narratológico de Barba. Este modelo

---

28. B. Brecht, *Petit organon pour le théâtre*, § 65.

é binário, transitivo, ativo, portanto muito simples e clássico, do tipo "Sujeito + Verbo + Complemento direto":

> Paulo come uma batata
> Fausto vende a sua alma
> Fausto ama Margarida
> Barba ama o Ista

Os actantes são facilmente identificáveis, empenhados numa ação simples, na qual um influencia o outro direta e ativamente. As modalizações nuançam a ação, as reflexões metatextuais são evitadas e retomadas mais tarde, ou então absorvidas por algumas microssequências, sem que a legibilidade global seja obstruída. Tudo o que é abstrato, intelectualizado ou diluído por um comentário filosófico é eliminado em proveito de uma ação concreta e unívoca. Nossa proposta de adaptar a passagem de Goethe em que está em questão saber o que vem no começo – o verbo, o sentido, a força ou a ação (Versos 1124-1137) – passagem que constitui uma das chaves da filosofia da obra –, é concentrada em alguns segundos e "traduzida" numa ação visível e falante: Katsuko segura uma edição do *Fausto*, lê mecanicamente tudo o que está escrito na capa, depois joga o livro às urtigas: maneira muito falante de se desembaraçar de sutilezas filológicas do texto e de traduzir, por meio de uma série de ações simples, as elucubrações goetheanas. Fora *O livro*!

A construção da intriga é completamente clássica na medida em que observa o princípio da concatenação causal dos episódios e o princípio da simultaneidade das ações. *Concatenação* e *simultaneidade* são cuidadosamente observadas e equilibradas uma contra a outra:

> Concatenação e simultaneidade são as duas dimensões da intriga. Elas não são nem alternativas estéticas nem duas escolhas de método diferentes: são dois polos que, por meio de sua tensão e sua dialética, determinam a representação e seu caminho das ações para a obra – a dramaturgia[29].

No *Fausto*, Barba toma cuidado para nunca sacrificar um princípio em favor de outro, de evitar a impressão de narrativa contínua, previsível ou escrava do texto de Goethe, tanto quanto uma simultaneidade arbitrária e caótica de motivos e gestualidades.

## Do Épico ao Dramático

A lógica narrativa macroestrutural ocidental compensa, de maneira expressa, a ilegibilidade parcial das microssequências das tradições

---

29. E. Barba, The Nature of Dramaturgy: describing actions at work, *New Theatre Quarterly*, v. 1. A principal dificuldade do espectador confrontado com este *Fausto* é, ao mesmo tempo, dirigir um olhar ocidental (ligado à concatenação e à legibilidade ocidental da fábula) e oriental (ligado à faculdade de religar as ações paralelas e desconectadas no espaço e no tempo).

orientais. Quando dançam conforme a sua tradição, Katsuko e Sanjukta fazem falar o seu corpo: *a história é contada de maneira épica através do corpo real das dançarinas*; elas focalizam e fazem falar um detalhe de sua expressão facial ou de suas atitudes.

Pelo contrário, a lógica narrativa ocidental clássica, que Barba contribui para impor a partir das improvisações, infiltra e reestrutura os materiais em função de ações dramáticas globais produzidas pelas duas actantes: *a história é atuada de maneira dramática pelo corpo fictício dos personagens*.

## O Etiquetamento do Sentido

A transferência narratológica operada por Barba não é, contudo, possível a não ser na medida em que o espectador seja colocado em condições de identificar e diferenciar as unidades da narração graças à sua competência enciclopédica. A escolha do título do *Fausto* desencadeia imediatamente, junto ao espectador ocidental, mesmo que pouco culto, uma expectativa de temas, ações, personagens, que são mais ou menos reconhecidos e confirmados. A cultura ocidental funciona no etiquetamento, na titulação, na apreciação.

## A Subtitulação Ocidental

O etiquetamento seria ainda, entretanto, insuficiente para garantir o deciframento aproximativo da fábula do *Fausto*. É preciso uma forma de subtitulação ou de intertitulação, um pouco como num filme em versão original ou um filme mudo. As palavras ditas em italiano (por Cesare Brie) esclarecem as palavras pronunciadas em sânscrito ou em japonês clássico. Os intermédios do coro (alemão) ou os gritos para chamar "Heinrich" são os "fixadores" de sentido, são indícios oferecidos à sagacidade e à cultura do público ocidental do Ista. A subtitulação dá acabamento à reelaboração narratológica e à adaptação ocidental da coreografia inspirada no *Fausto*.

## REELABORAÇÃO CULTURAL

A conjunção de fenômenos de reelaboração semiológica, ideológica e narratológica bastam para explicar e descrever a gênese, após a leitura desta montagem do *Fausto*? A sua interpretação não estaria completa sem aquela do olhar globalizante do encenador, o qual retoma e sintetiza um certo número de práticas culturais típicas da encenação ocidental[30].

---

30. Ver sobre este tema, a nossa abordagem, Du texte à la scène, un enfantement difficile, *Théâtre/Public*, n. 79, p. 27-35. Retomado no capítulo 2 deste livro.

## O Sujeito Unificante

Pertence ao encenador o papel de selecionar e montar as improvisações. Enquanto sujeito unificador e autor cênico assinando o espetáculo, o encenador ocidental não tem que prestar contas de suas escolhas a não ser por uma pesquisa subjetiva de expressividade, coerência, clarificação formal que, entretanto, não revela completamente o seu sistema. A encenação é o lugar em que a bricolagem torna-se estrutural. A encenação ocidental – e portanto a aparição, ao lado do autor e do ator, de um "terceiro ladrão" chamado encenador – está ligada a um desenvolvimento histórico da cultura ocidental: o enfraquecimento das tradições de interpretação clássicas, a ausência de uma forma forte, o resultado da tradição do individualismo burguês, a formação de uma teoria do sujeito e do autor na ocorrência do sujeito cênico (teoria que, aliás, duramente constituída, estilhaça-se em pedaços sob o efeito de "desconstrutores" tais como o marxismo e a psicanálise).

A reelaboração cultural feita pelo encenador desses fragmentos faustianos é tanto mais indispensável quanto este reencontro ítalo-germano-indo-nipônico haveria de produzir, sem ela, uma mescla das mais (des)toantes. Barba é, neste processo, um sujeito ao mesmo tempo conflitual (preservando a diversidade de formas propostas pelas dançarinas) e unificante (que devolve todas estas forças centrípetas à fábula ocidental do *Fausto*). O seu *Fausto* retorna, em suma, ao seu ponto de partida: uma visão ocidental, transmitida pelas tradições orientais, é retrabalhada por um encenador ocidental e resulta num esboço que carrega todas as marcas de uma encenação ocidental.

## Uma Visão Metacultural

Esta unificação é igualmente realizada pela neutralização de uma tradição teatral e cultural pela outra, pela descoberta de valores transculturais, por "aquilo que permanece constante na variação das culturas"[31]. Esses valores transculturais são, aqui, muito gerais: a busca (Fausto), a tentação (Mefisto), a queda (Margarida), os sentimentos melodramáticos. A neutralização é arrematada por paródias frequentes de uma codificação pela outra: quando, por exemplo, Katsuko/Fausto, sob o efeito da embriaguez, esforça-se por fazer os *mudras* pelo modelo de Sanjukta/Mefisto. A paródia de uma forma pela outra implica a faculdade de imitar o outro, mas sobretudo de citá-lo, recriá-lo, em resumo, de apropriar-se dele. Paródia que é facilmente metatextual, visto que implica uma reflexão sobre as formas e meios de ultrapassá-los. Lotman observa que "o século XX não produziu somente metalinguagens de ciência, porém uma metaliteratura e uma metapintura, e (que)

---

31. J. Grotowski, Lois pragmatiques, op. cit., p. 56.

aparentemente ele cria uma metacultura, um sistema metalinguístico de ordem secundária que tudo engloba"[32]. Para este tipo de trabalho, é conveniente, com efeito, uma visão *meta*-cultural (e, portanto, não somente *trans*-cultural) que seja capaz de confrontar formas e dramaturgias. A paródia não exclui a interação entre o parodiado e o parodiante, ela coloca em evidência a influência de um sobre o outro. No exemplo já mencionado da oposição semântica entre a gestualidade exteriorizada e agressiva de Sanjukta/Mefisto e a gestualidade interiorizada e passiva de Katsuko/Fausto, pode-se observar a interação de olhares das duas dançarinas: tanto mais Sanjukta se faça presente pelo olhar, tanto mais Katsuko interiorizará seu olhar, seu sofrimento, seu corpo, tanto mais reduzirá os seus deslocamentos, cedendo terreno ao tentador demoníaco. A sua interação e a "montagem atrativa" que dela faz Barba não são uma simples operação semiológica ou narratológica; elas envolvem toda uma ideologia da cultura como montagem de forças antagônicas. Elas testemunham, igualmente, a recusa de Barba em *expropriar* totalmente as codificações teatrais "estrangeiras" e em manter sempre uma "transparência" das culturas, em deixar ver as culturas por meio das culturas. Há sempre um duplo deslocamento de culturas-fontes, japonesa ou indiana: de um lado, o espectador ocidental de Barba deve ver – e é muito fácil – que elas são estrangeiras, mas também por outro lado, ele constata que elas se afastam de sua norma e codificação "habituais" ao seguir o trabalho da encenação. Os códigos teatrais orientais são percebidos igualmente como estrangeiros e como deslocados em nossa direção. A consciência da *diferença* permanece íntegra. A confrontação não é jamais uma uniformização ideológica e transcultural, mas sim uma prática relativizante de alguns daqueles espectadores concretos de que fala Barba e que, no Ocidente, bem como no Oriente, são "pouco numerosos, mas para os quais o teatro pode se tornar uma necessidade". Para eles, acrescenta Barba: "O teatro é uma relação que não estabelece uma comunhão, mas que ritualiza a estranheza recíproca e a ruptura do corpo social escondida na epiderme uniforme de mitos e valores mortos"[33].

Chega Barba, no fim desta "confrontação" do *Fausto* e das tradições japonesa e indiana, a um teatro eurasiano? O final não ocorre sem ambiguidade nem contradição: é até a sua razão de ser. No entanto, é possível ir além daquilo que Barba constata, de que "no encontro Oriente-Ocidente a sedução, a imitação, as trocas são recíprocas"[34]. Na interculturalidade é, por assim dizer, quase impossível pensar-se o *inter* de modo diverso ao das metáforas mais ou menos concêntricas:

---

32. J. Lotman; B. Uspensky, On the Semiotic Mechanism of Culture, *New Literary History*, p. 229.
33. E. Barba, Théâtre eurasien, op. cit., p. 22.
34. Idem, p. 19.

mudança, partilhamento, contato, troca, revitalização, apropriação, imperialismo dissimulado que trocou a canhoneira pelo interculturalismo teatral? O perigo, por certo, continua intacto, porém há qualquer coisa de demagógico em querer, como Bharucha[35], advertir os encenadores interculturais para não explodir os países "doadores", apropriando-se de sua substância como os vampiros demagógicos ocidentais, mesmo quando esses artistas fazem precisamente um esforço para não reduzir uma cultura à outra, geralmente organizando passarelas teóricas e metaculturais que permitem observar um vai e vem entre elas, neste caso as culturas indiana e japonesa tendo pousado, justamente, de maneira copiosa, no repertório tecnológico ocidental, para o melhor e para o pior. Como haveríamos de reprovar, por exemplo, a Barba o ter reelaborado uma visão e encenação ocidentais do *Fausto* quando se aceita, sem dificuldade, a ideia de que as dançarinas se servem sem respeito do argumento e da materialidade, da letra e do espírito, do "nosso" *Fausto*? Não é mérito desta encenação intercultural ter-nos permitido o confronto da codificação coreográfica oriental e a organização de uma encenação ocidental? O conflito permanece integral.

"Zwei Seelen wohnen, ach! In meiner Brust" (Duas almas, que pena! Habitam no meu peito)[36], já se lamentava o velho *Fausto*. Porém, se ele tivesse sabido que o seu peito abrigaria, um dia, o teatro do *interculturalismo*, Deus sabe se teria concordado em assinar um contrato com o Diabo![37]

---

35. R. Bharucha, A Collision of Cultures: Some Western Interpretations of the Indian Theater.
36. "Duas almas, infelizmente! habitam em meu peito: / Uma aspira separar-se da outra: / Esta, num ímpeto de rude paixão, / Aferra-se à terra com todos seus órgãos;
    A outra arranca-se violentamente da poeira / E se arremete ao reinado dos sublimes ais", versos 1110-1115, tradução para o francês: Henri Lichtenberger.
37. Este estudo é, naturalmente, inteiramente dedicado a Eugenio Barba e aos nossos companheiros do Ista. Texto saído em *Bouffonneries*, n. 22-23, p. 225-244. Versão inglesa em *The Drama Review*, t. 123, p. 37-57.

# 9. O Interculturalismo na Encenação Contemporânea: A Imagem da Índia em O Mahabharata, A Indiada, A Noite de Reis e Fausto*

Há qualquer coisa de presunçoso, ou melhor, de ingenuidade no sentido de querer propor uma teoria do interculturalismo na encenação contemporânea, quando se sabe da complexidade de fatores em jogo em qualquer troca cultural e a dificuldade de sua formalização. Qualquer tipologia das relações culturais exige uma metalinguagem que esteja, de alguma forma, "para além" delas e que, no entanto, as englobe todas: pode-se ver muito pouco onde o teórico encontraria tal metalinguagem, tanto mais que ele mesmo estaria empenhado numa língua e cultura das quais dificilmente poderia abstrair-se. E, por outro lado, não existe uma teoria geral da cultura que integre corretamente os fatores históricos, sociais e ideológicos sem que para isso os reduza. As abordagens culturalistas têm tido o mérito de reabilitar fenômenos que não se situam na infraestrutura socioeconômica e que, portanto, não podem ser descritas em termos puramente econômicos ou sociológicos. No entanto, inversamente, elas têm, atualmente, por vezes a tendência de dissolver todos os fatores socioeconômicos, políticos e ideológicos na cultura, a apresentar o cultural como o social inscrito nos comportamentos individuais, a pôr em evidência

* Este texto é a versão aumentada com uma intervenção na conferência "Das eigene und das fremde Theater", organizada por Erika Fischer-Lichte na Fondation Werner-Reimer de Bad-Homburg, de 16 a 21 de maio de 1988. Uma versão inglesa mais curta apareceu em *The Dramatic Touch of Difference. Theater, own and Foreign,* editado por Erika Fischer-Lichte, Josephine Riley, Michael Gissenwehrer, Tübingen: Günter Narr Verlag, 1990. Agradeço a Erika pelo seu papel ativo nas trocas interculturais.

a influência do inconsciente individual nos fenômenos culturais. Deveríamos nos precaver contra dois exageros: o de um marxismo mecânico e não renovado que negligencia a importância dos fenômenos culturais e sua relativa autonomia[1]; o de um culturalismo que devolve a infraestrutura econômica e ideológica a uma espécie de superestrutura discursiva inconsciente. Em seguida, restaria imaginar-se um modelo teórico que descreva o mais minuciosamente possível a maneira pela qual a encenação apresenta e transmite uma cultura estrangeira para aquela de um público, quais as operações que estão em jogo nessa transferência cultural que utiliza os meios teatrais. Visto que a teoria geral desse percurso intercultural continua por ser estabelecido, partir-se-á, para esboçá-lo, de exemplos concretos e contrastados que permitam comparar as manipulações em jogo para cada uma das etapas da transferência. As quatro encenações "interculturais" foram escolhidas porque têm, em graus diversos, a Índia e sua cultura como referência comum na cultura-fonte e por se dirigirem a um público francês ou ocidental (Barba). Trata-se: (a) do *Mahabharata*, adaptado por Jean-Claude Carrière e encenado por Peter Brook (1986), e (b) da *Indiade ou L'Inde de leurs rêves* (A Indiada ou a Índia dos seus Sonhos, 1987), escrita por Hélène Cixous e encenada por Ariane Mnouchkine no Théâtre du Soleil; nesses dois casos, trata-se de transmitir por meio da escritura e do palco um aspecto da Índia mítica e histórica. Para completar este prestigioso díptico, abordaremos duas outras encenações nas quais a ligação temática e formal à Índia é muito mais mantida: *A Noite de Reis* (c), interpretada pelo Théâtre du Soleil (1984), e o estudo de Barba sobre o *Fausto* (d), de Goethe, realizado durante a temporada do ISTA 1987 em Salento. A partir destes exemplos, espera-se observar o que acontece no público-alvo (os espectadores) depois da série de intervenções do autor, do adaptador, do tradutor, do encenador, do ator e, finalmente, do espectador. Esta cascata de intervenções poderia ser representada por uma série de filtros ou por uma ampulheta em que a bola superior, a da cultura-fonte, se derramaria indefinidamente para a bola inferior, passando através de uma série de grades ou filtros: não chega até o receptor da cultura-alvo senão uma parcela da cultura-fonte (1) e (2), e fortemente retrabalhadas pelas operações de (3) a (8). Colocamo-nos, portanto, na situação de um público (10) que recebe uma cultura estrangeira, que foi objeto de uma série de operações e transformações que lhe facilitam a transferência e a adaptação. Esse modelo diz res-

---

1. Ou que, numa versão ainda mais primitiva, recusa a antropologia cultural como burguesa e afirma que ela "não é uma contribuição para o entendimento entre os povos e para a troca cultural no sentido da paz e do progresso", mas apresenta "natureza anti-histórica, anti-humanista e o caráter político reacionário dessa tendência", B. Weissel, *Kultur und Ethos:* zur Kritik der bürgerlichen Auffassung über die Rolle der Kultur in Geschite und Gessellschaft.

peito, assim, à transferência intercultural de um certo número de fatos culturais pertencentes à cultura-fonte para um público e uma cultura diferentes. Concretamente, examinar-se-á quais elementos da cultura indiana passam de (1) para (10) e como são transferidos numa série de operações (3) para (8) indispensáveis para o seu encaminhamento ao público e à cultura-alvo.

A nossa "ampulheta" compreende, portanto:

— em (1) e (2) uma bola "superior", a da cultura-fonte, de tal forma que se possa concebê-la e formalizá-la antes que o trabalho de adaptação propriamente dito comece e antes que projetem sobre ela as categorias [de (3) a (8)] da cultura-alvo.

— de (3) a (11), uma bola "inferior" que se subdivide em:

— (3) a (8): ou nível da produção teatral (a qual antecipa, apesar disso, a recepção);

— (9) a 11): ou nível das operações de recepção pelo público e pela cultura em que ele se inscreve.

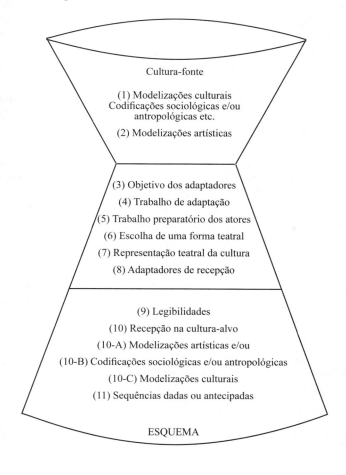

Cultura-fonte

(1) Modelizações culturais
Codificações sociológicas e/ou antropológicas etc.

(2) Modelizações artísticas

(3) Objetivo dos adaptadores

(4) Trabalho de adaptação

(5) Trabalho preparatório dos atores

(6) Escolha de uma forma teatral

(7) Representação teatral da cultura

(8) Adaptadores de recepção

(9) Legibilidades

(10) Recepção na cultura-alvo

(10-A) Modelizações artísticas e/ou

(10-B) Codificações sociológicas e/ou antropológicas

(10-C) Modelizações culturais

(11) Sequências dadas ou antecipadas

ESQUEMA

## INSCRIÇÃO NA CULTURA; IDENTIFICAÇÃO DO REFERENTE CULTURAL

Para descrever esse percurso cultural, de (1) a (11), deve-se tentar reconstituir os conjuntos e as operações dentro das quais se identifica e se elabora o objeto cultural obtido da cultura-fonte e transmitido até (10). Porém, deve-se determinar também sob qual forma esse objeto cultural aparece e qual aspecto se está mostrando ou significando. A cultura-fonte não se produz sem a mediação de uma forma, ou seja, de um sistema semiótico e de uma modelização que Lotman chama de um "sistema modelizante segundo" (ou secundário). Nela, práticas sociais ou rituais, "técnicas do corpo" (Mauss), sistemas filosóficos, religiosos, literários ou míticos encontram-se *textualizados*, formando modelizações, isto é, um tecido estruturado de significações ou *textos* no sentido semiótico do termo. A cultura somente é apreensível e descritível na forma de um sistema semiótico no qual deve-se estabelecer o modo de funcionamento, à falta do que não restabeleceríamos mais do que alguns traços superficiais e isolados, que não teriam a complexidade de um artefato cultural e que não mereceriam ainda o nome de cultura. Essas diversas modelizações tomam a forma de codificações (mais ou menos precisas), sejam sociológicas ou antropológicas, ou seja, que se expressem por meio de sistemas de evidências, valores ou julgamentos implícitos da ideologia (às vezes chamados ideologemas[2]).

Essas modelizações raramente se dão no estado de codificação acabada, devem-se completá-las, e mesmo constituí-las a partir de indícios do texto e de nosso conhecimento do contexto.

Em (1) e (2) colocamo-nos, assim, na cultura-fonte, e mais precisamente nas modelizações, isto é, nos "sistemas modelizantes segundos" (ou secundários) que se podem aí distinguir. Convém precisar, aqui, qual é a relação que estabelecemos entre esses sistemas modelizantes secundários (que podemos estabelecer socorrendo-nos da sociologia, da etnologia ou da antropologia) e como concebemos as dimensões e acepções da cultura[3]. Isto comporta, portanto, uma epistemologia da antropologia que seja capaz de mostrar de que maneira acessamos o conhecimento de culturas diferentes, especialmente se quisermos evitar a armadilha do etnocentrismo. Com efeito, há um perigo real em projetar na cultura-fonte – notadamente depois das instâncias da adaptação, de (3) a (8) – os modos de pensamentos,

---

2. Cf. P. Pavis, *Voix et images de la scène*, p. 290-294.
3. Cf. o capítulo 1 deste livro: Para uma Teoria da Cultura e da Encenação. Cf. a definição de Lotman do "sistema modelizante segundo": "Um sistema significante para cuja ajuda constroem-se modelos do mundo ou seus fragmentos. Esses sistemas são segundos com relação à língua primeira, língua natural na qual eles formam diretamente uma superestrutura (sistema supralinguístico da literatura), ou enquanto forma paralela (música ou pintura)", I. Lotman, Thèses pour l'étude sémiotique des cultures, *Recherches Internationales*, n. 81-84, p. 149.

os esquemas e as categorias dos sistemas modelizantes secundários que conhecemos devido à nossa dependência da cultura-alvo de referência (9), (10), (11). Aliás, não vemos como nos afastarmos completamente da decupagem em sistemas e da relação entre visão antropológica/visão sociológica que herdamos na nossa própria cultura. Esse desvio etnocentrista[4] é ainda reforçado pela necessidade de tornar a cultura-fonte relativamente compreensível e legível para o público-alvo e, desse modo, preparar o terreno "quadriculante" de um ponto de vista que renda justiça, igualmente, seja à especificidade da cultura-fonte, seja à faculdade de leitura do público futuro, portanto, de ver a transferência intercultural como um processo de *apropriação* da cultura-fonte pela cultura-alvo. Assim, é inevitável que projetemos na cultura estrangeira analisada as categorias ocidentais, contribuindo, desse modo, para definir as modelizações que não estão muito adaptadas à cultura-fonte (por exemplo, a noção de *autonomia* dos códigos, de autenticidade, de estética ou a diferença entre arte e artesanato).

Porém, examinemos inicialmente a inscrição da Índia e de sua, ou de suas culturas, nos sistemas modelizantes secundários.

a) No *Mahabharata*, temos acesso a uma Índia mítica, a de uma narrativa épica de 100 mil estâncias, a gesta dos Bharata, uma das duas grandes epopeias sânscritas em que a composição se estende por vários séculos e que foi transmitida oralmente pelos narradores. É, portanto, uma Índia imaginária, mas cuja relação com o passado e o presente permanece muito tangível, pois Brook mostra também aspectos da cultura cotidiana contemporânea e, sobretudo, nela vê uma codificação da experiência humana:

The Indian has indefatigably explored every possibility. If it is that most humble and most amazing of human instruments, a finger, everything that a finger can do has been explored and codified. If it is a word, a breath, a limb, a sound, a note – or a stone or a color or a cloth – all its aspects, practical, artistic and spiritual, have been investigated and linked together.

O indiano explorou infatigavelmente cada possibilidade. Seja o instrumento mais humilde e espantoso dos instrumentos humanos, um dedo, tudo o que um dedo pode fazer foi explorado e codificado. Seja uma palavra, uma respiração, um membro, um som, uma nota – ou uma pedra, uma cor ou uma roupa –, todos os seus aspectos, artísticos e espirituais, foram estudados e relacionados[5].

---

4. Retomamos esta definição de etnocentrismo do excelente estudo de R. Preiswerk e D. Perrot, *Ethnocentrisme et histoire l'Afrique, l'Amérique et l'Asie dans les manuels occidentaux*, p. 49: "O etnocentrismo é definido como a atitude de um grupo que consiste em se dar um lugar central com relação aos outros grupos, em valorizar positivamente suas realizações e particularismos, e que levam a um comportamento projetivo em relação a grupos externos, que são interpretados através dos modos de pensamento da integralidade do grupo".

5. P. Brook, *The Shifting Point*, p. 61.

Brook leva em consideração todas essas modelizações artísticas potenciais da civilização indiana, porém as integra numa visão ao mesmo tempo eterna e atual da Índia rural. Não é a Índia, mas tem todo o sabor! O cenógrafo e o figurinista não têm nenhuma pretensão geográfica, econômica ou etnográfica. A Índia é sugerida pela terra batida, pela água glauca, pelos fogos iluminados para atrair a proteção dos deuses; ela é ao mesmo tempo a terra real do subcontinente indiano e o humo simbólico da humanidade total. Brook procura um equilíbrio entre o enraizamento (como nos *Iks*) e o imaginário universalizante (como na *Conférence des oiseaux* [Conferência dos Pássaros]). O estilo de interpretação do seu "teatro imediato" facilita um teatro direto, que cria uma ligação com o público sem que ele precise conhecer as referências culturais indispensáveis para compreender o espetáculo, ou antes – pois não vemos como abster-se de referências culturais –, as referências à cultura-fonte são facilmente assimiláveis pelo público devido a uma pesquisa de universais transculturais.

b) A *Indiada* está, ao contrário, situada num contexto histórico preciso, os anos que precederam, de 1937 a 1948, a independência e a divisão. É, portanto, a história contemporânea que aqui faz figura de referência cultural; a sua codificação não tem nada de evidente, mesmo se Hélène Cixous o trate numa crônica que se pretenderia objetiva, com a maior parte dos líderes políticos e uma alusão aos acontecimentos. Porém, a Índia está, sobretudo, significada através das técnicas corporais dos diversos personagens: modo de andar, atitudes, olhar, coloração da pele, tudo deve dar a ilusão de uma reconstituição etnográfica do mosaico indiano[6]. O vasto espaço frontal feito de tijolos e mármore, recoberto por tapetes e almofadas, evoca um lugar exterior – sonha-se com o Taj Mahal por conta do reflexo das placas de mármore – e interior, em que se dão as negociações políticas. Alguns detalhes no comportamento são suficientes para dar uma imagem variada do povo indiano: em vez de uma totalidade ou de um esquema totalizante, a encenação escolheu alguns indícios, alguns traços da realidade inesgotável desse subcontinente. "Não é a Índia, ela é apenas uma molécula indiana, uma impressão de passagem"[7].

c) No texto *A Noite de Reis*, não encontramos qualquer referência à Índia, quando muito a uma misteriosa Ilíria. A presença desse país não é, portanto, imposta pelo texto, mas simplesmente ligada à procura de uma atmosfera e de uma coloração emocional. Ela remete a uma modelização artística (2): a pintura de miniaturas indianas ou persas representam cenas eróticas. A alusão à Índia, aliás, jamais está clara na cenografia, na música ou na gestualidade dos comediantes.

---

6. Cf. o volume de fotografias de *Double Page*, n. 49.
7. H. Cixous, *L'Indiade ou l'Inde de leurs rêves*, p. 16.

Simplesmente, importa que o país pareça estar afastado, que seja até imaginário, que tenha "as cores, os odores e a feminilidade da Índia: imagens de carnaval impregnadas de pós odoríferos e sonoridades obstinadas, que bate os flancos da casa de Olívia"[8]. A referência à cultura se faz por meio de um código ideológico, o da visão ocidental de um Oriente conotado por alguns lugares comuns exóticos: o erotismo da pintura, a pontuação de uma música de timbre oriental, o comportamento lânguido e efeminado dos homens (o Duque).

Este cenário emocional de uma Índia etérea e sensual rechaça completamente a época e a cultura elisabetanas, as quais necessariamente estão inscritas no texto de Shakespeare e que, pelo que se entende ainda do texto, continua a veicular, malgrado a vestimenta indiana, os seus próprios valores socioculturais. No entanto, a análise dramatúrgica e a referenciação histórica são tão fracas nesta encenação que a ancoragem indiana permanece a característica cultural dominante.

d) Na sua "adaptação" do *Fausto* de Goethe, Barba faz improvisarem uma dançarina indiana e uma dançarina japonesa. A imagem da Índia é, portanto, mais do que marginal: ela se exprime apenas por meio da modelização artística da dança odissi, a qual é fortemente retrabalhada pela improvisação de Sanjukta Panigrahi. Ali, ainda, a cultura medieval em que se banha o *Fausto* e a cultura goetheana são totalmente obliteradas e substituídas, ainda que muito parcialmente, por uma coreografia vagamente inspirada pelas danças odissi e buyo. A única coisa que talvez seja indiana é o comportamento extracotidiano da dançarina odissi, a aculturação produzida pelo aprendizado da dança: a relação com a cultura é, assim, muito indireta e Barba não se preocupa em compreender ou em tornar compreensível uma cultura estrangeira: ele se interessa apenas por um comportamento estrangeiro, que modifica através de uma montagem de gestos estrangeiros na codificação original odissi.

## MODELIZAÇÃO ARTÍSTICA

Algumas culturas produzem gêneros e tradições de interpretação teatral que se acham modelizados numa forma codificada imutável. É frequentemente difícil compreender por que tal cultura, em tal momento de evolução histórica, engendrou tal codificação, ainda mais que uma vez estabelecidas, as codificações gozam de uma relativa autonomia e evoluem de acordo com a sua própria lógica interna, sem relação mimética absoluta com o contexto social e cultural no qual se inscrevem. Disso resulta não ser menos verdade que, no início, é

---

8. S. Moscoso, Notes de répétitions, *Double Page*, n. 32, p. 8.

muito o conteúdo social de uma época e de uma cultura que gera as modelizações artísticas.

Lembremo-nos, com Francastel: "Não é a forma que cria o pensamento nem a expressão, porém o pensamento, expressão do conteúdo social comum de uma época, é que cria a forma"[9], apesar da autonomia relativa (e certamente vista de um ponto de vista ocidental), as codificação não são imutáveis. Mesmo formas de interpretação tradicionais e codificadas têm podido ser modernizadas, influenciadas pelo Ocidente ou "restauradas"[10]. Elas não existem, portanto, num vazio integral, porém são desde logo influenciadas ou influenciáveis por outras culturas, aí compreendida a que as recebe no presente e que esquece, por vezes, que elas já se encontravam no seu caminho.

Em alguns espetáculos, a modelização artística à qual se refere a encenação está mais ou menos claramente codificada e "autonomizada" num código muito estritamente organizado[11].

a) O poema épico do *Mahabharata* não produziu uma forma dramática codificada, porém, a tradição secular dos contadores populares constitui uma forma mínima de apresentação teatral e, atualmente, inumeráveis adaptações de passagens do *Mahabharata* são representadas. Carrière, o adaptador, e Brook, o encenador, retomam ao mesmo tempo o texto do poema e a tradição popular de sua narração, o que lhes abre um acesso direto, e não solene ou reverencioso, a esse monumento da cultura hindu. A relação com o texto literário é, nesse caso, facilitada pelo seu modo de enunciação igualmente autêntico e bem adaptado ao estilo de interpretação de Brook, o qual evita copiar, de um só golpe, uma tradição teatral estrangeira[12].

b) *A Indiada* foi escrita em 1987 para dar conta de uma história recente. O texto pertence, portanto, a uma cultura ocidental; não é destinado a uma codificação teatral particular, pois o gênero da crônica, em que se inspirou H. Cixous, não produziu um estilo de atuação particular. O fato de que a peça tenha por tema a Índia contemporânea não obriga, evidentemente, a procurar formas de atuação indianas. Mnouchkine interessa-se pela cultura indiana por meio do simulacro

9. P. Francastel, *La réalité figurative*, p. 237-238.
10. R. Schechner, Du comportement reconstitué, *Bouffonneries*, n. 9, p. 95-108.
11. Esta noção de modelização impõe-se no teatro, que necessariamente cria um microcosmo da realidade. Do que decorre a sua especificidade, segundo Brook: "O que é importante no teatro e que o diferencia das outras formas de expressão é que ele permite criar um microcosmo verdadeiro. As outras formas de arte são expressões individuais. O teatro, propriamente, é um minicosmo", P. Brook, Entrevista com Yutaka Wada, *Kebana Sagetsu*, n. 142.
12. "Por natureza e mesmo que seja tão antigo, o teatro é sempre uma arte da modernidade. É a fênix que é preciso, incessantemente, fazer renascer.[...] Com cinco anos uma encenação já está superada. É preciso, portanto, abandonar para sempre a ideia de tradição teatral, visto que essa ideia traz em si a sua própria contradição", P. Brook, *Le fait culturel*, p. 121.

dos comediantes, que se esforçam por imitar as técnicas corporais de diversos grupos étnicos.

c) Em *A Noite de Reis*, a relação com a cultura e as modelizações artísticas indianas é novamente diferente. É preciso tomar cuidado em distinguir: 1º) a codificação que a época de Shakespeare teria podido propor e da qual se procura o traço no texto e na tradição de interpretação; 2º) a codificação emprestada de tradições artísticas indianas, na qual inspira-se livremente Mnouchkine.

1º) A forma elisabetana de atuação não foi conservada pela tradição e é dificilmente reconstituível, tanto mais que essa forma, hoje morta, pareceria igualmente deslocada e acima de tudo muito mimética e simplista. Com efeito, ela não produziu – em todo caso é a opinião de Manouchkine – uma grande codificação e haveria, portanto, pouco interesse em restaurá-la. Eis porque Mnouchkine a substitui sem remorso por uma forma distinta, inspirada por outras tradições, orientais ou ocidentais (o Kabuki, o teatro clássico indiano, a *Commedia dell'Arte* etc.).

2º) A codificação artística em que se inspira vagamente a encenação é a de várias formas de teatro clássico indiano. O revestimento de seda utilizado como pano de fundo fornece toda uma palheta de cores que correspondem, no teatro indiano tradicional, aos sentimentos primordiais[13].

Os atores exibem todos os signos de suas emoções de acordo com o sistema das quatro maneiras (graciosa, grandiosa, violenta, verbal); o modo de andar lânguido, a respiração ofegante, o olhar vago: tal é justamente a representação do amoroso atormentado pela paixão doentia. A encenação inspira-se, portanto, livremente – isto é, sem o cabresto formal de uma codificação tradicional – em modelos teatrais indianos, que rapidamente fizeram colorir toda a atmosfera da comédia shakespereana.

d) Barba é muito mais radical na sua adaptação do *Fausto*. Ele não se interessa minimamente pelas modelizações artísticas que a cultura ocidental criou e que poderiam impregnar o *Fausto*. É só mais tarde, no plano da adaptação (4) e no das adaptações de recepção e legibilidade [(8) (9)] que ele intervém de maneira ocidental. Renunciando a qualquer análise cultural do *Fausto*, Barba faz uma dançarina indiana de tradição odissi improvisar; esta modifica sua atuação e a adapta, em parte, à de sua companheira japonesa e, sobretudo, em função das diretivas de Barba. Dessa forma, paradoxalmente, essa coreografia indiana que se origina na cultura indiana é, ao mesmo tempo, completamente remanejada para a encenação.

Acabamos de ver a dificuldade que existe em localizar a referência cultural e suas modelizações nas codificações artísticas: ela é também

13. Cf. S. Lévi, *Théâtre indien*, p. 368-392.

devida à confusão entre: 1º) a cultura *original* ou cultura "portadora", a qual produziu o texto dramático ou a modelização artística; 2º) a cultura *tematizada*, aquela que o texto trata tematicamente; e 3º) a cultura *referida* ou cultura imposta, que a encenação escolhe como cultura de referência em lugar – ou ao lado – da cultura original.

Essa questão das origens, uma vez esclarecidas, deve-se perguntar em que perspectiva e com qual espírito se efetua o recurso a vários contextos culturais. Isto coloca, de começo – sendo, aliás, talvez a primeira questão a ser elucidada –, a questão da visão dos adaptadores [(3)], do seu lugar de intervenção, de seu projeto ideológico e artístico. Da resposta a esta questão decorre todo um conjunto de interrogações [de (4) a (9)], que dizem respeito ao trabalho de adaptação, à preparação do ator, à escolha de uma forma, à aplicação de um dispositivo de enunciação.

## VISÃO DOS ADAPTADORES

Por *adaptador* deve-se entender, igualmente, tanto o tradutor linguístico do texto ou seu "adaptador", quanto o encenador, o cenógrafo, o ator, todos os que tenham uma função de mediação, ou seja, que adaptam, transformam, modificam, preparam, apropriam-se da cultura e do texto-fonte tendo em vista um público e uma cultura-alvo. Tudo acontece como se não houvesse a intervenção de todos esses artistas sem o processo de adaptação, de mediação entre cultura-fonte e cultura-alvo, processo tão mais importante visto ocorrer quase que à revelia dos próprios adaptadores. O adaptador se define em função de sua antecipação das reações do público (11), que é necessariamente etnocentrista visto que julga a outra cultura em função de suas próprias percepções. *Adaptar* é sempre, também, arranjar uma significação que não está evidente, facilitando-lhe sua recepção e compreensão, interferindo-lhe na mediação e na colocação em contato das culturas. O *adaptador* é capaz de perceber a diferença, e em primeiro lugar a diferença entre a sua (nossa) cultura e a cultura estrangeira, sem tentar hierarquizá-las ou reduzi-las uma a outra. Essa percepção da alteridade é condição da menor troca entre as culturas: "Somente a experiência de sua própria cultura e de uma cultura estrangeira como sendo diferentes e formando sistemas que são sentidos como corretos (cada um no seu domínio), cria a base de uma interpenetração recíproca"[14]. Porém, esta percepção da alteridade não

---

14. J. Lotman, *Kunst als Sprache*, p. 434. Essa interpretação não significa necessariamente uma assimilação da cultura-fonte pela cultura-alvo, essa assimilação não tem, aliás, lugar senão quando a cultura-alvo esteja suficientemente forte e segura de si mesma para decifrar e ingerir as influências estrangeiras. Em momentos especiais, a cultura-fonte é como que citada em sua estranheza: "Nos momentos de desenvolvimento extensivo ela absorve os textos para os quais não tem os meios de decifração. A ampla irrupção da arte infantil na cultura europeia do século XX, da arte primitiva e

é suficiente: o adaptador deve decidir quanto a uma tática, julgará acima de tudo a cultura de dentro (incluindo-se nela), tanto quanto do exterior (excluindo-se dela), escolherá reaproximá-la do público-alvo ou mesmo afastá-la, acentuará as diferenças com a sua (nossa) cultura ou as atenuará, individualizar-la-á e a particularizará ou procurará universalizá-la, irá querer esclarecê-la ou simplificá-la, ou ainda se contentará em citá-la com todas as suas complexidades. Todas essas escolhas são táticas e, portanto, em última análise, ideológicas e políticas, ligadas à inscrição dos adaptadores na cultura-alvo (especialmente em 10-A, B e C).

O adaptador é um barqueiro que transporta, de uma margem a outra, uma carga mal identificada, um *traduttore/tradittore* (tradutor/ traidor) colocado entre dois fogos. A única diferença com o tradutor linguístico é que ele dispõe de todo o aparelho teatral para se exprimir – tanto para esclarecer quanto para "complexificar". É neste nível que se percebe melhor a dimensão ideológica da transferência cultural, a concepção política que determina as escolhas: por exemplo, o humanismo ingênuo e universal de Cixous e Mnouchkine, ou o universalismo de uma linguagem teatral da qual Brook está à procura a partir de suas pesquisas sobre a linguagem para *Orghast*, ou ainda o ceticismo de Barba quanto à noção de *identidade cultural* e seu interesse por uma *identidade profissional*.

a) Na encenação do *Mahabharata*, Brook visa acima de tudo reaproximar a Índia e sua cultura do espectador ocidental, portanto, produzir signos que facilitem a identificação dessa realidade para um público que não está familiarizado com esse universo. Esta reaproximação universalizante e os ecos da humanidade global não excluem um enraizamento indiano, um acúmulo de detalhes – odores, vestimentas, música, voz – que sugerem uma Índia rural contemporânea. A filosofia hindu que inspirou a obra é, desse modo, substituída pelo público indiano de hoje que adaptou o texto para todas as circunstâncias de sua vida cotidiana; ela se prolonga no efeito de familiaridade que o público francês ou inglês experimenta diante dos atores. A polaridade universalidade/enraizamento corresponde, em Brook, ao seu desejo de encontrar um equilíbrio entre o detalhe e a generalidade, o concreto e o geral[15].

b) *A Indiada*, de Cixous e Mnouchkine, procura igualmente reaproximar a história da Índia e de sua divisão, a ponto, inclusive, de que esta crônica política se torne uma parábola sobre o coração humano

---

medieval ou da arte dos povos do Extremo Oriente ou da África, deve-se a que esses textos foram arrancados do seu contexto histórico (ou psicológico). Para poder desempenhar um papel ativo, eles têm que ser recebidos como 'estrangeiros'", Thèse pour l'étude sémiotique des cultures, op. cit., p. 129.

15. Cf. Peter Brook, Entrevista de Herbert Mainusch, *Regie und Interpretation*, p. 33-35.

dividido e despedaçado: a Índia não é mais do que um pretexto – ou pelo menos uma oportunidade – para dizer a multiplicidade, o sofrimento e o despedaçamento da alma humana: o texto de Cixous encarrega-se de nos repetir essas conclusões universais. Paralelamente a este discurso muito monológico, a representação da humanidade indiana é de uma grande riqueza de detalhes; acentua de preferência as diferenças, as técnicas do corpo e as individualidades, de maneira que o espectador é persuadido de ter percebido, ao mesmo tempo, o mosaico humano e a sua unidade antropológica e sentimental.

c) Para *A Noite de Reis*, assim como para d) o *Fausto*, é muito difícil avaliar a distância ou a proximidade que a encenação instaura face ao público. Com efeito, não se trata, tanto num caso como no outro, de identificar uma cultura, mas sim dar-lhe uma imagem exótica, no caso de *A Noite de Reis,* ou de utilizar uma de suas tradições teatrais para marcar-lhe a universalidade pré-expressiva, de acordo com a teoria antropológica de Barba. Entretanto, a visão de Mnouchkine e a de Barba são opostas. Nós o compreendemos quando medimos a distância que as separa do texto em que se inspiraram. Mnouchkine considera que Shakespeare *não* é seu contemporâneo, que ele está "longe de nós como está longe de nós o mais profundo de nós mesmos"[16], sendo que ela pode, nesse caso, sem prejuízo, impor-lhe uma forma teatral estrangeira à sua cultura de origem e à nossa. Barba, ao contrário, só se interessa pelas danças indiana e japonesa até o ponto em que elas confirmem a universalidade do pré-expressivo. Ele também não procura render-se à cultura alemã medieval que produziu o *Fausto*.

As diferentes visões produzem, evidentemente, uma imagem a cada vez diferente da Índia: país da meditação e da sabedoria, ela passa, apesar das guerras, uma imagem apaziguadora e reconciliadora da humanidade em Brook; para Cixous e Mnouchkine, ela é sinônimo de riqueza, diversidade e despedaçamento; Mnouchkine a trata, em *A Noite de Reis*, sob o modo menor do enfeitezinho e da miniatura erótica; ao passo que Barba não se interessa por isso a não ser por meio da convenção artística, congelada e evolutiva, de uma forma que ele abre ao diálogo universalizante com outras tradições. É neste plano da imagem, até ao estereótipo, que nos colocamos no interior desta definição de abordagem: construção eminentemente ideológica que pré-dispõe o julgamento dos utilizadores da cultura.

A abordagem uma vez estabelecida – e com ela os pressupostos e implicações ideológicas reveladas –, o trabalho de adaptação não aparece mais a não ser como uma aplicação prática para transferir formas e conteúdos de um contexto para outro, quer se trate de uma escritura

---

16. Le besoin d'une forme: entretien avec Ariane Mnouchkine, *Théâtre/Public*, n. 46-47, p. 5.

original, de uma análise dramatúrgica, de uma adaptação/reescritura, de um comentário cênico ou de uma montagem gestual.

## O TRABALHO DA ADAPTAÇÃO

a) Carrière e Brook partilharam a tarefa, trabalhando aparentemente em direções opostas, se bem que o resultado seja um equilíbrio entre afastamento e aproximação. Carrière leu o texto do Mahabharata numa tradução francesa muito "universitária": fez muito mais do que traduzi-la ou mesmo adaptá-la: ele imagina e acrescenta cenas que recompõe inteiramente, conservando os nomes próprios e a tonalidade do poema épico. Apesar disso, opta por uma adaptação que deseja a qualquer preço evitar a censura de apropriação colonialista: assim, conserva os termos sânscritos (como darma) para evitar qualquer colonização inconsciente pelo vocabulário, pois "dizer que se podem encontrar os equivalentes de todas as palavras indianas é dizer que a cultura francesa pode se apropriar, graças a uma palavra, de noções as mais profundas e mais reflexivas do pensamento indiano"[17]. Ao fazê-lo, cai em outro defeito, sem dúvida ligeiramente menos grave do que o do colonialismo, o defeito elitista, visto que o texto não é perfeitamente compreensível a não ser para os sanscritólogos.

Corajoso, felizmente, Brook compensa esse afastamento da cultura hindu e esse respeito religioso aos conceitos filosóficos, ao propor um jogo direto e próximo dos espectadores, de modo a que este "teatro imediato" seja recebido na sua universalidade e que seja facilmente traduzível nas referências culturais do público europeu[18].

Tanto para a escritura dramática quanto para a interpretação, Carrière e Brook acham-se sob o patrocínio de Shakespeare. A passagem constante de um nível de estilo a outro, a aliança do cotidiano, do fantástico e do metafísico, a contradição entre uma forma literária indiana e temas conflituais universais, a complexidade dos personagens ao mesmo tempo épicos e dramáticos, a imediatez dos conflitos e situações, o gosto pelas rupturas: tudo os aproxima de Shakespeare[19].

---

17. J.-C. Carrière, Chercher le coeur profond, *Alternatives Théâtrales*, n. 24.

18. Conhece-se o gosto de Brook pelos textos e símbolos que não são legíveis para uma cultura em particular, mas que são uma parte da cultura da humanidade e, portanto, acessíveis a qualquer um. Desse modo, na *Conferência dos Pássaros*, o pássaro é um símbolo acessível a todos, mesmo que ele permaneça ao mesmo tempo inexplicável. "O pássaro pertence aos símbolos que não estão ligados a qualquer cultura em particular. Por certo, cada cultura, provavelmente por essa mesma razão, tem um mito do pássaro profundamente enraizado nela. Porém o pássaro, enquanto tal, é uma parte da cultura da humanidade e um símbolo da humanidade; é a coisa mais simples que tem efeito em qualquer criança, mas que igualmente é difícil de ser compreendido ou apreendido", Ein Gespräch mit Peter Brook, *Kreativität und Dialog*, p. 118.

19. Cf. P. Brook, Shakespeare et le Mahabharata, *Théâtre en Europe*, n. 7.

b) Hélène Cixous apoia-se explicitamente em Shakespeare como modelo de escritura: retoma a arquitetura, a decupagem em atos e cenas, a oscilação entre crônica histórica e tragédia individual, os planos coletivo e individual da fábula, a corrente metafórica. Se Brook vê nele um autor muito próximo e imediato, um "contemporâneo", Cixous e Mnouchkine estão impressionadas preferencialmente pela forma poética de sua escritura e pela mistura de proximidade e distância, de individualidade e coletividade. É um Shakespeare seguramente revisto por Joyce e Freud, não fosse isso senão a sua arte de fazer trabalhar a história e o sonho: "Numa peça histórica, o trabalho histórico é semelhante ao trabalho do sonho: nossas epopeias de sonho duram cinco minutos graças à condensação e ao deslocamento. Temos apenas o tempo de jogar 'com a vida ou com a morte'"[20]. Resta, em todo caso, o fato de ser a transposição da concepção histórica de um Shakespeare para a época contemporânea tão ousada quanto absurda.

c) Curiosamente, *A Noite de Reis* parece ser a menos shakespeariana das quatro peças, pois a encenação torna consideravelmente sem sabor a intriga, a qual já é, enquanto tal, toleravelmente romanesca e sinuosa. Esta "des-shakespearização" não é, entretanto, devida ao estilo "indiano", mas sim à perda do senso de arquitetura e textualidade da peça. A indianização, não estando tematicamente motivada, parece, por outro lado, aquilo que se esforça para ser: uma fantasmagoria estetizante que não envolve nenhuma releitura da peça, porém que a confirma na sua tendência "escapista". A partir disso, não vale a pena estudar as razões e as modalidades da transferência intercultural: a referência furtiva e delicada à Índia permanece no plano de um decorativismo que não envolve a cultura que supõe representar.

d) Em Barba, a adaptação não começa por ser dramatúrgica e fixada nos materiais textuais; ela propõe uma montagem imediata de ações, situações e sequências gestuais, montagem que não se preocupa nem com a fidelidade, nem com a exaustividade, nem com a narratividade clássica: pelo menos em todo o começo da adaptação gestual, pois Barba acaba [em (8) e (9)] por juntar um dispositivo ideológico e narratológico fortemente ocidental que facilita a recepção pelo público europeu. A adaptação associa, dessa forma, inicialmente uma modelização artística [(2)] isolada de sua cultura [(1)] e retrabalhada em função de (10-A), ou seja, de modelizações teatrais ocidentais: queima, desse modo, as etapas da transferência clássica que levam em conta as representações estéticas e ideológicas das duas culturas-fonte e alvo e que passam, então [em (6) (7) (8) e (9)], para uma análise dramatúrgica. Essa análise dramatúrgica constitui um elo capital da cadeia na qual todo o restante, aí compreendida a encenação, vem em seguida se enxertar.

20. H. Cixous, *Acteurs*, n. 29, p. 12.

## TRABALHO PREPARATÓRIO DOS ATORES E (6) ESCOLHA DE UMA FORMA TEATRAL

Para a transferência cultural que se efetua nesta cadeia, etapa por etapa, uma longa preparação dos atores é indispensável. Ela é inclusive parte integrante do espetáculo, já que as técnicas aculturadas pelo ator não podem destacar-se do seu corpo. O trabalho preparatório é perceptível nos atores dos quatro espetáculos, que partilham uma visão transformadora do teatro, porém de acordo com diferentes modalidades: ingênua e alienante no caso de Mnouchkine, filosófica e mística em Brook, técnica e antropológica em Barba.

A preparação não busca o seu sentido a não ser quando é acompanhada pela escolha de uma forma para a encenação, forma que é emprestada de outra cultura que não a do público-alvo. Tal forma revitaliza a estrutura natural da obra ao concentrar a atenção na sua novidade ou na sua estranheza, produzindo, assim, um efeito de desfamiliarização (*ostranienie*), que desautomatiza a percepção habitual e valoriza igualmente a codificação teatral.

a) Os atores de Brook receberam um treinamento de Kathakali, na Índia e em Paris, não com o intuito de produzir essa técnica no espetáculo, mas para "abrir-se a novas percepções sobre o modo de utilizar seu corpo, uma compreensão da razão pela qual essa forma particular nasceu. Em seguida, depois de ter compreendido a significação essencial de uma forma particular, a etapa seguinte foi sair dela"[21]. O *training* é apenas uma sensibilização com as técnicas de atuação estrangeiras para a cultura dos atores, não devendo, em qualquer caso, conduzir a uma "imitação exterior das técnicas de dança e teatro indianos"[22]. O ator parte de improvisações na sua língua materna, testa as cenas preparadas, depois reescritas por Carrière. Ele se esforça por manter uma comunicação direta e simples com o público, desprezando qualquer efeito exótico e qualquer virtuosismo intimidatório. É por esse motivo que Brook não procura a forma e a tradição de uma cultura estrangeira que se trataria, em seguida, de levar em conta. Ele parece desprezar o uso simplesmente cultural e decorativo de uma forma, prefere compreender essa forma em profundidade. Não se trata de fazer uma síntese de diversas culturas dos membros do seu grupo, nem de trocar técnicas e habilidade, mas sim de compreender aquilo que, em profundidade, anima as formas: "Procuramos aquilo que anima uma cultura. Em vez de tomar a forma cultural em si, tentamos descobrir aquilo que anima essa forma. É necessário que o ator experimente sair de sua cultura e, ao máximo, dos estereótipos"[23]. Esta prevenção de Brook vale para qualquer encenação intercultural: é preciso saber-se

---

21. Interview de Peter Brook, *Nouvelles de l'Inde*, n. 248, p. 19.
22. Idem, ibidem.
23. Rencontre avec Peter Brook, *Travail Théâtral*, p. 19-21.

sempre o que a forma esconde, qual aspecto ela retém, como se transforma quando é transplantada na cultura-alvo. Brook insurge-se, não sem razão, contra uma concepção unicamente "cultural" do teatro que se ligue somente à arte de suas formas, sem enxergar o acontecimento "invisível" que todas essas formas carregam[24].

Esta preparação resulta, no espetáculo, numa atmosfera de recolhimento e meditação. Porém, os atores tomaram cuidado para não se deixar impressionar ou se fecharem na tradição ou numa codificação exterior à sua cultura devido a um respeito muito impertinente a essa epopeia. A perspectiva popular sobre o *Mahabharata*, "a partir de baixo" e de acordo com o "espetáculo do tapete" (*carpet show*), não difere do seu estilo de atuação habitual, "bruto" e "imediato"[25], estilo testado na África e aprovado nas encenações de Shakespeare, Jarry ou Bizet.

b) A preparação dos atores do Soleil não está centralizada no aprendizado de técnicas indianas nem sobre a sua universalização, como em Brook. Ela parte da pesquisa do personagem, graças a uma impregnação das técnicas corporais de diferentes grupos étnicos e religiosos. Mnouchkine e Cixous mantêm toda uma mística do ator, fazendo presente dele próprio ao seu personagem, perdendo a sua própria identidade etc. A preparação é mais psicológica do que técnica ou coreográfica: o espírito persuadido, o corpo tentará segui-lo.

Com efeito, ele continua para o bem e para o mal, mesmo que não seja secundado por uma grande forma teatral como a dos "Shakespeare" que foram vivificados pelo Kabuko ou pelas reminiscências do teatro clássico indiano. Ao invés de recorrer a uma modelização artística já existente e fortemente codificada, Mnouchkine e seus atores propõem uma caracterização mimética das figuras históricas e personagens populares. Toda pesquisa formal sobre a teatralidade cede lugar a um exercício – a nosso ver, estéril – de imitação e identificação das figuras históricas e grupos étnicos. A mensagem política e artística apoia-se nesse grande esforço com vistas a uma grande forma para ousar inter-

---

24. "Creio que o grande mal entendido, a decadência da tradição europeia – e isto vale também para a África e para a Ásia, tais como nos são apresentadas –, vem pelo fato de que não olhamos mais o teatro senão de uma forma 'cultural', não nos fixando senão na arte de suas formas. Tal arte não é a arte teatral. É uma maneira de aplicar critérios exteriores no acontecimento teatral", P. Brook, Des apparences porteuses d'invisible, *Recherche, pédagogie, culture*, n. 61, p. 16-17.

25. Brook pesquisa, portanto, uma forma teatral de alta qualidade (o texto poético do *Mahabharata*) e um enfoque popular dessa forma. Esta aliança confirma seu desejo de ser recebido de forma universal, sejam quais forem as diferenças culturais. Esse já era o sentido da escolha de *Carmen*: "Nenhuma outra ópera é tão conhecida quanto *Carmen*, tanto mais que ela contém elementos universais que tocam todo mundo, apesar das diferenças culturais" (Entrevista com Yutaka Wada, op.cit.). Trata-se de reconciliar o popular e o sério, "a riqueza de conteúdo expressa de maneira popular" (idem, ibidem).

pretar e codificar teatralmente os grandes conflitos do mundo: estamos bem longe de *1789* ou de *A Idade de Ouro*[26].

É possível que Mnouchkine tenha sido intimidada pela riqueza das culturas indianas, a ponto de não ousar revesti-las de uma grande forma oriental que possa ter parecido, seja redundante, seja aquém da verdade, ou seja, deslocada (no caso de uma cultural oriental não-indiana). Com efeito, é muito mais fácil enriquecer com uma "forma forte" um contexto cultural que perdeu uma identidade tradicional nítida. A exigência mimética da crônica histórica não facilitou, além disso, os efeitos de teatralização e codificação dos acontecimentos, os atores sentindo-se obrigados a imitar o melhor possível as figuras históricas e, assim, negar qualquer forma que tenha podido interpor-se entre eles e o referente histórico.

c) Em *A Noite de Reis*, ao contrário, os atores não estavam encarregados de reconstituir uma parte de um referente histórico e podiam inspirar-se livremente nas formas e codificações teatrais estranhas a Shakespeare. Eles partiram, durante os ensaios, à procura de roupas feitas de pedaços de tecido, elaborando peça por peça todo um quebra-cabeça de cores e paixões. Sem nunca atingir a formalização e o rigor de uma tradição como a do Kabuki utilizada no *Ricardo III*, a referência decorativista a uma Índia de bazar foi pouco a pouco se solidificando num quadro que figurava uma Ilíria imaginária, um "país longínquo alojado nas profundezas, nos confins do nosso inconsciente onde todos os sonhos, desejos, medos, pressentimentos, recusas ousam-se narrar, onde tudo é possível..."[27].

A comparação com *Ricardo III* ou com *A Idade de Ouro* (1975) mostra bem a evolução do projeto estético de Mnouchkine. Nesses dois espetáculos, o trabalho sobre as grandes formas teatrais foi evidente e assumido para escapar ao realismo estético: "As formas teatrais puras permitem", escreveu Mnouchkine por ocasião de *A Idade de Ouro*, "entre outras, escapar ao constrangimento do realismo estético... Em teatro, na maioria das vezes, tudo é significante exceto o autor e aquilo que diz... O verdadeiro 'realismo é uma transposição'"[28]. O recurso às formas tradicionais não é feito, aliás, por empréstimo direto, mas sim uma inspiração; tudo, nessas formas, foi retrabalhado e reinventado pelos atores. Em *A Noite de Reis*, a encenação não retoma uma grande

---

26. "Estamos longe, por exemplo, da utilização das formas da *Commedia dell'Arte* e do teatro chinês nos espetáculos anteriores do Théâtre du Soleil, como *L'Âge d'Or* (A Idade de Ouro). Trata-se então de utilizar essas formas para aprofundar a relação entre o ator, a fábula e o espectador", a fim de impor ao jogo uma forma de alto nível e que ultrapasse o mimetismo: "Não escolhemos essas formas por serem formas antigas, nós nos impusemos uma forma abaixo da qual não queríamos mais descer", Entretiens avec Ariane Mnouchkine, *Théâtre/Public*, n. 5-6, p. 5.

27. S. Moscoso, Notes de répétitions, op. cit., p. 6.

28. Première ébauche, entretien avec Ariane Mnouchkine, *Théâtre/Public*, n. 5-6, p. 5.

forma teatral (como o Kabuki), ela se inspira nas imagens da cultura indiana, que dilui numa atmosfera de sensualidade e fluidez.

c) Em Barba, os contornos são claramente mais límpidos e o trabalho de preparação codificado por uma prática cotidiana das dançarinas. A única preparação, radical é verdade, consiste em tomar ou ser tomado pelo improviso: a dançarina deve estar pronta a desestruturar o seu programa gestual, de maneira a nele integrar as improvisações e as diretivas do encenador, bem como as propostas da outra dançarina (ela japonesa). Tal é o sentido da "pedagogia transcultural de Barba": verificar sua própria tradição teatral ao avaliá-la em função das tradições estrangeiras, "descobrir (o seu) próprio centro na tradição das tradições"[29].

No seu trabalho preparatório, o ator parece respeitar dois princípios contraditórios: 1º) a concatenação das causas e efeitos no tempo e na ação; 2º) a presença simultânea de várias ações. A atriz ou dançarina deve reconstituir uma síntese desses efeitos de concatenação ou simultaneidade.

O ator, por exemplo, obtém efeitos simultâneos desde que quebre o *esquema* abstrato dos movimentos, justamente no momento em que o público está a ponto de antecipá-los. Ele compõe suas ações (no sentido da palavra compor, que vem de *componere*: colocar junto) numa síntese que está muito afastada de uma forma cotidiana de comportamento. Nessa montagem, ele segmenta as ações, escolhendo e dilatando alguns fragmentos que compõem os ritmos, realizando um equivalente da ação real por meio daquilo que Richard Schechner chama de "restauração do comportamento"[30].

A forma codificada da dança odissi é então retomada, reestruturada, deformada pelos corpos estranhos que se lhe integram. Barba efetua uma montagem das microssequências gestuais, e não da fábula e de seus episódios. A transferência cultural não está ligada a uma translação de codificações em função de elementos pré-expressivos julgados transculturais e universais[31]. Os deslocamentos da forma po-

---

29. Théâtre eurasien, Programa de *Judith*, versão francesa em *Bouffonneries*, n. 22-23, 1989, e em *Jeu*, n. 49.
30. "The actor, for example, obtains simultaneous effects as soon as he breakes the abstract *schema* of movements, just as the audience is about to be able to anticipate them. He composes his actions (in the sense that 'compose' derives from *cum-ponere*, to put together) into a synthesis which is far removed from a daily way of behaving. In this montage he segments the actions, choosing and dilating certain fragments composing the rhytms, achieving an equivalent to the 'real' action by means of what Richard Schechner calls the 'restoration of behavior'", E. Barba, The Nature of Dramaturgy: describing actions at work, *New Theatre Quarterly*, n. 1, p. 77.
31. Sempre se trata de olhar o teatro oriental com os olhos do encenador ocidental: "Creio", diz Eugenio Barba, "que meu modo de trabalhar no teatro me fez descobrir o lado escondido sob a epiderme das convenções do teatro ocidental. [...] O teatro ocidental serviu para fazer eu me interrogar sobre o teatro oriental, a me fazer olhar com olhos diferentes. Comecei a perceber que, sob diversas formas, os atores do teatro oriental utilizam princípios similares àqueles dos atores do Odin", Le paradoxe pédagogique, *Bouffonneries*, n. 4, p. 48.

dem parecer mínimos, imperceptíveis até ao olhar ocidental, porém o acúmulo de descartes acaba por produzir uma coreografia ao mesmo tempo fiel à sua origem tradicional e completamente renovada.

Por definição, a união de uma forma teatral estrangeira forte com a cultura-alvo ou mesmo com a cultura-fonte é surpreendente e distanciadora; ela introduz uma contradição entre a forma e a temática, a espera e a recepção. Cada um dos quatro exemplos assume tal contradição, quer ela resulte, aliás, mais ou menos bem: a contradição do *Mahabharata* de Brook leva ao *distanciamento* da adaptação de Carrière, por oposição à aproximação instaurada pela encenação. A *Indiada* inscreve sua contradição entre uma moral universalizante e humanista do texto e uma reconstituição etnológica tipicamente indiana; contradição que se entrevê, igualmente, no relacionamento de uma escritura ocidental (neo-shakespeariana) com uma figuração indiana, tanto na *Indiada* quanto em *A Noite de Reis*. Em Barba, a contradição carrega no conteúdo do mito ocidental do *Fausto* e na codificação oriental (indiana e japonesa) encarregada de evocá-la. Essa contradição tende a resolver-se na síntese do teatro eurasiano[32], que reduz os descartes culturais graças à valorização dos universais culturais.

Poder-se-ia pensar que a escolha da forma teatral depende da vontade única do encenador. Isso não é verdadeiro senão em parte: ele leva em consideração as capacidades do público-alvo, sua competência no reconhecimento das codificações, seu gosto por uma universalização ou por uma especificação da cultura transmitida. Trata-se, ainda, de compreender como a encenação dispõe de meios especificamente teatrais para efetuar a sua transmissão, como a cultura se teatraliza para passar de uma margem a outra.

## REPRESENTAÇÃO TEATRAL DA CULTURA

A escolha de uma forma teatral implica a escolha de um tipo de teatralidade, de um estatuto de ficção com relação à realidade. A teatralidade dispõe de meios específicos para transmitir uma cultura-fonte a um público-alvo; é sob esta única condição que temos o direito de falar em interculturalidade teatral.

Podemos nos perguntar, certamente, se uma cultura se deixa tão facilmente representar ou interpretar (*perform*), se não são apenas os aspectos mais exteriores e superficiais que são os representáveis, deixando na sombra as qualidades mais profundas. Tratamos aqui, porém, dos meios especificamente cênicos para transmitir essa cultura-fonte para uma cultura-alvo.

a. Brook vê no teatro o meio de transmitir aquilo que nenhuma outra mídia pode comunicar: "Here lies the responsibility of

32. E. Barba, Théâtre eurasien, *Bouffonneries*, n. 22-23.

the theatre: what a book cannot convey, what no philosopher can truly explain, can be brought into our understanding by the theatre. Translating the untranslatable is one of its roles". (Tal é a responsabilidade do teatro: o que um livro não pode significar, o que nenhum filósofo pode explicar verdadeiramente, pode tornar-se compreensível através do teatro. Traduzir o intraduzível é um dos seus papéis)[33].

Traduzir o intraduzível é, por exemplo, encontrar os gestos, a atmosfera, as ações simbólicas que explicitam, pela simples ostentação, um conceito tão abstrato e intraduzível como o de darma, por uma série de ações que mostram homens em conflito entre o possível e a sua negação. Decerto, não se pode representar cenicamente esse conceito, no entanto, graças a um estilo de atuação que se quer imediato, autêntico e não-repetitivo, Brook consegue dar a impressão de um cerimonial que não ocorre sem que se lembre o cerimonial na religião hindu. A partir do momento em que não se trata de representar, mas sim de realizar (*to perform*) uma ação, o teatro pode servir de modelo e de dispositivo para a realização desse cerimonial.

b. Isso implica – e disso temos um bom exemplo na *Indiada* – que a encenação se outorgue como missão simular uma situação na qual os atores são pressupostos de comportar-se como na cultura que encenam, que devem ir ao ponto de somatizar os traços de sua personagem. Entretanto, está claro que sua atuação, seja qual for a sua boa vontade, não é mais do que uma simulação, visto que estamos no teatro e não na Índia, de maneira que o seu mimetismo, no fundo, não é mais do que um produto da sua arte teatral. A denegação própria a este gênero de naturalismo, a ambiguidade fundamental de sua personalidade aciona uma interferência dos signos: não sabemos muito, jamais, sobre o que está no domínio da mímesis e do que é voluntariamente teatralizado e exagerado. Como, por outra parte, a concepção da história de Cixous e Mnouchkine assemelha-se a um *theatrum mundi* shakespeariano, no qual os reis não são mais que bufões e o mundo um palco de teatro, em que os grandes personagens estão, ao mesmo tempo, no palco da história e no palco da Cartoucherie, em que a realidade política é de antemão teatral, deste modo a encenação se torna teatro no teatro. Somos, então, informados tanto sobre a cultura estrangeira pelos efeitos de impregnação imitativa, quanto pela teatralização da interpretação. No entanto, essa cultura assim teatralizada leva-nos à dificuldade em relacioná-la com o nosso próprio universo, tanto mais que realidade e teatralidade interferem sem cessar, como que para embaralhar as pistas: penetramos gradualmente na história indiana. 1. De início estamos no saguão do teatro, confrontados agradavelmente com a cozinha indiana; eis-nos aqui em pleno referente, visto que comemos um seu pedaço; 2. penetramos, a seguir,

---

33. P. Brook, *The Shifting Point*, p. 164.

no mundo meio fictício, meio real, dos camarins dos atores que estão propriamente trabalhando para aparatar-se com os atributos de seus personagens; 3. depois, no palco, vemos uma multidão polir o sol: estamos num verdadeiro museu de etnologia aplicada; 4º) por fim, o espetáculo começa e Cixous nos arremete no turbilhão da história, uma história mundial com relação à qual gostaríamos de nos persuadir de que vira suas páginas com a evidência de uma crônica objetiva. É a confusão desses níveis que produz uma certa alucinação, pois coloca a cultura, ou antes fragmentos de cultura, em atividade e processo diante de nós. Trata-se não mais de representar (isto é, imitar, mostrar) essa cultura, mas realizá-la (*to perform it*). O teatro torna-se o meio de transferir e traduzir uma cultura estrangeira:

> Intercultural exchange takes a teacher: someone who knows the body of performance of the culture being translated. The translator of culture is not a mere agent, as a translator of words might be, but an actual culture bearer. This is why performing other cultures becomes so important. Not just reading them, not just visiting them, or importing them – but actually doing them.
>
> A troca intercultural tem necessidade de um professor: alguém que conheça o conjunto da representação da cultura que é transmitida. O tradutor da cultura não é um mero agente, como o poderia ser um tradutor de palavras, porém um verdadeiro transportador de cultura. É por esse motivo que se torna importante interpretar outras culturas. De não apenas lê-las, não somente visitá-las, ou importá-las – mas sim fazê-las realmente[34].

Desse modo, de acordo com Schechner, Barba, Brook ou Mnouchkine, o teatro não apenas representa uma cultura estrangeira, mas a interpreta ao mostrar por ostentação alguns de seus mecanismos. É a força do teatro ser ele capaz tanto de representar teatralmente uma cultura, quanto mostrar aquilo que nenhum comentário ou análise poderia fazer. Disso resulta uma utilização bem específica da teatralidade.

a) Para Brook, os atores estão envolvidos num jogo, num ritual que quase procura a autenticidade, e os seus meios são voluntários, pobres e não-realistas: eles não tentam imitar o mundo, porém procuram preservar o caráter sagrado de sua *performance*.

b) Os atores de Mnouchkine, na *Indiada,* têm uma atuação naturalista na sua pretensão de ser o seu personagem; mas tudo aquilo que os cerca – o espaço, a fábula, às vezes suas roupas – é falso, já que visivelmente teatral. Eles parecem tanto mais inautênticos quanto se comportam como os indianos; eles falam, pensam e sonham como os ocidentais saídos do humanismo.

c) Em *A Noite de Reis*, texto, narrativa e atuação ocorrem como hiperteatrais e, portanto, como falsos; paradoxalmente, essa teatra-

---

34. R. Schechner, A Reply to Ruston Bharucha, *Asian Theatre Journal*, n. 2, p. 217.

lidade sinônimo de artificialidade revela um mundo subterrâneo de fantasmas e desejos que são muito reais.

d) Em Barba, o estatuto da teatralidade não se coloca em termos de ficção/realidade. Isso pelo fato de que a dança não exige essencialmente a verossimilhança e a ficção, mas sim a *performance* técnica e a universalidade do nível pré-expressivo.

Seja qual for o exemplo, o espectador está em condições de avaliar o estatuto da teatralidade. Ele realiza um percurso, ao lado dos atores, dessa cultura interpretada, ele é "capaz de seguir ou acompanhar o ator na dança do pensamento-em-ação"[35].

## ADAPTADORES DE RECEPÇÃO

Esta dança de que Barba fala não é por sua vez evidente. Para que a transferência cultural se efetue sem choque, o encenador deve conhecer suficientemente bem a cultura-alvo e prever a maneira pela qual seu público reagirá. Deve-se preparar a recepção da cultura-fonte e prever os arranjos que facilitarão a comunicação entre os universos culturais. Alguns adaptadores, delegados em função da visão dos adaptadores "dramatúrgicos" (3), asseguram a legibilidade (9) e a recepção (10).

a) Brook mostra-se particularmente cuidadoso em aproximar o *Mahabharata* do público ocidental, na escolha de uma forma de teatro popular, assim como na maneira de contar a epopeia. Ele confia a dois atores franceses o papel de narrador e intermediário entre o mito e o público: Alain Maratra desempenha o papel de Vyasa como um trovador; Maurice Bénichou interpreta o papel de Ganesha, sendo ele próprio encarregado de encarnar Krishna; é acompanhado de uma criança a quem conta a história. O emprego de todos esses narradores simplifica a transmissão da epopeia e encoraja o espectador a adaptar o mito à sua história pessoal. "Sabe-se que, para a criança que existe em cada um de nós, há um ensinamento a se extrair, muito diretamente, dessas aventuras fabulosas de outra época"[36].

b) Mnouchkine não se utiliza de narrador num sentido estrito, porém delega a um personagem do povo, Haridassi, para que acolha o público, comente a ação, sirva de testemunha para as figuras

---

35. Théâtre eurasian, op. cit., p. 22.
36. P. Brook, Le *Mahabharata* ou les pouvoirs d'une histoire, *Alternatives théâtrales*, n. 24, p. 9. Em todas as suas encenações, Brook mostra-se cuidadoso em regular a relação palco/público ao se preocupar com constantes "alterações de distância". Ele distingue dois tipos de movimento: "um é o círculo entre o ponto de vista social e pessoal, em outros termos, entre o ponto de vista íntimo e geral" [...] "O outro é um movimento vertical. É o contato entre os aspectos superficiais da vida e os aspectos escondidos mais sutis e mais intensos" (Entrevista com Yutaka Wada,op. cit.). Cf. sobre o tema do *Mahabharata* a análise de H. MacLean, The Triangular Base of *Mahabharata*, *Ant News*, n. 22.

históricas. Haridassi assegura a junção entre a população indiana e a situação teatral à qual convida o público parisiense. Porém, contrariamente a *1789* ou a *A Idade de Ouro*, os acontecimentos históricos não estão presentes, aqui, na perspectiva do povo, mas sim de um ponto de vista de Cyrus, que é aquele de Cixous e de uma filosofia dos grandes destinos. Estes grandes personagens tornam-se, eles mesmos, adaptadores de recepção graças aos efeitos de reconhecimento das figuras históricas (como Gandhi ou Nehru). Isso facilita muito a identificação dos personagens, bem como através dos detalhes das vestimentas ou comportamentos, que ajudam na percepção dos grupos. Pelo contrário, acaba-se com a dialética entre os grandes e os pequenos, o povo e os heróis: cada grupo é isolado do outro, sem relação interativa entre o alto e o baixo.

c) A importância de tais adaptadores (ou de tais procedimentos estruturais de adaptação) é particularmente evidente quando comparado a uma apresentação como a de *A Noite de Reis*, que não se utiliza de qualquer procedimento de enquadramento e orientação: é melhor ter lido a peça antes da representação caso se conte com seguir a intriga e compreender a dramaturgia! A interferência cultural repercute, com efeito, na legibilidade da fábula, porém ao mesmo tempo atinge o seu objetivo: utilizar a imagem fantasmática da Índia para fazer convergir a imprecisão da intriga, o fluxo artístico e erótico da figuração, a noção moderna de desejo inconsciente e sonho desperto.

d) Em última análise, é sempre a encenação que garante a adaptação e a colocação em comunicação dos universos culturais. Vê-se bem isso no *Fausto*. Barba impõe – poder-se-ia quase dizer: *reveste* – as improvisações das dançarinas como um conjunto de procedimentos dramatúrgicos ocidentais: modelo narratológico clássico facilmente decifrável; "subtitulação" das palavras sânscritas ou japonesas por uma tradução em italiano, recitadas por um narrador; palavras emprestadas de Goethe para uma música que sublinha o *páthos* etc.[37]

## CONSEQUÊNCIAS NA LEGIBILIDADE

Fazendo apelo largamente à "produtividade" do espectador, as quatro encenações testemunham legibilidades diferenciadas muito contrastadas e adaptáveis. Falta-nos ainda uma teoria geral da legibilidade dos textos literários e culturais, em particular dos níveis e modos de legibilidade: narrativa, ideológica, hermenêutica etc. Isto porque se trata de saber em qual nível um texto se dá a ler e como a sua transposição – linguística, ideológica ou cultural – encadeia, às

---

37. Cf. P. Pavis, Danser avec *Faust*: sur une mise en scène interculturelle de Barba, *Bouffonneries*, n. 22-23, versão inglesa (com fotos) em *The Drama Review*, t. 123, p. 37-57. Retomado no capítulo 8 deste livro.

vezes, uma mudança de sua legibilidade geral e de seu modo de legibilidade. Tudo se dá como se a cultura receptora desses textos pudesse impor a sua maneira de "ver e ler" as coisas.

*Fausto* compensa a sua relativa ilegibilidade temática – a dificuldade de compreender as palavras e alusões culturais – pela legibilidade e coesão das sequências gestuais e sua organização numa encenação muito legível para um espectador ocidental.

A *Indiada* é de uma grande legibilidade superveniente, etnológica e geopolítica, porém paga esta evidência com uma simplificação extrema de sua concepção da história e com uma ilegibilidade dos mecanismos e contradições socioeconômicos que cruzam a sociedade indiana.

O *Mahabharata* é pouco legível no detalhe das ações e de suas motivações religiosas e filosóficas, porém a perspectiva universalizante, aliada a um desempenho muito discreto, permite seguir as ações na sua dimensão ao mesmo tempo física, mítica e universal. A ilegibilidade narrativa e filosófica do poema indiano é, assim, transmutada numa legibilidade mítica e "atmosférica" que persiste no espectador muito depois da representação[38].

A transferência das culturas deve optar por qual modo de legibilidade será privilegiada e em quais proporções: legibilidade imediata ou durável, temática ou formal, sintética ou analítica, particularizante ou generalizante etc. A comunicação intercultural não é frequentemente muito possível senão ao preço de uma mudança do modo de legibilidade de uma cultura para outra[39]. A história de um texto ou de uma cultura é apenas a história de suas legibilidades sucessivas.

No entanto, quem diz *legibilidade* implica um ato de comunicação entre um *eu* (o que lê) e um tu (o que lê aquilo que está escrito para ele). Qualquer modo de *legibilidade* implica um modo de *alteridade*. Essa *alteridade* pode ser de natureza muito distinta. O *outro* pode ser alternadamente:

- distante no espaço / próximo no espaço
- longe no tempo / próximo no tempo
- desconhecido / familiar
- estranho / familiar
- conforme a minha opinião / oposto à minha opinião

---

38. Neste sentido, a encenação preenche as condições e virtudes do teatro, segundo Brook: "A primeira virtude de um espetáculo no teatro é ser vivo, e a segunda, ser imediatamente compreensível", *Le fait culturel*, p. 118.

39. É preciso levar em conta, igualmente, a tradição de atuação, própria de uma nação ou cultura, e que faz com que a encenação tenha características próprias do seu contexto. Ao receber essa tradição num contexto cultural distinto, deve-se levar em consideração essa sedimentação cultural estrangeira e transpô-la na tradução da cultura-alvo.

Na maior parte do tempo, vários critérios se entrecruzam, de maneira que é muito difícil situar-se frente ao outro sabendo-se em que ele se diferencia de nós.

## RECEPÇÃO NA CULTURA-ALVO

Finalmente, chegada (ou quase) à destinação na cultura-alvo, a encenação transcultural afronta o último obstáculo, o público, quando este abre e identifica o carregamento transportado mais ou menos clandestinamente de uma margem a outra. Ele pode aceitar, sem dizer palavra (achando "normal" que *A Noite de Reis* se ache localizada na Índia), seja, pelo contrário, resistindo e recusando-se a reconhecê-la. Por diversas razões: seja porque recusa, de início, a cultura que foi veiculada nessa transmissão (rejeita, por exemplo, a ideia de um Shakespeare interpretado no estilo Kabuki), seja porque contesta a oportunidade da referência cultural escolhida (teria preferido um contexto coreano para *A Noite de Reis*), seja porque deplora que outras considerações – como a perspectiva política na *Indiada* – tenham sido sacrificadas em prol de uma transferência puramente culturalista e decorativista.

Quaisquer que sejam essas reações, o espectador será sempre tentado, até mesmo constrangido, a comparar as modelizações culturais e artísticas [(1) e (2)] com as de sua própria cultura, a observar as diferenças e justificar as transformações. Para compreender a cultura estrangeira fonte, o espectador não deve transplantar-se para ela, porém situar-se em relação a ela, assumir a distância temporal, espacial, comportamental entre as duas. A comparação entre as culturas é tanto mais rica quanto mais se faça, não entre imagens culturais vagas, porém entre as modelizações e as codificações bem estabelecidas [(1), (2) e (10-A), (10-B), (10-C)]; que o público julgue, portanto, enquanto utilizador de sua própria cultura, enquanto especialista competente de formas estranhas e familiares e pessoa privada marcada por seus pressupostos ideológicos e estéticos. Limitemo-nos a dar nossos próprios julgamentos de modo incisivo: a. O *Mahabharata* toca-me por sua imediatez universalizante, porém a estreiteza do seu registro lembra-me muito a grande-missa; b. A *Indiada*, malgrado seu virtuosismo textual e cênico, cansa-me por seus efeitos repetitivos de discursos lamuriosos e de política sentimental; c. *A Noite de Reis* tem a perfeição de uma ópera; felizmente, pois as palavras e a fábula são profundamente aborrecedoras; d. *Fausto* provoca o meu espanto, pois não sei mais se ele trata do mito ocidental ou se importa apenas a reelaboração gestual de códigos asiáticos.

A comunicação intercultural não se prende, por certo, a tais movimentos de humor, no que tange a não-receber ou, ao contrário, para uma aceitação incondicional do objeto estético. Neste caso, ainda, melhor seria analisar "calmamente" os códigos de recepção do público-alvo. Propomos para isso retomar em (10) as categorias e subdivisões distinguidas em (1) e (2), em particular a fim de examinar a difícil relação entre codificações antropológicas e sociológicas ao querer, além disso, observar como essa relação pôde evoluir de uma cultura para outra e quais reequilíbrios e dominâncias puderam decorrer.

Para as codificações sociológicas, situamo-nos no quadro de uma cultura no sentido ideológico do termo. A cultura não é mais, portanto, um conceito antropológico ou instrumento de integração e comunhão, mas sim "o instrumento de um subgrupo contra os outros na luta social[40]. Trata-se de determinar como o público, na totalidade ou parcialmente, se apropria de maneira hegemônica e ideológica de um elemento da cultura-fonte para fins "egoístas". Por exemplo, poder-se-ia observar que uma parte do público dito progressista da *Indiada*, contudo, talvez se regozije pela recusa da concepção marxista da história e pelo confusionismo pseudo-humanista que dela resulta. Um subgrupo "cultivado" desse público da Cartoucherie utiliza a Índia e a espetacularização como meio para confirmar a sua supremacia cultural, o seu conhecimento – entretanto, muito superficial – da Índia, de Gandhi, da não-violência, a sua convicção de que estamos numa era deshistoricizada (pós-história) e que de nada serve analisar as culturas em termos políticos e militantes.

A recepção no público-alvo está, por definição, submetida a qualquer mudança nesse público. Qualquer modificação do contexto de recepção modifica, *ipso facto*, o impacto da encenação e refuncionaliza – portanto, reestrutura e reorganiza – os elementos principais de sua estrutura [(3) (4) (6) (7) (8) (9)]. A escolha e as conotações de uma forma, a intenção presumida das adaptações, a função da teatralidade, o modo de legibilidade – tudo é colocado em questão, ou seja, concretizado e lido de outra maneira. A encenação aparece nisso, claramente, como uma série de escolhas abertas, de estratégias, de propostas que serão acolhidas diversamente pelos públicos futuros. Desse modo, seria curioso observar como o *Mahabharata* seria recebido em versão inglesa por um público americano, depois australiano e, por fim... indiano! De que forma, também, ele suportaria a prova de sua filmagem.

Resta um último fator – um fator de risco –, o da maneira pela qual a obra prossegue o seu caminho e, evidentemente, se modifica e evolui na consciência do espectador. Para aprofundá-lo – tarefa quase impossível e rapidamente tachada de subjetivismo –, dever-se-ia levar em conta o terceiro elo dessa cadeia intercultural – o das "sequências dadas e antecipadas" [(11)], ao mesmo tempo para o futuro cênico

---

40. C. Camilleri, Culture et sociétés: caractères et fontions, *Les Amis de Sèvres*, n. 4, p. 26.

e simbólico da obra e para a história individual do espectador – esse grande ausente dos estudos teatrais.

## SEQUÊNCIAS DADAS E ANTECIPADAS

Apenas Brook insiste, explicitamente, no trabalho transformador da encenação sobre o espectador, que é o parceiro do trabalho preparatório do comediante sobre si mesmo [(5)]. "A reconciliação final, para mim, é muito menos uma reconciliação anedótica entre os personagens da peça do que uma reconciliação interior, que ricocheteia no público: que o público tenha saído do teatro tendo vivenciado tudo aquilo, e ao mesmo tempo esteja reconciliado consigo mesmo, liberado [...]"[41]. Reconciliado consigo mesmo, o espectador o está também com o outro, na medida em que a representação tenha conseguido fazê-lo partilhar de uma experiência comum, que seja a imagem de uma procura por novos lugares culturais entre tais espectadores e as tradições culturais que a encenação reúne e universaliza de maneira efêmera[42]. Tal é o próprio sentido dessa busca interpessoal e intercultural: "It was by making the act of the theatre unseparable from the need to establish new relations with different people that the possibility of finding new cultural links appeared" (É ao tornar o ato de fazer teatro inseparável da necessidade de estabelecer novas relações com diferentes pessoas que a possibilidade em se encontrar novos lugares culturais apareceu)[43].

A partir desta zona muito fluida, aberta nas recordações do espectador, nos lugares das culturas existentes no interior e no exterior do espectador, é possível ainda contemplar o encadeamento das transferências interculturais, verificar se a operação efetuada mais ou menos conscientemente a cada etapa de (3) a (10), corresponde ainda ao resultado final e ao "trabalho" do espetáculo na memória individual e coletiva. A partir deste fato, a análise da interculturalidade permanece em evolução permanente e as fronteiras entre as diversas camadas desse modelo devem ser mantidas entreabertas e permeáveis. Não se deve esquecer de virar, de tempos em tempos, a ampulheta.

---

41. Interview de Peter Brook, *Vogue*, fevereiro de 1986.

42. Deve haver "um encontro, uma relação em movimento entre um grupo que recebeu uma preparação especial e outro grupo, o público, o qual não está propriamente preparado", P. Brook, *Le fait culturel*.

43. P. Brook, *The Shifting Point*, p. 239. Ao procurar bem encontramos, para dizer a verdade, atitude parecida à de Eugenio Barba, que distingue um uso artístico e um uso cultural do teatro: "Há uma grande diferença entre arte e cultura. No momento em que a cultura morre, a arte aparece [...]. Existe a possibilidade de utilizar o teatro como arte, não tenho nada contra. Mas existe igualmente a possibilidade de utilizar o teatro como cultura, de construir relações, e para fazê-lo é preciso que haja uma atitude muito precisa em face da existência; não é qualquer coisa de estético; é como se você quisesse construir a sua própria vida", *Performing Art Journal*, 1984, p. 16.

Antes mesmo de virar – e para dissipar um pouco o caráter vago dessa recepção antecipada –, pode-se, aliás, prever algumas reações do espectador diante da *alteridade* cultural.

Convém, inicialmente, relativizar a visão otimista segundo a qual compreenderíamos a nossa própria cultura, enquanto permaneceríamos impermeáveis às culturas estrangeiras. Isso porque, compreende-se verdadeiramente a sua própria cultura? Não se está, antes, tomado pela *evidência* da ideologia que a constitui e pelas regras que a determinam? Não se está, igualmente, tomado pela *inconsciência* das raízes de nossa própria cultura? E, inversamente, não percebemos nós, numa cultura estrangeira, os elementos que os *nativos* não percebem mais e que a distância coloca na mesma proporção tanto mais se os enxerga? Tornar estranho o que há muito tempo é familiar não é o objetivo do "efeito de estranhamento" brechtiano?

A alteridade cultural provoca, por parte do espectador, um número de reações diferentes. A questão é saber o que significa "receber" uma cultura estrangeira ou estranha; isso pode ser, alternada ou simultaneamente:

- compreender linguisticamente
- compreender racionalmente
- compreender no detalhe ou "a grosso modo"
- apreciar a estética (seja ao preço de uma atitude estetizante ou exotizante)
- ser tocado por aquilo que o comportamento estrangeiro revela no nível pré-expressivo (Barba)
- compreender o "código metodológico"[44] que permite decifrar o espetáculo e produzir outras manifestações culturais da mesma ordem (isto é, ser *cultivado* no sentido de Lotman, para quem a cultura é *também* uma síntese produtiva para continuar a produzir a informação)
- procurar aquilo que confirma a nossa imagem da cultura estrangeira ou, pelo contrário, aquilo que nos traz um desmentido e produz uma nova imagem dessa cultura.

\* \* \*

Após ter comparado a imagem da Índia e de suas culturas nas quatro encenações, sentimo-nos no direito de perguntar se esses espetáculos falam justamente da mesma coisa e se têm a menor referência em comum. Essa imagem estourada e inapreensível não é uma prova da impossibilidade de aprender uma cultura – mesmo com os meios miméticos do teatro – e, *a fortiori*, de comparar-lhes as manifestações

---

44. C. Camilleri, Culture et sociétés..., op. cit., p. 25.

nos artefatos que retrabalham completamente o referente, tornando-o desconhecível e imaginário? E, além do mais, esse modelo teórico muito simplificado não leva em conta todos os casos de figura possíveis. Estamos ainda longe de uma teoria geral da interculturalidade fundada no modelo semiótico, comparável em sua precisão àquele da intertextualidade. É delicado distinguir, como para os textos linguísticos, o que é da ordem da citação, do empréstimo, da reescritura, da colagem, da reelaboração ou da apropriação, tanto mais que essas operações são, na maioria das vezes, combinadas entre si.

É entretanto, parece-nos, no interior de tal modelo semiótico da troca como *reescritura* e *intertextualidade* que se poderá formalizar melhor o modelo teórico da interculturalidade. Neste sentido, esse modelo integra-se sem dificuldade ao modelo geral da encenação, concebida como negociação entre artistas e espectadores, como *intermediação*, como forma econômica de reconciliar linguagens, influências, regimes de ficção diferentes: formas de conciliar os restos que o encenador, assim como a dona-de-casa, conhecem bem. Pois deve-se sempre misturar alimentos, materiais, signos de proveniências diversas, e por vezes duvidosas, de modo a que o público acabe por se encontrar e que homogeneíze, por meio do olhar, esses elementos sempre heterogêneos, de modo a que se habitue a confrontar e a adaptar as diferenças. O parentesco desse modelo intercultural com o da tradução é inegável, pois pode-se compreender o interculturalismo tanto como um tipo de tradução de uma cultura para e numa outra, quanto a tradução como troca intercultural no sentido amplo (cf. o capítulo 8 deste livro).

Qualquer que seja o modelo semiótico escolhido para integrar essas diversas questões, ele deveria poder avaliar a função ideológica do interculturalismo na encenação contemporânea. Por que ela se tornou, para um bom número de encenadores, uma espécie de imperativo categórico? Será, verdadeiramente, porque ela aparece como a nova estética teatral dominante? Como uma nova ética bem-pensante da compreensão entre os povos? Não se trata, antes de mais nada, do fato de ela corresponder a uma necessidade do aparelho teatral, de preencher uma função ideológica de "desembaraço alfandegário" e de "álibi", encoberto por uma abertura democrática para todas as culturas do mundo. Os quatro exemplos são eloquentes a este respeito: *A Noite de Reis* inova através de uma forma "culinária" pré-brechtiana de encenar os clássicos, de uma recusa em analisar em que a dramaturgia de Shakespeare ou a sua releitura culturalizada podem ser tornadas produtivas para a nossa atualidade. É o mesmo que ocorre na forma "pós-moderna" de rejeitar, na *Indiada*, um enfoque crítico e político da história: o discurso humanista inflamado e moralizante malgrado uma alucinante figuração etnográfica nos transporta a uma visão romântica do povo e de suas dilacerações. Esta retomada em questão de qualquer visão histórica crítica e, *a fortiori*, de qualquer análise marxista corresponde a uma virada que o Théâtre du Soleil deveria ter empreendido para ainda ter o ar de estar "no curso". Brook não teve que efetuar semelhantes reviravoltas, visto que permaneceu fiel à sua pesquisa da função ritual do teatro, sem pretender (como o fez outrora o Soleil) apreender a cultura também na sua dimensão política e ideológica, preocupado unicamente com a "cultura das ligações" (*culture of links*), essas ligações "between man and society, between one race and another, between the microcosm and the macrocosm, between humanity and machinery, between the visible and the invisible, between categories, languages, genres" (Entre o homem e a sociedade, entre uma raça e outra, entre o microcosmo e o macrocosmo, entre a humanidade e a máquina, entre o visível e o invisível, entre as categorias, as línguas, os gêneros)[45]. Quanto a Barba, a sua pesquisa inscreve-se na corrente de pesquisa de uma antropologia que não mais compara as culturas na sua temática ou no seu plano-último socioeconômico, mas que confronta na sua especialidade as codificações de desempenho e os princípios universais da pré-expressividade. Em cada caso, o enfoque intercultural corresponde a uma pergunta insistente do aparelho teatral e ideológico das instituições em que se insere.

Aliás, é chocante constatar que há um desenvolvimento paralelo e harmonioso do teatro intercultural e do teatro pós-moderno, e que não há nem rivalidade nem conflito simbólico entre as duas tendências, a ponto de o teatro de Robert Wilson ter podido passar pela síntese perfeita dos dois, devido ao fato de possuir suficientemente, com efeito, a arte de citar detalhes culturais e históricos, fundamentando-os numa estética de indiferenciação dentro de uma "colagem de culturas" muito grande[46]. É que nossa época e nossa má consciência ocidental (que jamais perde o norte!) encorajam, ao mesmo tempo, uma aliança com as culturas estrangeiras e uma funcionalização de todos os signos num produto pós-moderno "supracultural", de beleza congelada, porém fatal. Assim, ela ganha nos dois quadros, visto que desdobra a noção de cultura entre uma pesquisa da sensualidade estrangeira e uma pesquisa da abstração cifrada.

1. *A cultura da sensualidade*, tendo o desejo de conseguir recursos sem grandes despesas e na conta do estrangeiro, faz um esforço para revivificar as formas e tradições ocidentais ao associar-se-lhe ou substituindo formas extraeuropeias. Sentindo que sua própria cultura

---

45. P. Brook, *The Shifting Point*, p. 239.
46. E. Fischer-Lichte, Das eigene und das fremde Theater: Interkulturelle Tendenzen auf dem Theater der Gegenwart, *Tendenzen das Gegenwarttheaters*, p. 232. Ver igualmente, de Erika Fischer-Lichte, os seguintes artigos: Jenseits der Interpretation. Ammerkungen zu Robert Wilsons/Heiner Müllers Text von der CIVIL warS, *Kontroversen alte und neue*, vol. II; Postmoderne Performance: Rückkehr zum rituellen Theater?, *Arcadie*, 22: 1.

perde todo sabor, toda sensualidade, toda ligação com o real, ela tem o reflexo secular de importar matérias primas vivificantes.

2. Porém, a consciência ocidental não renuncia, para tanto, à *cultura da abstração* que se torna a sua. A quantificação do saber e da língua, que caracteriza, segundo Lyotard, a "condição pós-moderna", empurra para uma estética de eficácia tecnológica e informativa, da qual está excluída qualquer relação com o mundo dos objetos ou dos valores morais e filosóficos. Disso resulta uma cultura teatral feita de abstração e precisão tecnológica, uma máquina infernal que roda inteiramente só e sem dificuldades, quer seja em Wilson ou em autores pós-modernos como Heiner Müller, Vinaver ou Koltès. A cultura veiculada não tem qualquer semelhança com a real: transita da referência ao homem e à natureza, transformou-se numa linguagem codificada e abstrata que vale por sua sintaxe e sua programação, mas que não diz literalmente mais nada sobre o mundo dos fenômenos. Fenômeno de normalização e internacionalização (mais do que de interculturalismo), que facilita a troca de produtos teatrais, desde que congelados numa fantasmagoria visual tão forte que ultrapassa qualquer uso do texto ou alusões culturais, de uma angústia das origens quanto da preocupação com a finalidade ideológica.

A partir disso, pode-se legitimamente duvidar da criação de uma "cultura mundial[47], da qual participariam não somente culturas as mais diversas, como também se conseguiria respeitar e valorizar cada cultura na sua especificidade",[48] pois tal cultura deveria, num primeiro momento, conciliar o inconciliável, a sensualidade e a abstração[49]. Por certo,

---

47. Sobre a noção de cultura mundial, cf. Lévi-Strauss citado na nota 64 do capítulo 7. Em certo sentido, essa cultura única (*one-world culture, Einheitskultur*) é a antítese do interculturalismo, que rejeita reduzir os distanciamentos entre as culturas e que cultiva os particularismos culturais. A Andrej Wirth, que distingue um interculturalismo que visa a compreensão entre as culturas de um interculturalismo (o de Wilson, especialmente) que se contenta em distanciar as culturas umas das outras, perguntamos: quem decide se o interculturalismo serve verdadeiramente para a compreensão entre os povos? A Erika Fischer-Lichte, que opõe uma vanguarda (a do começo do século XX) que explora as culturas exóticas de maneira insolente a um pós-modernismo que respeita as demais culturas ao integrá-las numa cultura mundial utópica: quem me garante a pureza de intenções do pós-modernismo?

48. E. Fischer-Lichte, Das eigene und das fremde Theater..., op. cit., p. 239.

49. Não é possível, aliás, que um teatro como o de Wilson conseguisse sustentar o mal entendido e conciliar sensualidade e abstração, em prolongar de maneira moderna (e não *pós-moderna*) a clássica oposição entre razão e sensualidade. É isso que observa de forma pertinente Annette Hornbacher: "Was diese von Wilson gegen jede Emotionalisierung hervorgehobene *Abstraktheit* seiner Inszenierungen betrifft, so scheint bei ihm dasselbe abendländische Missverständnis vorzuliegen wie bei seinem begeisterten Anhängern, denen die bloss formalästhetisch motierten Licht – und Tonshows schlechthin *Sinnlichkeit* verheissen. Beide Seiten reproduzieren die typisch neuzeitliche – und damit keineswegs *post*moderne – Auffassung, dass zwischen Intellekt und Bedeutung einerseits und Sinnlichkeit samt Gefühl andererseits Gegensatz bestehe" (Naquilo que tange à *abstração* dessas encenações que Wilson acentua contra qualquer

está justamente aí o programa de muitas das estéticas interculturais que quereriam administrar especificidade e universalidade; no entanto, não se veem absolutamente exemplos convincentes dessa procura, salvo talvez a experiência de Brook. Parece, infelizmente, que nos orientamos antes rumo a uma cultura e a um interculturalismo com duas velocidades. Uma *cultura consumível* para um amplo público, ou mesmo para um grupo antecipadamente conhecedor da classe média e bem-pensante, cultura de fácil acesso, não contestatória e não radical que fornecem respostas prontas para grandes questões, de visões arrogantes sobre a história (Cixous) ou de enfeitinhos agradáveis (Mnouchkine), enaltecendo a indiferenciação sob a capa do "tudo pelo cultural". Ou, ao contrário, uma *cultura elitista*, radical e irredutível, que renuncia à representação espetacular, que trabalha no microscópico, quase no segredo, e cujos resultados não são jamais imediatos, às vezes nem mesmo legíveis.

O interculturalismo teatral não escapa das contradições históricas de nossa época, mesmo que, para fazer a sua própria teoria e produzir seus frutos os mais delicados, ele bem que gostaria de colocá-los por um momento entre parênteses; história de fazer reencontrar-se duas culturas e de ver o que ambas têm a dizer-se e de como poderão se amar.

---

tendência à emoção, parece que ocorre com ele o mesmo mal entendido ocidental que existe com seus partidários entusiastas, que veem nos *shows* de luzes e sons montados de maneira puramente formal e estética uma *sensualidade* por excelência. Os dois partidos reproduzem a concepção moderna – e portanto de forma alguma *pós*-moderna – segundo a qual há uma oposição entre o intelecto e a significação, de um lado, e a sensualidade e o sentimento, de outro), Robert Wilson Theater: Ornamente aus Menschen, Requisiten und Dekorationen, *Die deutsche Bühne*, n. 11, p. 12-13.

# Bibliografia

CAPÍTULO 1
PARA UMA TEORIA DE CULTURA E DE ENCENAÇÃO

BARBA, Eugenio. *L'archipel du théâtre*. Bouffonneries Contrastes, 1982.
\_\_\_\_\_. Quatre spectateurs. *L'art du théâtre*, n. 10, hiver 1988 / printemps 1989.
\_\_\_\_\_. Le théâtre eurasien. *Jeu*, n. 49, e *Bouffonneries*, n. 22-23, 1989.
BROOK, Peter. *The Shifting Point*. New York: Harper & Raw, 1987.
CAMILLERI, Camille. Culture et sociétés: caractères et fonctions. *Les amis de Sèvres*, n. 4, 1982.
CERTEAU, Michel de. *La culture au pluriel*. Paris: Union Générale d'Édition, 1974.
DARLRYMPLE, Lynn. *Explorations in Drama, Theatre and Education*: A critique of theater studies in South Africa, PhD, Durban: University of Natal, 1987.
FINKIELKRAUT, Alain. *La défaite de la pensée*. Paris: Gallimard, 1987.
FREUD, Sigmund. [1929]. *Unbehagen in der Kultur*, tradução francesa *Malaise dans la Civilisation*. Paris: PUF, 1971.
GEERTZ, Clifford. *The Interpretation of Cultures*. New York: Basic Books, 1973.
LEHMANN, Hans Thies. Die Inszenierung: Problem ihrer Analyse. *Zeitschrift für Semiotik*, Band II, Heft 1, 1989.
LÉVI-STRAUSS, Claude. *Les structures élémentaires de la parenté*. Paris: PUF, 1949.
\_\_\_\_\_. *Le regard éloigné*. Paris: Plon, 1983.
LOTMAN, Juri et École de Tartu. *Travaux sur les systèmes de signes*. Bruxelles: Complexe, 1976.
MORIN, Edgar. *L'esprit du temps*. Paris: Grasset, 1982.
MNOUCHKINE, Ariane. Le besoin d'une forme. *Théâtre/Public*, n. 46-47, 1982.

PAVIS, Patrice. *Voix et images de la scène*. Lille: Presses Universitaires de Lille, 1985.
SONTAG, Susan. *Kunst und Antikunst*, München, 1980.
TODOROV, Tzvetan. Le croisement des cultures, *Communications*, n. 43, 1986.
VOLLI, Ugo. Techniques du corps, In: BARBA, Eugenio; SAVARESE, Nicola (eds.). *Anatomie de l'acteur*. Cazilhac: Bouffoneries Contrastes, 1985.
WILSON, Robert. Spiegel-Gespräch mit Robert Wilson über Hören, Sehen Und Spielen. *Der Spiegel*, n. 10, 1987.

## CAPÍTULO 2
## DO TEXTO PARA O PALCO: UM PARTO DIFÍCIL

CARLSON, Marvin. Theatrical Performance: Illustration, Translation, Fullfilment, Supplément. *Theatrical Journal*, mar. 1987.
CORVIN, Michel. *Molière et ses metteurs en scène d'ajourd'hui*. Lyon: Presses Universitaires de Lyon, 1985.
FISCHER-LICHTE, Erika (ed.). *Das Drama und seine Inszenierung*. Tübingen: Niemeyer, 1984.
INGARDEN, Roman. *Das literarische Kunstwerk*. Tübingen: Niemeyer, 1931.
ISSACHAROFF, Michael. *Le spectacle du discours*. Paris: Corti, 1985.
JACQUOT, Jean; VEINSTEIN, André. *La mise en scène des oeuvres du passé*. Paris: CNRS, 1957.
*L'ART DU THEATRE*, n. 6, 1987.
LANGHAN, Michel. Foreword. In: BALL, David. *Backwards and Forwards*. Southern Illinois: Southern Illinois University Press, 1983, (trad. bras., Prefácio, em *Para Trás e Para Frente*, São Paulo: Perspectiva, 1999).
MUKAROVSKY, Jean. L'art comme fait sémiologique. *Actes du huitième congrès international de philosophie à Prague*, texto retomado na *Poétique*, 3, 1979.
PAVIS, Patrice. Production et réception au théatre: la concrétisation du texte dramatique et spectaculaire. *Revue des Sciences Humaines*, n. 189, 1983.
_____. *Voix et images de la scène*. Lille: Presses Universitaires de Lille, 1985.
_____. The Classical Heritage of Modern Drama: the case of postmodern theatre, *Modern Drama*, n. 29, 1986.
_____. *Marivaux à l'épreuve de la scène*. Paris: Publications de la Sorbonne, 1986.
PIEMME, Jean-Marie. Le souffleur inquiet. *Alternatives théâtrales*, 20/21, 1984.
REY, Alan. Le théâtre, qu'est-ce que c'est?. COUTY, D.; REY, A. (eds.). *Le théatre*. Paris: Bordas, 1980.
*RIVISTA DI LETTERATURE MODERNE E COMPARATE*, v. XXXIX, fasc. 2, 1986.
SEARLE, John. Le statut logique du discours de la fiction. *Sens et expressions*. Paris: Minuit, 1982.
UBERSFELD, Anne. *Lire le théâtre*. Paris: Belin, 1996, (trad. bras. *Para Ler o Teatro*. São Paulo: Perspectiva, 2005).
VINAVER, Michel. Théâtre pour l'oeil, Théâtre por l'oreille. *L'annuel du théâtre*. Meudon, saison 1982-1983, 1983.
_____. Sur la pathologie de la relation auter/metteur en scène. *L'annuel du théâtre*. Meudon, saison 1981-1982.
_____. *Le compte rendu d'Avignon*. Arles: Actes Sud, 1987.

VINCENT, J. P. Un théâtre de l'écoute. *Théâtre/Public*, n. 46-47, 1982.
VITEZ, Antoine. La traduction: désir, théorie, pratique. *Actes des premières assises de la traduction littéraire (Arles 1984)*, Actes Sud, 1983.
VODICKA, Félix. *Struktur der Entwicklung*. München: Fink Verlag, 1975.

# CAPÍTULO 3
# ALGUMAS RAZÕES SOCIOLÓGICAS DO SUCESSO DOS CLÁSSICOS NO TEATRO NA FRANÇA DEPOIS DE 1945

ARTAUD, Antonin. En finir avec les chefs-d'oeuvres. *Le théâtre et son double*. Paris: Gallimard, 1964.
BARRAULT, Jean-Louis. *Une troupe et ses auteurs*. Paris: 1950.
BARTHES, Roland. *S/Z*. Paris: Seuil, 1970.
\_\_\_\_\_. De l'oeuvre au texte. *Révue d'esthétique*, n. 3, 1971.
BENJAMIN, Walter. *Schriften*. Frankfurt am Main: Suhrkamp, 1966, Band 2.
BLOCH, Ernst. L'art d'hériter: héritage schématique et héritage productif, diálogo com Hanns Eisler (jan. 1983). *Travail théâtral*, n. 28-39, jul./dez. 1977.
BOURDIEU, Pierre. *La distinction*. Paris: L'Arche, Minuit, 1979.
BRECHT, Berthold. *L'achat du cuivre*, Paris: LArche 1970.
COPEAU, Jacques. L'interprétation des ouvrages dramatiques du passé. *Registres I: Appels*. Paris: Gallimard, 1974.
DEMARCY, Richard. *Élements d'une sociologie du spectacle*. Paris: UGE, 1973.
DE MARINIS, Marco. I classici nel teatro contemporaneo: tra rifiuto e predilezione. *Rivista italiana di drammaturgia*, n. 14, 1980.
DEVILLE, P. Metteurs en scène et massacreurs. *Spectacle du monde*, mars 1981.
DORT, Bernard. Les classiques au théâtre ou la métamorphose sans fin. *Histoire littéraire de la France (1660-1715)*. Paris: Éditions Sociales, 1975
\_\_\_\_\_. Un âge d'or ou: sur la mise en scène des classiques en France entre 1945 et 1960. *Revue d'histoire littéraire de la France, 77e. Année*, n. 6, nov./dec. 1977.
FISCHER-LICHTE, Erika (ed.). Was ist eine werkgetreue Inszenierung?. *Das Drama und seine Inszenierung*. Tübingen: Niemeyer, 1985.
JAMESON, Fredric. *The Political Unconscious*: narrative as a socialty symbolic act, Ithaca: Cornell University Press, 1981.
JHERING, Herbert. Reinhardt, Jessner, Piscator oder Klassikertod?. *Der Kampf ums Theater*. Berlim: Henschelverlag, 1974.
MARX, Karl. Introduction à la critique de l'économie politique. *Über Kunst und Literatur*. Berlim: Dietz, 1967, Band I.
MAINUSCH, H. Gespräch mit Dieter Dorn. *Regie und Interpretation*: Gespräche mit Regisseuren. Munchen: Fink Verlag 1985
MAYER, Hans. Bildung, Besitz und Theater. *Das Geschehen und das Schweigen*. Frankfurt a.M.: Suhrkamp 1969.
PAVIS, Patrice. *Marivaux à l'épreuve de la scène*. Paris: Publications de la Sorbonne, 1986.
\_\_\_\_\_. *Voix et images de la scène*. Lille: Presses Universitaires de Lille, 1985.

_____. The Classical Heritage of Modern Drama: the case of postmodern theatre. *Modern Drama*, v. XXIX, n. 9, mar. 1986.

PIEMME, Jean-Marie. Savoir et pouvoir: la mise en scène. *Travail théâtral*, n. 31, avril/juin 1978.

STENDHAL. *Racine et Shakespeare*. André Delpeuch (ed.), Paris: 1928

TODOROV, Tzvetan. Une complication de texte: "les illuminations". *Poétique*, n. 34, abr. 1978.

TORO, Alfonso de (ed.). *Texte, Kontexte, Strukturen*: Festschrift zum 60, Geburtstag von Karl Alfred Blüher. Tübingen: Narr Verlag, 1987.

VILAR, Jean. Jean Vilar: dix ans de Théâtre National Populaire. Seleção de textos de J. C. Jaubert. *Doc. 61*, n. 11, mars 1961, 4, documentos publicados por L'Association Travail et Culture.

VITEZ, Antoine. Rencontre sur "Hamlet" avec Antoine Vitez. *Théâtre/Public*, n. 49, jan./fev. 1983.


CAPÍTULO 4
A HERANÇA CLÁSSICA DO TEATRO PÓS-MODERNO

ADORNO, Theodor W. *Ästhetische Theorie*. Frankfurt: Suhrkamp, 1970, (tradução francesa *Théorie esthétique*, Paris: Klincksieck, 1974).

BARTHES, Roland. *Critique et vérité*. Paris: Seuil, 1966.

_____. *S/Z*. Paris: Seuil, 1970.

_____. *Le bruissement de la langue*. Paris: Seuil, 1984.

BAUDRILLARD, Jean. Modernité. *Encyclopedia Universalis*, 1985, v. 12.

BENHAMOU, Michel; CARAMELLO, Charles (eds.). *Performance in Postmodern Culture*. Madison: Coda Press, 1977.

BLANCHOT, Maurice. *L'entretien infini*. Paris: Gallimard, 1969.

BRECHT, Bertolt. Wie soll man heute Klassiker spielen?. *Gesammelte Werke*. Frankfurt: Suhrkamp, 1967, v. 15.

_____. Effets de distanciation dans l'art dramatique chinois. *Écrits sur le théâtre*. Paris: L'Arche, 1972, v. 1.

COPEAU, Jacques. *Registres II*. Paris: Gallimard, 1976.

FERAL, Josette; LAILLOU-SAVONA, Jeannette; WALKER, Edward (eds.). *Théâtralité, écriture et mise en scène*. Montréal: Hurtubise, 1985.

FINTER, Helga. Das Kameraauge des postmodernen Theaters. THOMSEN, Ch. W (ed.). *Studien zur Ästhetik des Gegenwartstheaters*. Heidelberg: Carl Winter, 1985.

FOUCAULT, Michel. *Les mots et les choses*. Paris: Gallimard, 1966.

GIRAULT, Alain. Pourquoi monter un classique?. *La nouvelle critique*, n. 69, dez. 1973.

HABERMAS, Jürgen. Modernity *versus* Postmodernity. *New German Critique*, n. 22, winter, 1981.

HOFFMANN, Gerhard; HORNUNG, Alfred; KNUNOW, Rüdiger. "Modern", "Postmodern" and "Contemporary" as criteria for the analysis of 20th Century Literature. *Amerikastudien*, n. 22, 1977.

HUTCHEON, Linda. *Narcissistic Narrative*: the metafictional paradox. Waterloo: Wilfried Laurier University Press, 1980.

*JOURNAL mensuel du Théâtre National de Chaillot*, n. 1, 1981.

JOUVET, Louis. Tradition et traditions. *Témoignages sur le théâtre*. Paris: Flammarion, 1951.
KRISTEVA, Julia. *Semiotike*. Paris: Seuil, 1969.
LYOTARD, Jean-François. *La condition postmoderne*: rapport sur le savoir. Paris: Minuit, 1979.
_____. *Tombeau de l'intellectuel e autres papiers*. Paris: Galilée, 1984.
_____. *Le postmodernisme expliqué aux enfants*, Paris: Galilée, 1986.
_____. Du bon usage du postmoderne. *Magazine litteraire*, n. 239-240, mar. 1987.
MUKAROVSKY, Jan. L'art comme fait sémiologique. *Poétique*, n. 3, 1970.
PAVIS, Patrice. Production et réception au théâtre: la concrétisation du texte dramatique et spectaculaire. *Revue des sciences humaines*, t. LX, n. 189, jan. 1983.
_____. Du texte à la scène: l'histoire traversée. *Kodikas/Code*, v. 7, n. 1-2, 1984.
_____. La réception du texte dramatique et spectaculaire: les processus de fictionnalisation et d'idéologisation, *Versus*, n. 41, 1985.
_____. The Classical Heritage of Modern Drama: the case of postmodern theatre. *Modern Drama*, v. XXIX, n. 9, mar. 1986.
_____. Rythme. *Dictionnaire du théâtre*. 2 ed. Paris: Messidor, 1987, (trad. bras. Ritmo. *Dicionário de Teatro*. São Paulo: Perspectiva, 2007).
_____. Une singerie postmoderne en trois bonds. TROTT, David; BOURSIER, Nicole (eds.). *L'Age du Théâtre en France*. Edmonton: Academic Printing and Publishing, 1988.
RIVIÈRE, Jean-Loup. La pantomime du texte. *L'autre scène*, n. 3, 1971.
SCHECHNER, Richard. *The End of Humanism*. New York: Performing Arts Journal Publications, 1982.
SCHULZ, Genia. Abschied von Morgen: zu den Frauengestalten im Werk Heiner Müllers. *Text und Kritik*, n. 73, 1982.
SZONDI, Peter. *Theorie des modernen Dramas*. Frankfurt: Suhrkamp, 1956.
VILAR, Jean. *De la tradition théâtrale*. Paris: Gallimard, 1955, (Coleção Idées).
VINAVER, Michel. Sur la pathologie de la relation auter-metteur en scène. *L'annuel du théâtre*, saison 1981-1982, l'annuel du théâtre, 1982.
VITEZ, Antoine. Ne pas montrer ce qui est dit: entretien d'Antoine Vitez avec Émile Copfermann. *Travail théâtral*, XIV, hiver 1974
_____. Lecture des classiques: entretien avec Antoine Vitez. *Pratiques*, n. 15, 16 jul. 1977.
_____. Molière: vers une nouvelle tradition. *L'École et la Nation*, n. 287, déc. 1978.
_____. Le devoir de traduire. *Théâtre/ Public*, n. 44, mar./abr. 1982.
_____. Un plaisir érotique. *Théâtre de l'Europe*, n. 1.

# CAPÍTULO 5
# "MAL-ESTAR NA CIVILIZAÇÃO": A REPRESENTAÇÃO DA CATÁSTROFE NO TEATRO FRANCO-ALEMÃO CONTEMPORÂNEO

BARTHES, Roland. *Mythologies*. Paris: Seuil, 1957.
BUCI-GLUCKSMANN, Christine. *La folie du voir*: de l'esthetique baroque. Paris: Galilée, 1986.

FREUD, Sigmund. *Unbehagen in der Kultur*, (1929), *Kulturtheoretische Schriften*. Frankfurt: Fischer Verlag, 1986, (tradução francesa de Ch. Et I. Odier: *Malaise dans la civilisation*. Paris: PUF, 1981).
KOLTES, Bernard-Marie. *Dans la solitude des champs de coton*. Paris: Minuit, 1986, (tradução alemã de Simon Werle *In der Einsamkeit der Baumwollfelder*. Frankfurt: Athenäum Verlag, 1986.
LEHMANN, Hans-Thies. Theater der Blicke: zu Heiner Müllers *Bildbeschreibung*. *Dramatik der D. D. R.*, ed. Ubrich Profitlich, Frankfurt am Main: Suhrkamp, 1987, (tradução francesa: Un théâtre des regards, *Théâtre/Public*, Genevilliers, n. 87, maio/jun. 1989).
LYOTARD, Jean-François. *La condition postmoderne*. Paris: Minuit, 1979.
_____. *Tombeau de l'intellectuel et autres papiers*. Paris: Galilée, 1984.
_____. *Le postmoderne raconté aux enfants*. Paris: Galilée, 1986.
MUELLER, Harald. *Totenfloss*. *Spectaculum*, n. 43, 1986, (tradução francesa de Philippe Ivernel: *Le radeau des morts*. Paris: Papiers, 1987).
MÜLLER, Heiner. *Bildbeschreibung Shakespeare Factory I*. Berlim: Rotwelsch, 1987, (tradução francesa de Jean Jourdheuil e Jean-François Peyret: *Paysage sous surveillance*. Paris: Minuit, 1988).
_____.19 réponses de Heiner Müller, *Dossier de Presse*: Théâtre, Bobigny: MC 93 Bobigny, 1987,.
VINAVER, Michel. *L'ordinaire*. Lausanne: Edition de l'Aire, 1982, (tradução alemã: *Flug in die Anden*. *Theater heute*, n. 10, 1983).
_____. *Habilitation*: mémoire sur mes travaux. Paris: Universidade de Paris-III, 1986.

# CAPÍTULO 6
# DA TEORIA CONSIDERADA COMO UMA DAS BELAS-ARTES E DE SUA INFLUÊNCIA LIMITADA NA DRAMATURGIA CONTEMPORÂNEA, MAJORITÁRIA OU MINORITÁRIA

ADORNO, Theodor W. *Ästhetische Theorie*. Frankfurt: Suhrkamp, 1970.
_____. *Positivismusstreit in der deutschen Soziologie*. Berlim: Luchterhand, 1972.
BARTHES, Roland. *Mythologies*. Paris: Seuil, 1957.
_____. *Essais critiques*. Paris: Seuil, 1964.
BOURDIEU, Pierre. *Homo Academicus*. Paris: Minuit, 1984.
BROOK, Peter. Interview avec P. Brook. *Théâtre/Public*, 1975.
DELEUZE, Gilles; GUATTARI, Félix. *Kafka*: pour une littérature mineure. Paris: Minuit, 1975.
DUCROT, Oswald. *Le dire et le dit*. Paris: Minuit, 1984.
FERAL, Josette. Porquoi la théorie? Lettre ouverte aux praticiens, manuscrito inédito.
KAFKA, Franz. *Journal*. Paris: Grasset, 1954.
MARTY, Robert. Bases pour une théâtrologie. *Communication à l'Association internationale de sémiologie du spectacle*. Royaumont, 1984.
PAVIS, Patrice. Production et réception au théâtre: la concrétisation du texte dramatique et spectaculaire. *Revue des sciences humaines*, tomo LX, n. 189, jan./fev. 1983 (tradução catalã em *Estudis Escènics*, n. 26, jan. 1985).

_____. Réflexions sur la crise du théâtre et de la théorie postmodernes. *Communication à la conférence "The Question of the Post-Modern"*, Cornell University, 12-14 abr. 1984. Retomado neste livro no capítulo 4.

_____. Einige Bemerkungen zur Konkretisation am Beispiel von Čechovs *Die Möve*. Communication au *Wissenschaftskolleg*, Berlim: 25 abr. 1985. Retomado em *Semiotik der Theaterrezeption*, Narr Verlag, 1988, p. 175-187.

_____. La réception du texte dramatique et spetaculaire les processus de fictionnalisation et d'idéologisation. *Versus*. M. Marinis (ed.), n. 41, 1985.

UBERSFELD, Anne. *L'École du Spectateur*. Paris: Éditions Sociales, 1982.

VITEZ, Antoine. Conversation entre G. Bourdet et A. Vitez. *Journal du théâtre national de Chaillot*, n. 1, jul. 1981.

# CAPÍTULO 7
# PARA UMA ESPECIFICIDADE DA TRADUÇÃO TEATRAL: A TRADUÇÃO INTERGESTUAL E INTERCULTURAL

*ACTES des assises de la traduction littéraires*. (Arles, 1984, 1985, 1986). Arles: Actes Sud, 1987, 3v.

BARBA, Eugenio; SAVARESE, Nicola (eds.). *Anatomie de l'acteur*. Cazilhac: Bouffoneries, 1985

BARRAULT, Jean-Louis. Porquoi *la Cerisaie*?. *Théâtre en Europe*, n. 2, abr. 1984.

BARTHES, Roland. [1970]. *L'empire des signes*. Paris: Flammarion, 1980.

_____. Encore le corps. *Critique*, n. 423/424, ago. 1982.

BASSNETT-MCGUIRE, Susan. *Translation Studies*. Londres: Methuen, 1980.

BENVENISTE, Émile. *Problèmes de linguistique générale*. Paris: Gallimard, 1974, v. 2.

BRECHT, Bertold. *Gesammelte Werke*. Frankfurt: Suhrkamp, 1967.

BROOK, Peter. Le *Mahabharata* ou les pouvoirs d'une histoire. *Alternatives Théâtrales*, n. 24, 1985.

_____. *The Shifting Point*. New York: Harper and Row, 1987.

CARLSON, Harry. Problems in Play Translation. *Educational Theatre Journal*, 1964, v. XVI.

CARRIÈRE, Jean-Claude. Introduction du traducteur. In: SHAKESPEARE, William. *Timon d'Athènes*. Paris: CERT, 1974.

_____. Chercher le coeur profond. *Alternatives Théâtrales*, n. 24, 1985.

*COMMUNICATIONS*, 1986, n. 43.

CORRIGAN, Robert. Translating for Actors. *The Craft and Context of Translations*. In: ARROWSMITH, William; SHATTUCK, Roger (eds.). Austin: University of Texas Press, 1961.

DÉPRATS, Jean-Michel. Le verbe, instrument du jeu shakespearien. *Théâtre en Europe*, n. 7, 1985.

FRAJND, Marta. The Translation of Dramatic Works as a Means of Cultural Communication. *Proceedings of the International Comparative Literature Association*. Innsbruck: Innsbruck Universität, 1980.

FREUD, Sigmund. Das Unbewusste. *Studienausgabe*, Frankfurt: Fischer Verlag, 1915, v. 3, (tradução francesa *Métapsychologie*. Paris: Gallimard, 1952).

_____. zur Auffassung der Aphasien. *Studienausgabe*, Frankfurt: Fischer Verlag, 1891, v. 3.

GORJAN, Zlatko. über das akustische Element beim Ubersetzen von Bühnenwerken. In: ITALIAANDER, Rolf (ed.). *Ubersetzen: Vorträgue und Beiträge*. Frankfurt: Athenäum, 1965.

INGARDEN, Roman. *Das Literarische Kunstwerk*. Tübingen: Niemeyer, 1931.

ITALIAANDER, Rolf (ed.). *Ubersetzen*: Vorträgue und Beiträge. Frankfurt: Athenäum, 1965.

JAQUES-DALCROZE, Émile. *Le rytme, la musique et l'éducation*. Lausanne: Foetisch, 1919.

KREJČA, Ottomar. L'infini tchékhovien est impitoyable. *Théâtre en Europe*, n. 2, abr. 1984.

KRUGER, Loren. *Questions of Theatre Translation*. PhD, Cornell University, 1986.

LASSALLE, Jacques. Du bon usage de la perte. *Théâtre/Public*, n. 44, 1982.

LÉVI-STRAUSS, Claude. *Anthropologie structurale deux*. Paris: Plon, 1973.

LEVÝ, Jiři. *Theorie einer Kunstgattung*. Frankfurt: Athenäum, 1969.

LOTMAN, Juri; USPENSKIJ, Boris. Myth-Name-Culture. In: LUCID, Daniel (ed.). *Soviet Semiotics*. Baltimore: The John Hopkins University Press, 1977.

LOTMAN, Juri; USPENSKY, Boris. On the Semiotic Mechanism of Culture. *New Literary History*, IX, 2, 1978.

LOTMAN, Juri. *Kunst als Sprache*. Leipzig: Philip Reclam, 1981.

MILLON, Martine. *Mesure pour Mesure*: les options de la traduction. *Les voies de la création théâtrale*, n. 13, 1985.

MOREIN, Andrea. *Der Text-Körper als Körper-Text,* manuscrito inédito, Universidade de Giessen, 1985.

MOUNIN, Georges. *Problèmes théoriques de la traduction*. Paris: Gallimard, 1963.

NEMER, Monique. Traduire l'espace. *Théâtre/Public*, n. 44, 1982.

PAVIS, Patrice. Production et réception au théâtre. *Voix et images de la scène*. Lille: Presses Universitaires de Lille, 1985.

_____. Du texte à la scène: un enfantement difficile. *Théâtre/Public*, n. 79, jan./fev. 1988.

_____. Problems of Translation for the Stage: interculturalism and post-modern theatre. In: SCOLNICOV, Hanna; HOLLAND, Peter (eds.). *The Play out of Context*. Cambridge: Cambridge University Press, 1988.

PERRIN, Mimi. Improviser comme les *jazzmen*. *Actes des assises de la traduction littéraire*. 1986.

POUPART, René. *Traduire le théâtre*, exemplar datilografado inédito, 1985.

REGNAULT, François. Posfácio a *Peer Gynt*. *TNP*, ed. Béba, 1981.

RIVIÈRE, Jean-Loup. La pantomime du texte. *L'autre scène*, n. 3, 1971.

SAHL, Hans. Zur Übersetzung von Theaterstücken. In: ITALIAANDER, Rolf (ed.). *Ubersetzen: Vorträgue und Beiträge*. Frankfurt: Athenäum, 1965.

SALLENAVE, Danièle. Traduire et mettre en scène. *Acteurs*, n. 1, jan. 1982.

SCHNAPPER, Dominique. Modernité et acculturations. *Communications*, n. 43, 1986.

SNELL-HORNBY, Mary. Sprechbare Sprache-Spielbarer Text: Zur Problematik der Bühnenübersetzung. In: WATTS, Richard; WEIDMANN, Urs (eds.). *Modes of Interpretation*. Tübingen: Narr Verlag, 1984.

STRAUSS, Botho. *Le parc*. Tradução francesa de Claude Porcell. Paris: Gallimard, 1986.
*Théâtre/Public*, edição de G. Banu, 1982, n. 44, mar./abr. Traduire.
TODOROV, Tzvetan. Le croisement des cultures. *Communication*, n. 43, 1986.
VODIČKA, Felix. *Struktur der Entwicklung*. Munique: Fink, 1975.
VINAVER, Michel. De l'adaptation. *Bref*: Journal du TNP, mar. 1959 (retomado em *Écrits sur le théâtre*. Lausanne: L'Aire, 1982).
\_\_\_\_\_. Traduire, écrire. *Comédie Française*, n. 129-130, 1984.
VITEZ, Antoine. Le devoir de traduire. *Théâtre/Public*, n. 44, 1982.
WEINRICH, Harald. Petite xénologie des langues étrangères. *Communications*, n. 43, 1986.

## CAPÍTULO 8
## "DANÇAR COM *FAUSTO*": REFLEXÕES SOBRE UMA ENCENAÇÃO INTERCULTURAL DE BARBA

ARTAUD, Antonin. *Le théâtre et son double*. Paris: Gallimard, 1964 (Coleção Idées).
BARBA, Eugenio. Montage. In: BARBA, Eugenio; SAVARESE, Nicola. *Anatomie de l'acteur*. Cazilhac: Bouffoneries Contrastes, 1985.
\_\_\_\_\_. Le théâtre eurasien. *Jeu*, n. 49, e *Bouffonneries*, n. 22-23, 1989.
\_\_\_\_\_. The Nature of Dramaturgy: describing actions at work. *New Theatre Quarterly*, v. 1, fev. 1985
BERNARD, Michel. *L'expressivité du corps*. Paris: J.-P. Delarge éditeur, 1976.
BHARUCHA, Rustom. A Collision of Cultures: some western interpretations of the indian theater. *Asian Theater Journal*, v. I, n. 1, spring 1984.
*BOUFFONNERIES*, n. 4, 1982.
BRECHT, Bertold. *Petit organon pour le théâtre*. Paris: l'Arche, 1970.
DABEZIES, André. *Le mythe de Faust*. Paris: Armand Colin, 1972.
GOETZ, Herman. *Inde*: cinq millénaires d'art. Paris: Albin Michel, 1960.
GROTOWSKI, Jerzy. Lois pragmatiques. Entretien avec Jerzy Grotowski: par Franco Ruffini, *Bouffonneries*, n. 4, 1982.
LOTMAN, Juri; USPENSKY, Boris. On the Semiotic Mechanism of Culture. *New Literary History*, IX, 2, 1978.
LYOTARD, Jean-François. La paume, la dent. *Des dispositifs pulsionnels*. Paris: UGE, 1973.
MAUSS, Marcel. *Civilisation, le mot et l'idée*. Paris: La Renaissance du Livre, 1930.
_____. *Oeuvres*. Paris: Minuit, 1969, v. 2.
PAVIS, Patrice. Vers une spécificité de la traduction théâtrale: la traduction intergestuelle et interculturelle. (Policopiado, curso de mestrado 1985-1986) Paris: Université de Paris 3.
\_\_\_\_\_. Du texte à la scène, un enfantement difficile, *Théâtre/Public*, n. 79, jan./fev. 1988, p. 27-35.
PANIGRAHI, Sanjukta. La danse Odissi. *Bouffonneries*, n. 9.
*THE DRAMA Review*, t. 123, fall, 1989.

## CAPÍTULO 9
## O INTERCULTURALISMO NA ENCENAÇÃO CONTEMPORÂNEA: A IMAGEM DA ÍNDIA EM O *MAHABHARATA*, *A INDIADA*, *A NOITE DE REIS* E *FAUSTO*

BARBA, Eugenio. Le paradoxe pédagogique. *Bouffonneries*, n. 4, 1982.
_____. The Nature of Dramaturgy: describing actions at work. *New Theatre Quarterly*, n. 1, 1985.
_____. Théâtre eurasien, *Bouffonneries*, n. 22-23, e em *Jeu*, n. 49, 1989.
BENNING, Achim; BROOK, Peter; MAINUSCH, Herbert. *Regie und Interpretation*: Gespräche mit Regisseuren. Munchen: Fink Verlag, 1985.
BROOK, Peter. Rencontre avec Peter Brook. Interview de Denis Bablet. *Travail Théâtral*, Paris, inverno 1973.
_____. *Le fait culturel*. Gérard Montassier (ed.), Paris: Fayard, 1980
_____. Entrevista de P. Brook com Yutaka Wada. *Kebana Sagetsu*, n. 142, jun. 1982.
_____. Ein Gespräch mit Peter Brook. *Kreativität und Dialog*. Berlim: Henschelverlag Kunst und Gesellschaft, 1983.
_____. Des apparences porteuses d'invisible. *Recherche, pédagogie, culture*, n. 61, jan./mar. 1983.
_____. Shakespeare et le Mahabharata. *Théâtre en Europe*, n. 7, 1985.
_____. Le *Mahabharata* ou les pouvoirs d'une histoire. *Alternatives théâtrales*, Bruxelles, n. 24, 1985.
_____. Interview de Peter Brook. *Vogue*, fev. 1986.
_____. Interview de Peter Brook. *Nouvelles de l'Inde*, n. 248, jun./jul. 1986.
_____. *The Shifting Point*. New York: Harper and Row, 1987.
CAMILLERI, Camille. Culture et sociétés: caractères et fontions. *Les Amis de Sèvres*, n. 4, dez. 1982.
CARRIÈRE, Jean-Claude. Chercher le coeur profond. *Alternatives Théâtrales*, n. 24, 1985.
CIXOUS, Hélène. *L'Indiade ou l'Inde de leurs rêves*. Paris: Théâtre du Soleil, 1987
_____. *Acteurs*, n. 29.
*DOUBLE PAGE*, n. 49, 1988.
FISCHER-LICHTE, Erika. Das eigene und das fremde Theater: Interkulturelle Tendenzen auf dem Theater der Gegenwart. *Tendenzen das Gegenwarttheaters*. Wilfried Floeck (ed.). Tübingen: Francke Verlag.
_____. Jenseits der Interpretation: Ammerkungen zu Robert Wilsons/Heiner Müllers Text von the CIVIL wars. *Kontroversen alte und neue*, Tübingen, Niemeyer. ed. Albrecht Schöne, v. II, ed. W. Vosskamp und E. Lämmert,, 1986.
_____. Postmoderne Performance: Rückkehr zum rituellen Theater?. *Arcadie*, 22: 1, 1987.
FRANCASTEL, Pierre. *La réalité figurative*. Gonthier: Paris, 1965 (trad. bras. *A Realidade Figurativa*, 2. ed., São Paulo: Perspectiva, 1993).
HORNBACHER, Annette. Robert Wilson Theater: Ornamente aus Menschen, Requisiten und Dekorationen. *Die deutsche Bühne*, n. 11, nov. 1987.
LÉVI, Sylvain. *Théâtre Indien*. Paris: Collège de France.
LOTMAN, Iuri et al. Thèses pour l'étude sémiotique des cultures. *Recherches Internationales*, n. 81-84, 1974.

LOTMAN, Jurij. *Kunst als Sprache*, Leipzig: Reclam, 1974.
MACLEAN, Hector. The Triangular Base of *Mahabharata*. *Ant News*. Australian Nouveau Theatre Newsletter, n. 22, maio 1988.
MNOUCHKINE, Ariane. Première ébauche, entretien avec Ariane Mnouchkine. *Théâtre/Public*, nºs 5-6, 1975.
\_\_\_\_\_. Entretiens avec Ariane Mnouchkine. *Théâtre/Public*, n. 5-6, 1975.
\_\_\_\_\_. Le besoin d'une forme: entretien avec Ariane Mnouchkine. *Théâtre/Public*, n. 46-47, jun./out. 1982.
MOSCOSO, Sophie. Notes de répétitions. *Double Page*, n. 32, 1987.
PAVIS, Patrice. *Voix et images de la scène*. Lille: Presses Universitaires de Lille, 1985.
\_\_\_\_\_. Danser avec *Faust*: sur une mise en scène interculturelle de Barba. *Bouffonneries*, n. 22-23, 1989, Le théâtre qui danse. Versão inglesa com fotos em *The Drama Review*, t. 123, outono 1989, p. 37-57. Retomado neste livro no capítulo 8.
*PERFORMING Art Journal*, 1984.
PREISWERK, Roy; PERROT, Dominique. *Ethnocentrisme et histoire*: l'Afrique, l'Amérique Indienne et l'Asie dans les manuels occidentaux. Paris: Anthropos, 1975.
SCHECHNER, Richard. Du comportement reconstitué. *Bouffonneries*, n. 9, 1983.
\_\_\_\_\_. A Reply to Ruston Bharucha. *Asian Theatre Journal*, v. 1, n. 2, 1984.
WEISSEL, B. *Kultur und Ethos*: zur Kritik der bürgerlichen Auffassung über die Rolle der Kultur in Geschichte und Gesellschaft. Ost-Berlin, 1980.

Impresso na cidade de São Paulo, em abril de 2015,
nas oficinas da MarkPress Brasil,
para a Editora Perspectiva.